그림으로 배우는 가상화 구조

Virtualization

스즈키 켄지, 무네무라 타쿠미, 마루야마 카츠야스, 오우 쇼 저
김성훈 역

SE SHOEISHA
YoungJin.com Y. 영진닷컴

그림으로 배우는
가상화 구조

図解まるわかり 仮想化のしくみ
(Zukaimaruwakari Kasoka no Shikumi : 8196-7)

ISBN 978-89-314-8172-3

독자님의 의견을 받습니다
이 책을 구입한 독자님은 영진닷컴의 가장 중요한 비평가이자 조언가입니다. 저희 책의 장점과 문제점이 무엇인지, 어떤 책이 출판되기를 바라는지, 책을 더욱 알차게 꾸밀 수 있는 아이디어가 있으면 이메일, 또는 우편으로 연락주시기 바랍니다. 의견을 주실 때에는 책 제목 및 독자님의 성함과 연락처(전화번호나 이메일)를 꼭 남겨 주시기 바랍니다. 독자님의 의견에 대해 바로 답변을 드리고, 또 독자님의 의견을 다음 책에 충분히 반영하도록 늘 노력하겠습니다.

주 소 (우)08512 서울특별시 금천구 디지털로9길 32 갑을그레이트밸리 B동 1001호
등 록 2007. 4. 27. 제16-4189호
이메일 support@youngjin.com

저자 스즈키 켄지, 무네무라 타쿠미, 마루야마 카츠야스, 오우 쇼
번역 김성훈 | **총괄** 김태경 | **진행** 최윤정
표지 디자인 김효정 | **내지 디자인 · 편집** 이경숙 | **영업** 박준용, 임용수, 김도현, 이윤철
마케팅 이승희, 김근주, 조민영, 김민지, 김진희, 이현아 | **제작** 황장협 | **인쇄** 제이엠

들어가는 말

가상화 기술은 현대 정보통신기술에서 없어서는 안 될 존재입니다. 하지만, 그 실체가 물리적으로 보이지 않기 때문에 이해하기가 쉽지 않습니다. 이 책은 다음과 같은 분들을 위해 가상화의 기본 지식부터 활용 방법까지 설명하고 있습니다.

- 가상화 기술에 대한 기본적인 지식을 습득하고 싶은 분
- 가상화의 구체적인 활용 방법을 알고 싶은 분
- 가상화 기술의 최신 동향을 파악하고 싶은 분
- 가상화 기술을 활용한 시스템 설계 및 운영 방법을 배우고 싶은 분

이 책에서는 가상화란 무엇이며 그 장점은 무엇인지, 그리고 지난 역사를 통해 가상화 기술이 어떻게 발전해 왔는지 이해하는 것에서부터 시작합니다. 더 나아가 서버, 네트워크, 스토리지, 데스크톱 등 각 분야별 가상화의 구체적인 기법과 활용 방법을 클라우드 환경을 포함하여 설명합니다.

또한 가상화에 따른 효용과 DX(디지털 트랜스포메이션)와의 연관성에 대해서도 다룹니다. 그리고 가상화 환경의 조작 방법과 사용법, 설계 방법과 이전 방법, 운영 방법에 대해서도 자세히 설명합니다.

마지막으로 가상화의 미래에 대해 고찰합니다. 새로운 기술의 등장으로 가상화 기술이 어떻게 진화하고 있으며, 어떤 가능성을 가지고 있는지 살펴봅니다. 이 책을 통해 가상화 기술을 깊이 이해하고, 그 활용 방법을 모색해 보시기 바랍니다.

역자의 말

요즘 IT 업계에서 흔히 접할 수 있는 가상머신, 클라우드, 컨테이너, 서버리스와 같은 용어들의 공통점은 무엇일까요? 바로 모두 '가상화' 기술과 깊은 관련이 있다는 점입니다. 저자 서문에서도 언급된 것처럼, 가상화는 현대 IT 인프라 전반을 지탱하는 기본 기술이지만, 물리적으로는 보이지 않는다는 특성 때문에 그 원리와 전체 구조를 체계적으로 이해하기는 쉽지 않았습니다.

이 책은 가상화 기술의 전체 흐름을 체계적으로 이해할 수 있도록 구성된 입문서입니다. 메인프레임 시대부터 최신 컨테이너 기술까지 이어지는 가상화의 진화 과정을 따라가며, 각 시대마다 등장한 기술이 어떤 문제를 해결하기 위해 탄생했는지 그 맥락을 함께 살펴봅니다.

또한, 가상 서버와 컨테이너, VLAN과 VXLAN, RAID와 LVM, VDI와 DaaS처럼 실무에서 함께 고려해야 하는 개념들을 비교해 소개하며, 클라우드의 가상화 서비스로 자연스럽게 확장해 갑니다. DX 시대의 인프라가 갖추어야 할 유연성과 민첩성, 자동화, 이식성 같은 핵심 원칙을 가상화 기술과 연결하여 보여 주는 점도 이 책의 장점입니다. 단순히 개별 기술을 나열하는 것이 아니라, 서버 · 네트워크 · 스토리지 · 데스크톱이라는 IT 인프라의 각 계층이 어떻게 가상화되고 서로 연결되는지 전체적인 그림을 그릴 수 있도록 안내합니다.

이 책이 가상화를 처음 접하는 독자에게는 탄탄한 기초가, 이미 실무에서 가상화 환경을 다루고 있는 독자에게는 정리된 정보를 제공하는 좋은 참고서가 되리라 생각합니다. 이 책을 통해 가상화에 대한 기본 지식을 체계적으로 습득할 수 있기 바라며, 학습에 든든한 이정표가 되기를 기대합니다.

옮긴이 **김성훈**

차례

Ch 1 가상화의 기본

가상화의 개요를 알아보자 15

1-1 가상화란 무엇인가?
분할, 통합, 모방 / 16

1-2 가상화의 장점
민첩성, 효율성, 독립성 / 18

1-3 가상화의 역사 ① 호스트 컴퓨터 시대
메인프레임, TSS / 20

1-4 가상화의 역사 ② 하드웨어 가상화 시대
신뢰성, 성능 향상 / 22

1-5 가상화의 역사 ③ 가상 서버 시대
서버 통합, 하이퍼컨버지드 인프라, 수명 연장 / 24

1-6 가상화의 역사 ④ 클라우드 시대
크레딧, 쿼터 / 26

1-7 사용 방식으로 분류하는 가상화
분할하기, 논리 디스크, 통합하기, 모방하기 / 28

1-8 분할하는 가상화
가상 서버, VLAN / 30

1-9 통합하는 가상화
부하 분산 장치, 링크 어그리게이션, RAID / 32

1-10 모방하는 가상화
에뮬레이터, 시뮬레이터 / 34

1-11 소유에서 이용으로
온디맨드 방식 / 36

1-12 분할한 리소스에 접근하기
책임 공유 모델 / 38

해보자 가상화 기술의 개요를 이해했는지 확인해 보자 / 40

Ch 2 서버 가상화

프로그램을 효율적으로 처리하는 구조 41

2-1 서버 가상화의 종류
호스트 OS형, 하이퍼바이저형, 게스트 OS, 컨테이너형 / 42

2-2 손쉽게 만들 수 있는 가상 서버
호스트 OS형 / 44

2-3 오버헤드가 적은 실전용 가상화
하이퍼바이저형 / 46

2-4 기능을 가상으로 분할한다
가상 호스트 / 48

2-5 프로세스로 분리한다 ① 컨테이너의 기본
컨테이너, LXC / 50

2-6 프로세스로 분리한다 ② 컨테이너 컨트롤
Docker, Docker 엔진, Containerd / 52

2-7 컨테이너의 실체
정의 파일, 이미지 / 54

2-8 컨테이너의 이식성
Docker 엔진, 이식성 / 56

2-9 컨테이너 관리 시스템
쿠버네티스, 매니페스트 파일 / 58

2-10 컨테이너 간 통신을 관리하는 시스템
Envoy, 서비스 메시 / 60

해보자 YAML 형식 코드를 작성해 보자 / 62

Ch 3 네트워크 가상화

통신을 분할하거나 연결하는 구조 63

3-1 네트워크 가상화의 종류와 용도
VLAN, QoS, VPN / 64

3-2 LAN을 분할한다
VLAN, 포트 VLAN, 태그 VLAN / 66

3-3 대역을 제어해 통신 품질을 유지한다
QoS, VoIP / 68

3-4 원격지 네트워크와 연결한다 ① SSL-VPN 방식
SSL-VPN / 70

3-5 원격지 네트워크와 연결한다 ② IPSec-VPN 방식
IPSec-VPN / 72

3-6 원격지 네트워크와 연결한다 ③ VXLAN 방식
VXLAN, 확장 가능 LAN / 74

3-7 컨테이너 간 네트워크
컨테이너 엔진, 컨테이너 간 통신 / 76

해보자 SSL-VPN 환경 구축에 도전해 보자 / 78

Ch 4 스토리지 가상화

데이터 보관 창고를 효율적으로 사용하는 구조 79

4-1 스토리지 가상화의 목적과 장점
스토리지 가상화, 관리성, 가용성 / 80

4-2 스토리지 가상화의 종류와 용도
RAID, 파일 시스템 가상화, 논리 볼륨, 동적 볼륨, Ceph, vSAN / 82

4-3 물리 스토리지 가상화
RAID, 파일 시스템 가상화 / 84

4-4 논리 볼륨 만들기
LVM, 논리 볼륨, 동적 디스크, 동적 볼륨 / 86

4-5 복수 스토리지의 가상화
Ceph, vSAN / 88

해보자 RAID 레벨을 구분해 보자 / 90

Ch 5 데스크톱 가상화

작업 환경을 통합해 안전하고 효율적으로 사용한다 91

5-1 데스크톱 가상화의 종류와 용도
데스크톱 가상화, 호스트형 가상화, 데스크톱 배포형 가상화 / 92

5-2 데스크톱 가상화 ① VDI 방식, SBC 방식
VDI, SBC / 94

5-3 데스크톱 가상화 ② DaaS 방식
DaaS, 클라우드 형태 / 96

5-4 데스크톱을 가상화할 때 주의할 점
보안, 성능 / 98

5-5 데스크톱 가상화 사용 방법
가상 머신 생성, 리소스 할당 / 100

5-6 데스크톱 및 애플리케이션 가상화의 장점
애플리케이션 가상화, 스트리밍 방식, RDSH 방식 / 102

해보자 Microsoft Azure에서 가상 데스크톱을 만들어 보자 / 104

Ch 6 가상화의 효용

클라우드 환경에서 제공되는 가상화 서비스 105

6-1 클라우드의 서버 가상화
클라우드, 가상 서버, 컨테이너, 서버리스 컴퓨팅 / 106

6-2 클라우드의 네트워크 가상화
프라이빗 네트워크, 퍼블릭 네트워크, 멀티 클라우드 네트워크,
하이브리드 클라우드 네트워크 / 108

6-3 클라우드의 스토리지 가상화
가상 스토리지 / 110

6-4 클라우드의 데이터베이스 가상화
가상 데이터베이스 / 112

6-5 서버리스 환경의 특징과 종류
서버리스, 서버리스 서비스 / 114

6-6 서버리스 컴퓨팅을 위한 경량 가상화 기술
Firecracker / 116

6-7 클라우드의 데스크톱 가상화
데스크톱 가상화 / 118

6-8 클라우드의 애플리케이션 가상화
애플리케이션 가상화, 워케이션 / 120

해보자 시스템 요구 사항에 맞는 최적의 AWS 서비스를 선택해 보자 / 122

Ch 7 가상화와 DX
가상화는 이렇게 DX에 활용된다 123

7-1 유연성과 민첩성의 이점을 살린다 ① 확장하기·폐기하기
MVP, 애자일 방식 개발, 불변 인프라 환경 / 124

7-2 유연성과 민첩성의 이점을 살린다 ② DX에 효과적인 가상화
DX, 디지털화, 디지털라이제이션 / 126

7-3 DX에 사용하기 ① 버스트에도 대응할 수 있다
유연성, 버스트 / 128

7-4 DX에 사용하기 ② 애자일 방식으로 필요할 때 할당한다
워터폴 방식, 애자일 방식, 풀 / 130

7-5 DX에 사용하기 ③ 빅데이터를 다룬다
빅데이터, 데이터 활용 인프라 / 132

7-6 DX에서의 활용 포인트 ① 인프라 관리 자동화
자동화 / 134

7-7 DX에서의 활용 포인트 ② 클라우드로 전환하기
클라우드 리프트, 클라우드 시프트, 이식성 / 136

7-8 DX에서의 활용 포인트 ③ 개발 방법
PoC, 애자일 개발 / 138

해보자 주변에서 볼 수 있는 서비스는 어떻게 동작할까? / 140

Ch 8 가상화 환경 다루기

구성 파일로 가상화 환경을 제어한다 141

8-1 소프트웨어로 정의한다
소프트웨어 정의, IaC / 142

8-2 가상화된 인프라를 제어한다
IaC / 144

8-3 필요할 때 만들고 필요 없어지면 버린다
온디맨드 / 146

8-4 Immutable의 효용
불변(immutable) Iac / 148

8-5 Vagrant와 Docker를 사용한 IaC 기반 가상 서버 제어
Vagrant, Docker / 150

8-6 Terraform을 사용한 IaC 기반 클라우드 환경 제어
Terraform, 클라우드 환경 / 152

8-7 Ansible을 사용한 IaC 기반 OS와 미들웨어 제어
Ansible / 154

8-8 쿠버네티스, Helm을 활용한 IaC 기반 컨테이너 제어
쿠버네티스, Helm, 컨테이너 / 156

해보자 시스템 요구 사항에 가장 잘 맞는 IaC 도구를 골라 보자 / 158

Ch 9 가상화 환경 사용 방법

클라우드 환경에서 가상화 서비스를 사용하는 방법 159

9-1 기존 구성의 재현 – IaaS
Web 3계층, IaaS / 160

9-2 IaaS를 사용해 본다 ① 네트워크
VPC, 서브넷 / 162

9-3 IaaS를 사용해 본다 ② 서버
EC2 / 164

9-4 IaaS를 사용해 본다 ③ 스토리지
EBS, S3, EFS, FSx / 166

9-5 클라우드 네이티브 ① 데이터베이스
관리형 데이터베이스, RDS, NoSQL 데이터베이스 / 168

9-6 클라우드 네이티브 ② 함수
Lambda / 170

9-7 클라우드 네이티브 ③ 작업
Step Functions / 172

해보자 AWS 환경에서 Web 3계층을 구현해 보자 / 174

Ch 10 설계 및 이전 방법과 주의 사항

함정, 문제 해결, 주의사항과 이전 방법 175

10-1 가상화의 함정
노이즈 네이버, 서비스 할당량, 라이선스 / 176

10-2 가상화 환경의 문제 해결 방법
원인 파악 / 178

10-3 물리 환경이 효율적인 경우
물리 장치 소유 / 180

10-4 클라우드 이용 시 주의할 점
책임 범위, 서비스 수준 협약(SLA) / 182

10-5 클라우드 설계 시 주의할 점 ① 서비스 할당량
서비스 할당량 / 184

10-6 클라우드 설계 시 주의할 점 ② 통신·권한 제어
VPC, 통신 및 권한 제어 / 186

10-7 클라우드 설계 시 주의할 점 ③ 서비스 수준
SLA / 188

10-8 물리 인프라에서 가상화 인프라로 이전하기
리프트 앤 시프트, 7R / 190

10-9 가상화 인프라로 이전하는 방법
리프트 마이그레이션 서비스 / 192

해보자 시스템 요구 사항에 맞는 최적의 클라우드 서비스를 선택해 보자 / 194

Ch 11 가상화 운영

가상화 환경 이용 시 고려할 사항 195

11-1 서비스 카탈로그 관리
가이드라인, 서비스 카탈로그 / 196

11-2 클라우드 구성 관리
구성 관리, 코드 / 198

11-3 가상화 인프라 유지보수
수명 주기 / 200

11-4 성능 모니터링
레이턴시, 큐, 서비스 할당량 / 202

11-5 용량 관리
리드 타임, 호환성, 서비스 할당량 / 204

11-6 비용 관리
비용 관리 / 206

11-7 보안 관리
액세스 키, 정책, 예방, 검출 / 208

11-8 사업 연속성 계획 – 재해대책
사업 연속성 계획, RPO, RLO, RTO / 210

해보자 가상화 환경 이용 방법을 생각해 보자 / 212

Ch 12 가상화의 미래

현재의 가상화 과제와 가상화 동향 213

12-1 가상화로 하고 싶은 일은 무엇인가?
애플리케이션 고도화, 기기의 다양성 / 214

12-2 애플리케이션 실행과 JavaScript의 과제
JavaScript / 216

12-3 브라우저에서 네이티브 코드 수준으로 빠르게 실행한다
WebAssembly, 샌드박스 / 218

12-4 Wasm 이용 사례
CDN / 220

12-5 웹 브라우저의 경계를 넘은 Wasm
WASI, Wasmtime, Wasmer / 222

12-6 브라우저에서 동작하는 인프라 - 실험적 도입 사례
WebVM, Postgres playground / 224

12-7 컨테이너와 Wasm ① 컨테이너의 미래
서버 사이드 Wasm / 226

12-8 컨테이너와 Wasm ② 애플리케이션과 인프라
DevSecOps, Wasm 바이너리 / 228

12-9 컨테이너와 Wasm ③ WASI와 컨테이너
WASI / 230

12-10 컨테이너와 Wasm ④ 컨테이너 오케스트레이션
컨테이너 오케스트레이션, runwasi / 232

해보자 서버사이드 Wasm 이용에 관해 생각해 보자 / 234

용어 설명 / 235

찾아보기 / 244

맺음말 / 246

Chapter

1

가상화의 기본

가상화의 개요를 알아보자

virtualization

» 가상화란 무엇인가?

가상화의 정의

가상화란 일반적으로 물리적인 실체가 존재하는 컴퓨터 리소스를 추상화해 여러 개의 독립된 환경을 만들어 내는 기술을 말합니다. 가상화 기술을 이용하면 하나의 물리 서버를 여러 개의 가상 서버로 나누어 각각 다른 운영체제나 애플리케이션을 실행할 수 있습니다. 또한, 시스템의 이전, 백업, 장애 복구 등도 용이해집니다.

오늘날 가상화는 클라우드 컴퓨팅의 기반으로서, IT 인프라의 유연성과 확장성을 향상시키는 중요한 요소로 자리 잡았습니다. 가상화의 정의는 다양하지만, 이 책에서는 다음과 같이 정의합니다(그림 1-1).

- **사용자가 물리 리소스를 쉽게 다룰 수 있도록 분할** 또는 **통합**하는 기술
- **실체가 없어도 마치 실체가 있는 것처럼** 동작을 **모방**하는 기술

이 책에서 다루는 가상화의 범위

이 책에서는 주로 IT 인프라 영역에서 사용되는 다음과 같은 가상화 기술을 다룹니다(그림 1-2).

- 온프레미스 가상화 기술
- 클라우드 벤더의 가상화 기술

클라우드 시대에 온프레미스 가상화 기술은 불필요한 것이라고 생각할 수도 있습니다. 하지만 컨테이너(2-1절 참조)처럼 **온프레미스 환경에서 발전한 기술이 클라우드에서 활용**되고, 다시 온프레미스로 회귀하려는 움직임이 일어나면서 관련 지식이 필요한 경우도 있습니다. 따라서 이 책에서는 온프레미스와 클라우드 양쪽의 가상화 기술을 모두 학습합니다.

그림 1-1 가상화를 한 문장으로 정의하면…

- 사용자가 물리 리소스를 쉽게 다룰 수 있도록 분할 또는 통합하는 기술
- 실체가 없어도 마치 실체가 있는 것처럼 동작을 모방하는 기술

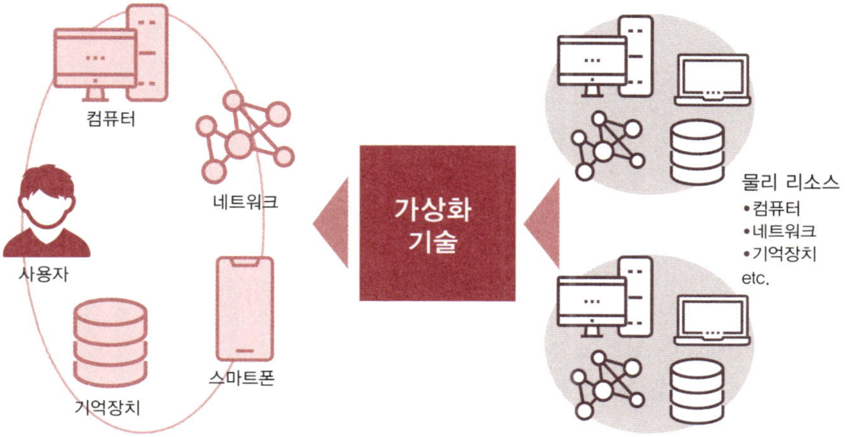

그림 1-2 온프레미스와 클라우드 벤더의 가상화

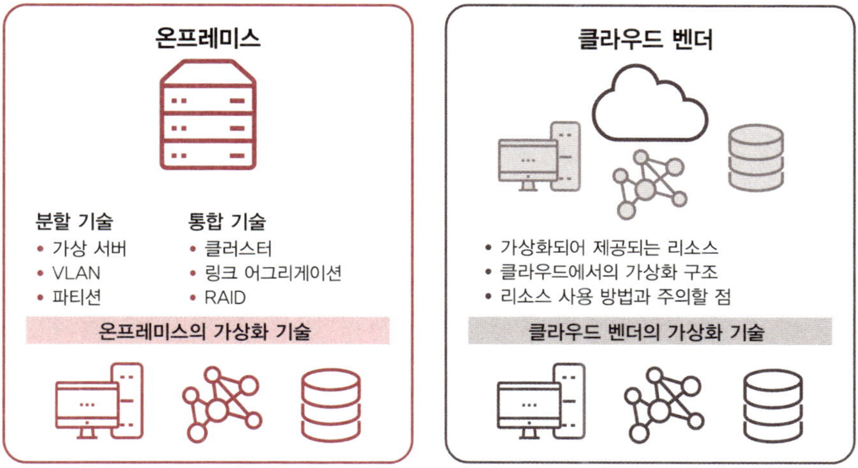

Point

- ✔ 가상화란 물리 리소스를 사용자가 다루기 쉽도록 분할 또는 통합하거나 실제로 존재하는 것처럼 동작을 모방하는 기술이다.
- ✔ 온프레미스에서 축적된 기술이 클라우드에서 사용된다.

가상화의 장점

가상화의 장점 - 민첩성

가상화의 첫 번째 장점은 **민첩성**입니다. 가상화하지 않는다면 하드웨어를 조달해야 하는데, 하드웨어 조달은 주문 이후 준비되기까지 수 주일의 시간이 소요됩니다. 과거 세계적으로 반도체가 부족했던 시기에는 조달 기간이 6개월 이상 걸리기도 했습니다(그림 1-3 상단).

가상 서버처럼 **소프트웨어를 이용하여 마치 하드웨어가 있는 것처럼 보이게 하면, 사용 가능한 리소스 범위 내에서 즉시 준비를 마칠 수 있습니다**(그림 1-3 하단). 또한, 컨테이너 기술을 통해 필요할 때 컨테이너를 바로 시작할 수 있고 처리를 마친 후에 삭제할 수도 있습니다.

가상화의 장점 - 효율성

가상화의 두 번째 장점은 **효율성**입니다(그림 1-4). 물리 머신 하나로 여러 서버를 구동하면, 리소스를 효율적으로 활용할 수 있고 **장비 구매 비용도 절약할 수 있습니다.**

또 다른 예로, 네트워크 장비를 논리적으로 분할하면 설치에 필요한 공간을 절약할 수 있습니다. 이처럼 보유한 하드웨어 리소스나 공간을 효율적으로 활용함으로써 총보유 비용을 최적화할 수 있습니다.

가상화의 장점 - 독립성

가상화의 세 번째 장점은 **독립성**입니다. 물리 머신으로 복수의 서버와 네트워크를 통합했는데, 각각의 서버가 독립적이지 않고 서로 통신하며 데이터를 주고받는다면 보안상 문제가 발생할 수 있습니다. **독립성을 유지하며 마치 별개의 것처럼 관리**할 수 있어야 비로소 리소스를 효율적으로 활용할 수 있습니다.

그림 1-3 인프라 이용 시작 대기 시간을 단축한다

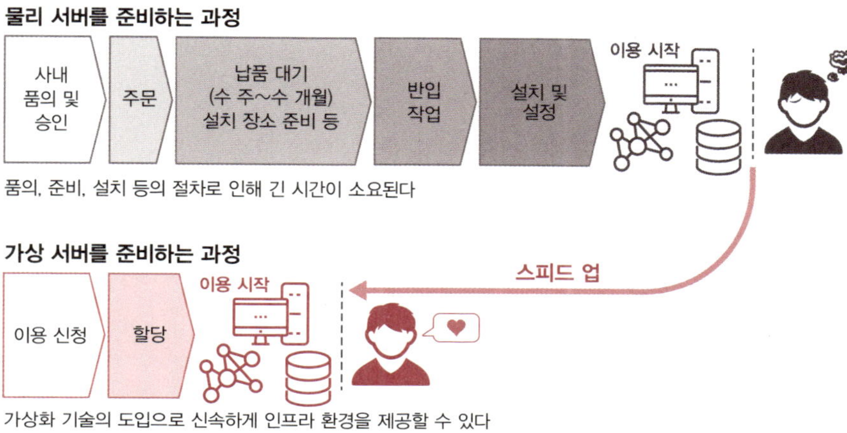

그림 1-4 구역을 분할해 효율적으로 리소스를 사용한다

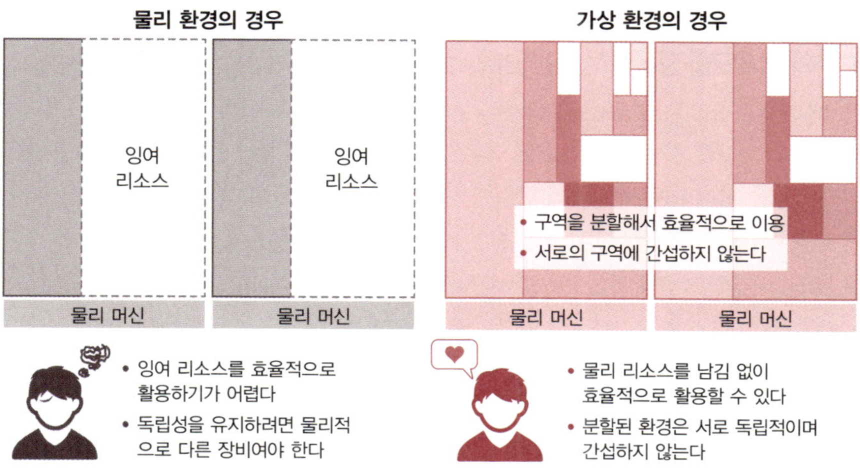

Point

- ✔ 소프트웨어 조작으로 빠르게 원하는 리소스를 얻을 수 있다(민첩성).
- ✔ 물리 리소스를 효율적으로 활용하여 비용 절감 효과를 얻을 수 있다(효율성).
- ✔ 가상화를 통해 만든 것은 서로 독립적으로 제어할 수 있다(독립성).

» 가상화의 역사 ① 호스트 컴퓨터 시대

1960년대부터 있었던 가상화

가상화의 역사는 1960년대까지 거슬러 올라갑니다. 당시 컴퓨터 시스템은 **메인프레임**에서 동작했습니다. 메인프레임에 연결된 인텔리전트 터미널로 입력 폼을 보내면, 터미널 측에서 정보를 입력한 후 Enter 키로 메인프레임에 전송하여 처리했습니다. 또는, 좀 더 저렴한 덤 터미널을 이용하여 입력 항목 단위로 메인프레임과 통신하며 처리하는 방식을 사용하기도 했습니다.

당시의 메인프레임은 한 번에 하나의 프로그램만 실행할 수 있었기 때문에, 입력 데이터가 준비되어 있어도 차례가 돌아올 때까지 기다려야 했습니다(그림 1-5). 이를 해결하기 위해 CPU 실행 시간을 극히 짧은 시간으로 분할하여 순차적으로 작업을 할당함으로써, 가상으로 여러 개의 CPU가 존재하는 것처럼 동작하게 하여 입력 대기 시간을 줄이는 방법이 고안됐습니다.

고가의 컴퓨터를 공유해서 사용한다

존 매카시(John McCarthy) 박사는 1961년 매사추세츠 공과대학 100주년 기념식 연설에서 시간을 분할하는 기술로 "(수도나 전기처럼) 컴퓨터의 능력이나 특정 애플리케이션을 판매하는 비즈니스 모델이 등장할지도 모른다"고 말했습니다. 이 기술은 나중에 타임셰어링 시스템(**TSS**)에 활용됐습니다(그림 1-6).

당시 메인프레임은 매우 고가였는데, 1966년에 출하된 System/360 Model 75가 350만 달러, 당시 환율(고정)로 약 9억 원이 넘었습니다.

1960년대 후반에는 TSS를 이용해 전화선으로 컴퓨팅 서비스를 제공하고 사용한 만큼 요금을 지불하는 비즈니스 모델이 등장했습니다. 컴퓨터 성능이 향상되면서 이 비즈니스 모델은 짧게 끝나긴 했지만, **클라우드 컴퓨팅과 같은 비즈니스 개념은 이 시기부터 존재**했다고 할 수 있습니다.

그림 1-5 1960년대에 메인프레임에서 이용됐던 가상화

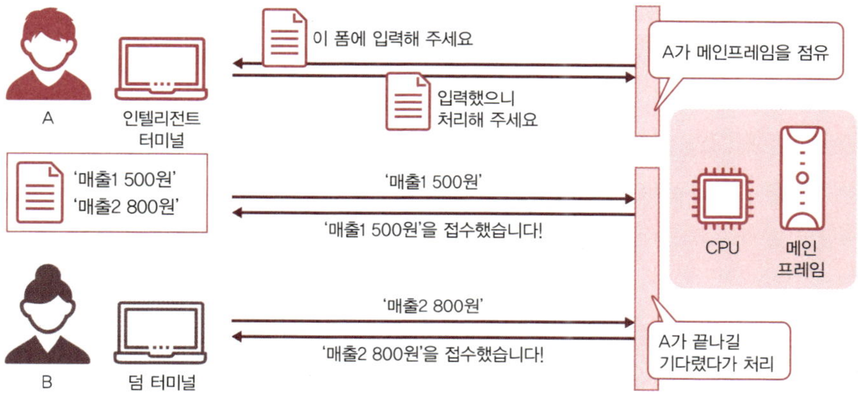

그림 1-6 1960년대에 이미 존재했던 클라우드의 개념

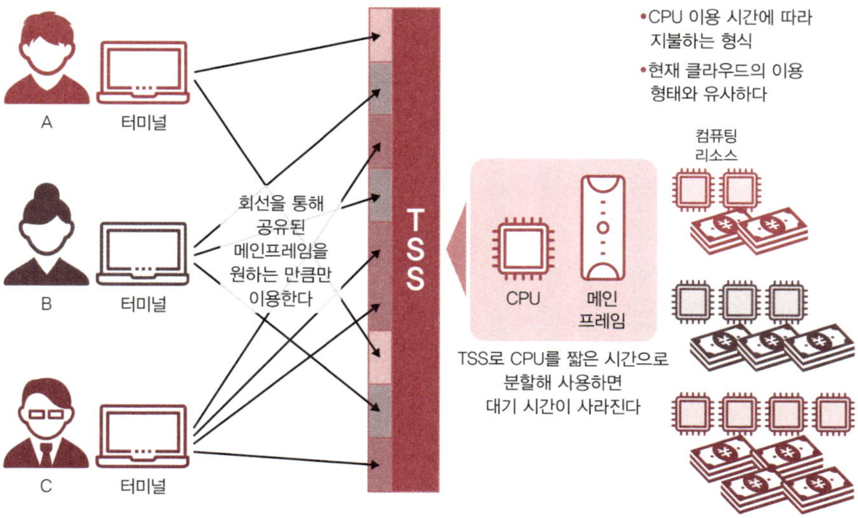

Point

- ✔ 가상화의 역사는 1960년대까지 거슬러 올라간다.
- ✔ 고가의 메인프레임을 공동으로 이용하기 위한 기술로 타임셰어링 시스템(TSS)이 고안됐다.
- ✔ TSS의 개념은 클라우드 비즈니스와 통하는 부분이 있다.

» 가상화의 역사 ② 하드웨어 가상화 시대

시스템화 확대와 함께 높아진 신뢰성 및 성능에 대한 기대

1990년대에는 상시 접속 서비스의 등장으로 인한 **인터넷의 보급**에 따라, 표준화된 개방형 규격을 준수하는 컴퓨터를 통한 전자상거래(EC), 홈페이지 및 게시판 서비스가 시작됐습니다(그림 1-7). 이러한 배경 속에서 **저렴한 장비를 활용하여 이중화 수준을 높이려는 요구**가 생겨났으며, 2000년대 초반을 거치면서 하드디스크, 네트워크, 서버를 이중화할 수 있는 가상화 기술이 등장하여 보급됐습니다.

이중화와 성능 향상을 실현하는 기능의 등장

불특정 다수가 이용하는 시스템의 장애를 방지하고 성능을 향상시키기 위한 다양한 기술이 등장한 것도 이 시기입니다(그림 1-8).

예를 들어, 하드디스크 대책으로는 RAID(4-2절 참조)라는 기술이 1980년대 후반에 등장했습니다. 여러 개의 하드디스크를 조합하여 하나의 하드디스크로 보이게 함으로써 **신뢰성**과 **성능을 향상**시킬 수 있게 됐습니다.

네트워크 대책으로는 링크 어그리게이션(1-9절 참조) 규격(802.3ad)이 2000년에 등장했으며, 여러 개의 LAN 케이블을 묶어 하나로 보이게 함으로써 통신 대역을 확장하여 이중화할 수 있게 됐습니다.

서버 대책으로는 로드 밸런서(1-9절 참조)라는 장비를 사용하여 백엔드 서버로 트래픽을 분산함으로써, 서버의 처리 성능을 향상시키고 장애에 대응할 수 있게 됐습니다. 또한, 클러스터 기술로 여러 대의 서버를 하나의 서버처럼 보이게 구성하여 한쪽 서버가 멈추더라도 나머지 서버가 처리를 계속할 수 있게 됐습니다.

이처럼 여러 기능을 활용하여 저렴한 비용으로 신뢰성과 성능을 향상시킬 수 있게 되었습니다.

그림 1-7 인터넷의 보급과 컴퓨터의 용도 확대

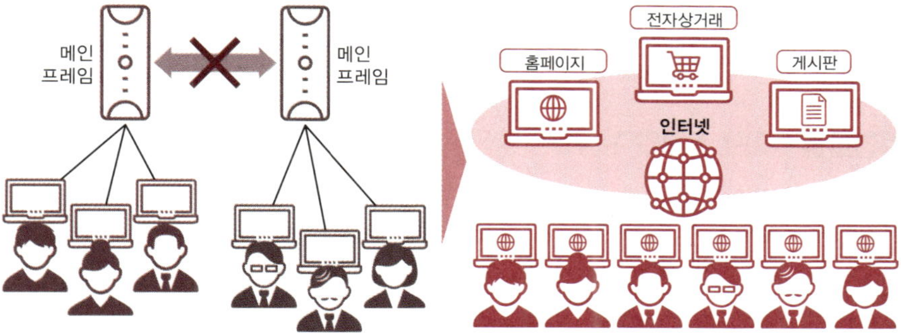

- 메인프레임에서는 같은 호스트에 접속한 터미널끼리만 통신할 수 있다
- 장비 가격은 높지만, 고성능과 고가용성을 갖추고 있어 장애가 발생해도 전체 시스템에 미치는 영향이 제한적이다

불특정 다수가 이용하는 시스템에서 더 저렴한 공개 표준을 준수하는 서버를 사용하면서 성능과 가용성을 높일 필요가 생겼다

그림 1-8 성능과 가용성을 높일 수 있는 가상화 기술

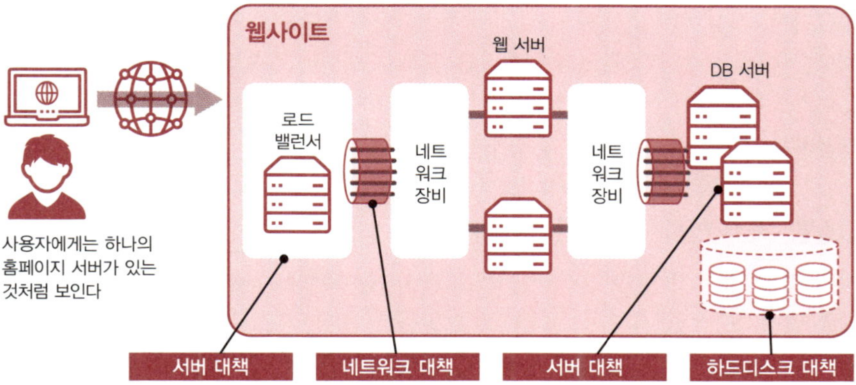

사용자에게는 하나의 홈페이지 서버가 있는 것처럼 보인다

서버 대책	네트워크 대책	서버 대책	하드디스크 대책
로드 밸런서 배후의 서버로 처리를 분배한다	링크 어그리게이션 복수의 LAN 케이블을 묶는다	클러스터 복수의 서버를 하나처럼 보이게 한다	RAID 복수의 하드디스크를 하나처럼 보이게 한다

Point

- ✔ 인터넷의 보급으로 전자상거래 등 컴퓨터의 활용 범위가 확대됐으며, 저렴한 장비에서도 가용성과 성능이 요구되기 시작했다.
- ✔ 1990년부터 2000년대 초반까지 하드웨어의 성능과 가용성을 향상시키기 위한 기능들이 등장했다.

가상화의 역사 ③ 가상 서버 시대

통합률을 높이는 추세와 가상화

여러 하드웨어를 연동하여 성능과 신뢰성을 향상시킬 수 있게 된 반면, 2000년대 중반부터는 서버 증가에 따른 설치 및 운영 비용 상승이 문제로 떠올랐습니다. 또한, 서버 용도에 따라서는 CPU나 메모리 리소스를 거의 사용하지 않더라도 전용 물리 서버가 필요한 경우도 있어, 사용하지 않는 리소스가 낭비되고 있었습니다.

그 해결책으로 주목받은 것이 가상화 기술을 활용한 **서버 통합**입니다(그림 1-9). VMware, Hyper-V, Xen 등의 가상화 소프트웨어를 이용하면 **한 대의 물리 서버로 복수의 가상 서버를 통합할 수 있습니다**.

물리 서버에 장애가 발생하면 여러 대의 서버가 한꺼번에 정지되는 문제도 있었지만, 2010년경에 **물리 서버끼리 클러스터를 구성하여 내결함성을 높이는 기술**이 등장했습니다. 가상 서버를 멈추지 않고 다른 물리 서버로 이동할 수 있어, 유지보수 시에도 서비스를 중단할 필요가 없어졌습니다. 2010년대 후반엔 물리 서버의 내장 하드디스크를 다른 서버로 복제하는 기술로 물리 서버를 모듈화해 클러스터화한 **하이퍼컨버지드 인프라**(HCI)라는 구조가 등장했습니다.

시스템 수명 연장에도 사용된 가상화

서버 가상화에는 또 다른 장점이 있습니다. 물리 서버는 부품 확보 등 유지보수 문제로 인해, 보통 5년 주기로 교체가 필요합니다. 또한, 새로운 물리 서버에서는 구형 OS(예: Windows 2003)가 동작하지 않는 경우가 있어, OS를 교체하면서 기존 패키지를 재구매하거나 애플리케이션을 다시 개발해야 하는 부담이 발생합니다. 하지만 서버 가상화 제품 중에는 구형 OS의 동작을 지원하는 경우도 있어, 많은 기업들이 물리 서버의 이미지 데이터를 가상 머신에 복제하는 방식으로 시스템 **수명을 연장**하고 있습니다(그림 1-10).

그림 1-9 가상화 전용 소프트웨어를 이용한 통합률 향상

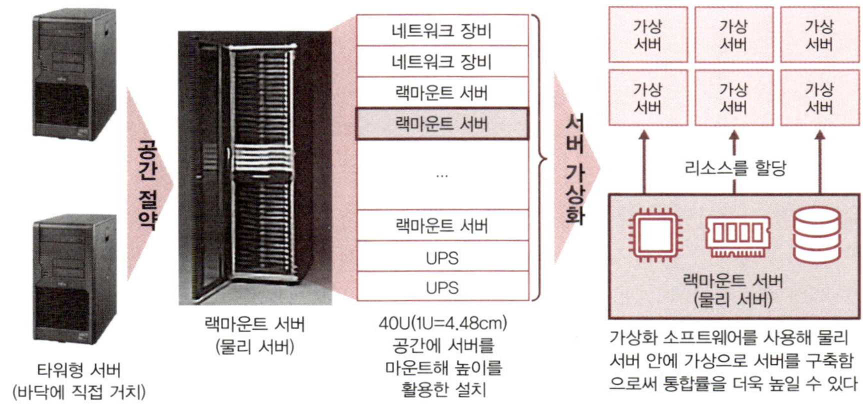

그림 1-10 가상화를 통해 오래된 OS를 지원한다

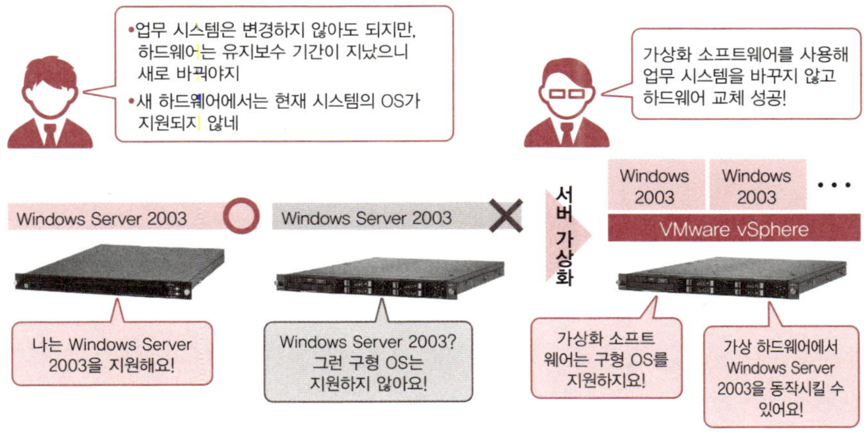

출처: 에프사스 테크놀로지스 'PRIMERGY 제품 정보 내비'를 바탕으로 작성
(URL: https://jp.fujitsu.com/platform/server/primergy/product-navi/)

Point

- ✔ 서버를 가상화하면 한 대의 물리 서버에서 여러 대의 가상 서버를 운영할 수 있다.
- ✔ 높은 통합률로 인한 물리적인 고장 대책으로 물리 서버 클러스터를 구성할 수 있다.
- ✔ 가상화 소프트웨어가 지원할 경우 비교적 오래된 OS의 수명을 연장할 수 있다.

가상화의 역사 ④ 클라우드 시대

클라우드의 역사

클라우드의 역사는 의외로 오래되어, 2006년 8월에 아마존이 AWS의 베타 버전을 제공하기 시작하면서 클라우드 컴퓨팅 시대가 열렸습니다. 한국에서는 2010년대 초반부터 클라우드 서비스가 본격적으로 도입되기 시작했습니다. 2012년 NHN과 KT가 자체 클라우드 인프라 서비스를 제공하기 시작했으며, 2015년에는 '클라우드컴퓨팅 발전 및 이용자 보호에 관한 법률'(그림 1-11)이 시행되어 제도적 기반이 마련되었습니다. 이 법은 클라우드 서비스의 활성화, 보안 기준의 수립, 공공기관의 클라우드 도입 확대를 목표로 했습니다. 이를 계기로 공공부문을 중심으로 클라우드 이용이 본격화되었고, 이후 민간 기업에서도 다양한 클라우드 기반 서비스가 빠르게 확산되었습니다.

클라우드 환경과 하드웨어 이용 형태의 변화

가상 서버 시대에는 시스템을 구축하기 위해 미리 하드웨어를 준비해야 했지만, 클라우드의 등장으로 하드웨어를 구매하는 형태에서 이용하는 형태로 변화했습니다. 필요한 서버를 간편하게 만들고 폐기할 수 있게 되어, 아이디어의 실현 가능성(PoC · 7-8절 참조)을 빠르고 저렴한 비용으로 확인할 수 있게 됐습니다.

클라우드 벤더에 의한 고도의 가상화

클라우드 벤더에서는 높은 수준의 가상화로 리소스를 관리합니다. 일례로 다음과 같은 관리 체계가 있습니다(그림1-12).

- **크레딧**: CPU, 네트워크 대역폭, 하드디스크 I/O의 일시적인 증가를 제어하여 갑작스러운 부하에 대응하는 시스템
- **쿼터**: 단위 시간당 처리 횟수나 실행 시간의 상한선을 설정하여, 제공하는 서비스에 효율적으로 리소스를 할당하는 시스템

이처럼 **이용량 변화에 적합한 시스템**으로 구현되어 있습니다.

그림 1-11 '클라우드 컴퓨팅 발전 및 이용자 보호에 관한 법률'의 주요 내용

구분	주요 내용
이용자 보호	• 침해사고, 이용자 정보 유출, 사전 예고 없이 10분 이상의 서비스 중단 시 지체 없이 이용자에게 알리고 필요한 조치를 하여야 함 • 동의 없이 제3자에게 정보제공 금지, 사용 종료 시 정보의 반환 및 파기 • 피해가 발생한 경우 손해를 배상하여야 하며 입증 책임은 사업자가 짐
공공·민간 확산	• 국가기관 등의 클라우드 컴퓨팅 도입, 공공기관의 민간 클라우드 이용 촉진 및 시범사업 추진 • 클라우드를 이용할 경우 각종 인허가 시 전산설비 구비 의무 완화
클라우드 산업 육성	• 연구개발, 중소기업 지원, 시범사업, 전문인력 양성, 해외 진출 지원 등 • 클라우드 기반 집적정보통신시설 구축 지원, 산업단지 조성 • 클라우드 컴퓨팅 산업 진흥 및 이용 촉진을 위한 전담기관 지정

그림 1-12 크레딧과 쿼터에 의한 리소스 제어

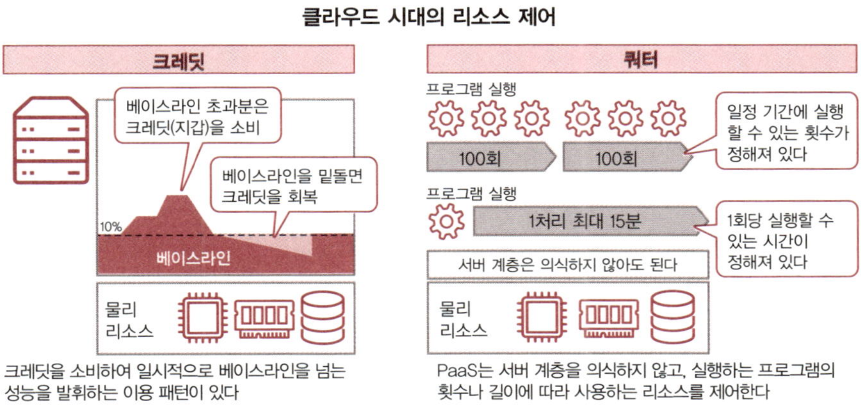

Point

✔ 인프라 클라우드 서비스의 역사는 오래되어 2006년경부터 제공되고 있다.

✔ 클라우드 서비스는 이용량 변화에 맞춰 작동하는 고도의 리소스 제어 시스템이 작동하고 있다.

» 사용 방식으로 분류하는 가상화

분할하는 가상화

가상화의 이용 형태 중 첫 번째는 '**분할하기**'입니다. 물리적으로 하나인 장비를 가상화 기술로 나누어 사용하는 방식입니다. 이를 통해 **물리 리소스를 여러 사용자 또는 시스템이 효율적으로 이용하거나 독립적으로 다룰 수 있습니다**(그림 1-13 왼쪽).

이용 사례로는 서버 분할에 의한 가상화(가상 서버), 네트워크 분할에 의한 가상화(VLAN, 3-1절 참조), 스토리지 분할에 의한 가상화(**논리 디스크**) 등이 있습니다.

통합하는 가상화

가상화의 이용 형태 중 두 번째는 '**통합하기**'입니다. **복수의 실체가 있는 것을 마치 하나만 있는 것처럼 보이게 하는 방식입니다**(그림 1-13 오른쪽). 원래 가지고 있던 가상화 이전의 성질은 그대로 유지한 채 사용합니다. 이용 사례로는 웹 서버 가상화(부하 분산/리버스 프록시), 복수의 컴퓨터를 병렬로 처리하는 가상화(슈퍼 컴퓨터) 등이 있습니다.

모방하는 가상화

가상화의 이용 형태 중 세 번째는 '**모방하기**'입니다(그림 1-14). **원래 가진 성질과 다른 것을 만들어 내는 가상화입니다**. 성질이 다르다는 것은 OS 등 플랫폼이 다르다는 것을 의미합니다. 이용 사례로는 윈도우에서 마치 안드로이드 스마트폰이 동작하는 것처럼 구현하는 에뮬레이터 소프트웨어가 있습니다.

넓은 의미에서는 전용 OS와 CPU에서 작동하는 네트워크 장비를 범용 OS와 CPU에서 작동할 수 있게 하는 가상 어플라이언스(VyOS)도 '모방'하는 가상화에 해당합니다.

다음 절부터는 각각의 이용 형태에 대해 좀 더 자세히 살펴보겠습니다.

그림 1-13 성질이 같은 리소스를 분할하거나 통합한다

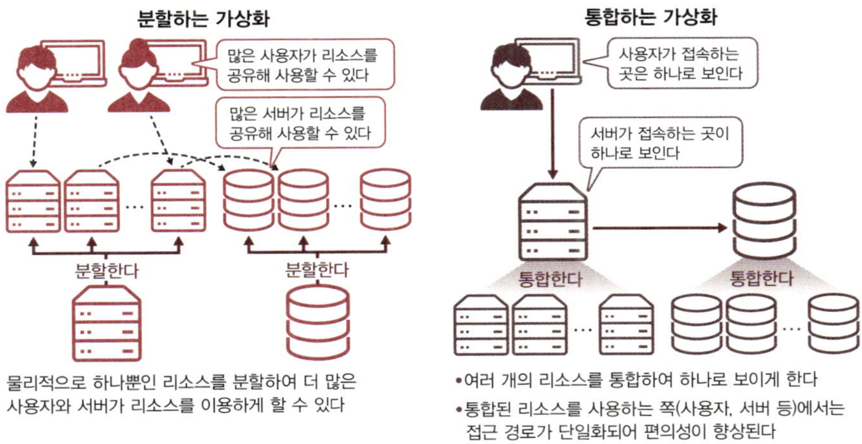

그림 1-14 성질이 다른 리소스의 동작을 모방한다

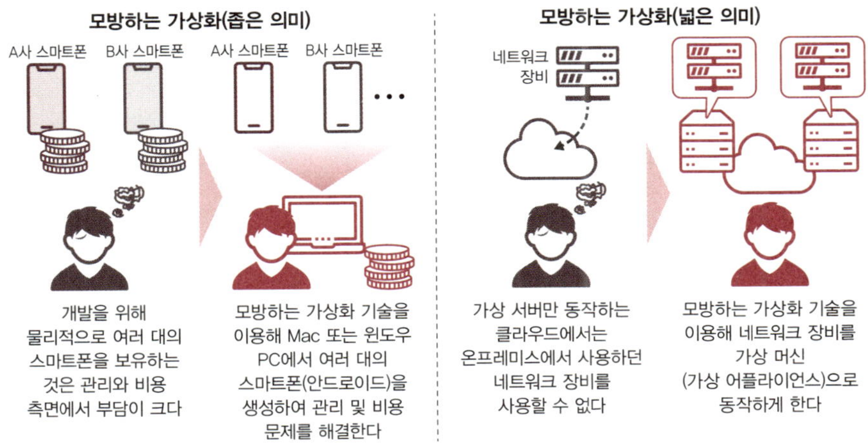

Point

- ✔ 물리 리소스를 효율적으로 사용하기 위해 분할하는 가상화가 있다.
- ✔ 사용자 측에서 하나로 보이도록 통합하는 가상화가 있다.
- ✔ 원래 가진 성질과는 다른 성질을 만들어 내는 모방하는 가상화가 있다.

» 분할하는 가상화

분할하는 이유

물리 장비를 분할해서 사용하는 이유는 리소스를 효율적으로 활용하기 위해서입니다. 시스템을 도입할 때 물리 장비 한 대 분량의 성능이 필요하지 않음에도 불구하고, 유지보수 등의 운영 측면이나 보안 측면을 고려했을 때 장비 한 대를 전용으로 할당해야 하는 경우가 있습니다.

이런 경우, 과도한 리소스를 가진 장비를 여러 대 설치해야 하므로 구매 시나 운영 시 설치 공간에 대한 비용이 증가하게 됩니다. 분할하는 가상화 기술은 한 대의 물리 장비를 독립된 여러 요소로 나눌 수 있으므로, 이러한 문제를 해결할 수 있습니다(그림 1-15).

분할하는 가상화 사례

서버, 네트워크, 스토리지를 예로 들어 분할하는 가상화 사례를 살펴보겠습니다(그림 1-16).

서버 가상화의 예로는 가상화 소프트웨어가 있습니다. 가상화 소프트웨어를 이용해 물리 서버의 CPU, 메모리, 디스크를 논리적으로 분할하여 여러 대의 **가상 서버**를 운영할 수 있습니다.

네트워크 가상화의 예로는 **VLAN**(3-1절 참조)을 들 수 있습니다. VLAN을 이용하면 네트워크 포트를 여러 그룹으로 분할해 독립된 네트워크 장비처럼 작동시킬 수 있습니다.

스토리지 가상화의 예로는 스토리지 장비에 내장된 논리 볼륨 생성 기술이 있습니다. RAID 기능으로 통합된 볼륨에서 서로 독립된 볼륨을 생성할 수 있습니다.

이처럼 가상화해서 분할하면 사용자에게는 마치 별도의 장비가 생긴 것처럼 보이므로, 독립성을 유지하면서도 효율적으로 리소스를 이용할 수 있습니다.

그림 1-15 가상화를 이용하지 않는 경우의 문제점(서버의 예)

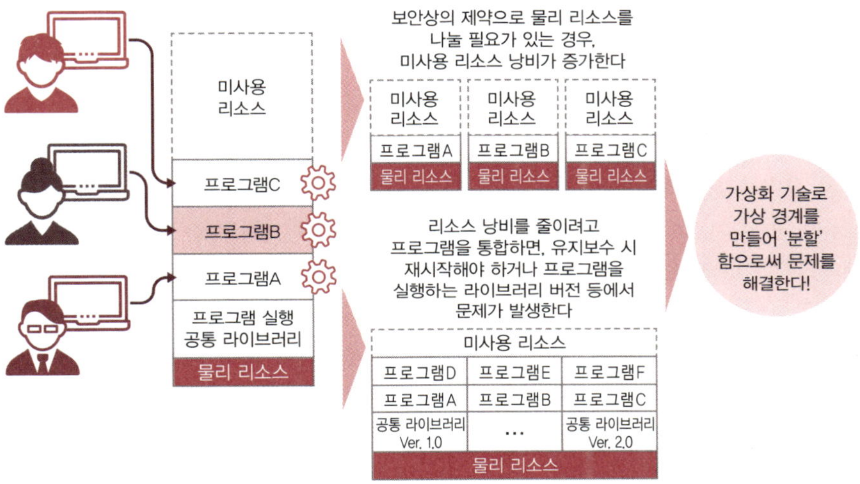

그림 1-16 가상화 기술로 서버, 네트워크, 스토리지를 분할한다

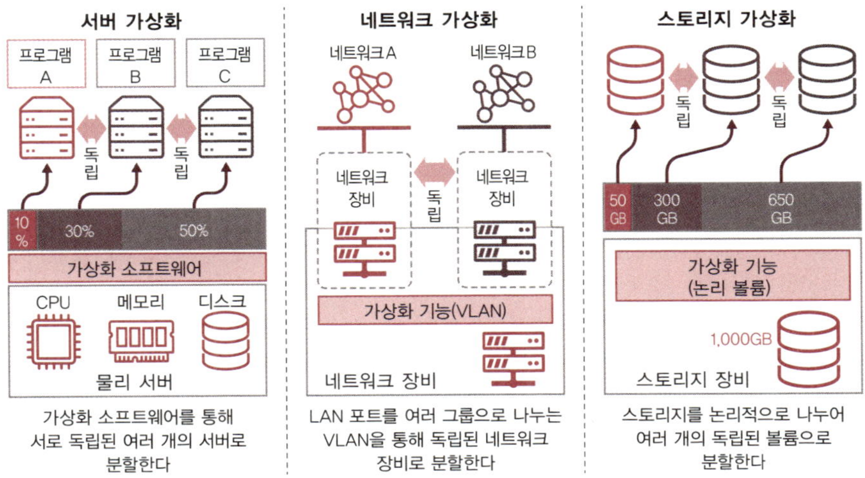

Point

- ✔ 물리적 장비를 분할해서 사용하는 주된 목적은 리소스의 효율적인 활용이다.
- ✔ 서버, 네트워크, 스토리지 각각에 물리적 장비를 분할해서 독립적으로 보이게 하는 가상화 기법이 있다.

» 통합하는 가상화

통합해서 사용하는 이유

물리 장비를 통합해서 사용하는 주된 이유는 이중화와 성능 향상을 위해서입니다. 컴퓨터 등의 기기로 서비스를 제공하는 이상, 고장은 생기기 마련입니다. 물리 장비에 문제가 생기더라도 사용자의 접속 경로를 유지하고 서비스를 계속 이용할 수 있게 하려면, 여러 장비를 묶어 사용자에게는 하나로 보이게 해야 합니다. 시스템의 처리 성능을 높이기 위해 서버를 늘리는 경우에도 접속 경로를 단일화해 두면, 사용자를 의식하지 않은 채 성능을 높일 수 있습니다. 통합해서 사용하는 가상화는 이러한 과제를 해결할 수 있습니다(그림 1-17).

통합하는 가상화 사례

서버, 네트워크, 스토리지를 예로 들어, 통합하는 가상화 사례를 살펴보겠습니다(그림 1-18).

서버 가상화에서는 부하 분산이라는 기능을 통해 접속 대상을 **부하 분산 장치** 한 곳으로 보이게 할 수 있습니다. 부하 분산 장치 뒤에 여러 대의 서버를 배치하고 트래픽을 분산시켜, 이중화와 성능을 향상시킵니다.

네트워크 가상화의 예로는 **링크 어그리게이션**이라는 기능이 있습니다. 여러 네트워크 장비의 포트를 하나로 묶어 단일 포트로 보이게 함으로써 통신 대역폭을 확장하고 이중화할 수 있습니다.

스토리지 가상화의 예로는 **RAID**(4-2절 참조)라는 기능이 있습니다. 여러 스토리지를 조합하여 하나의 스토리지로 보이게 함으로써 신뢰성과 성능을 향상시킬 수 있습니다.

이처럼 통합해서 사용하는 가상화 기술을 활용하면 이중화 및 성능을 높일 수 있습니다.

그림 1-17 가상화를 사용하지 않는 경우의 문제점(서버의 예)

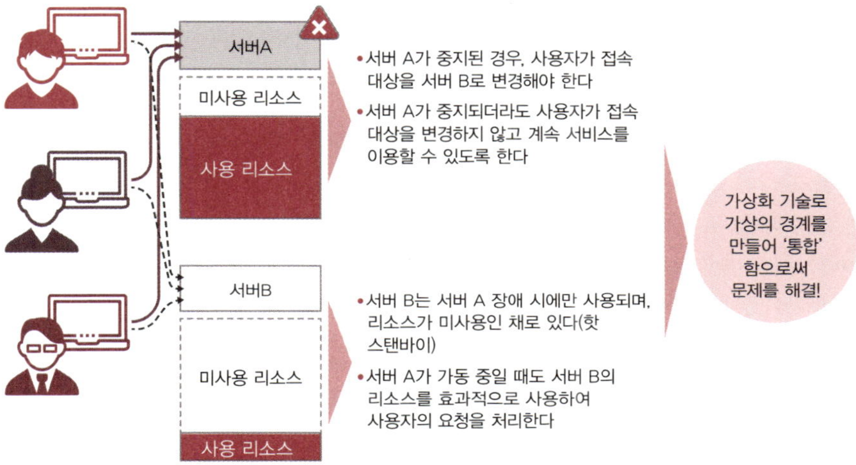

그림 1-18 가상화 기술로 서버, 네트워크, 스토리지를 통합한다

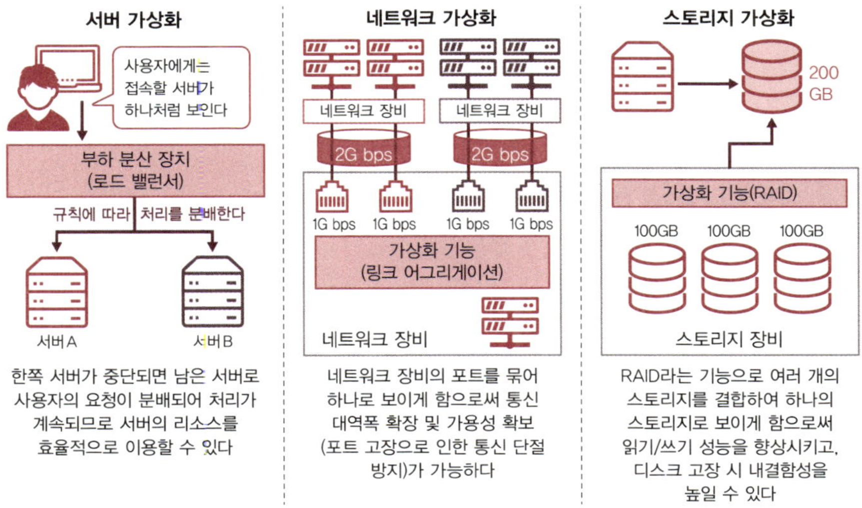

Point

- ✔ 물리적 장비를 통합해서 사용하는 것은 주로 가용성 및 성능 향상이 목적이다.
- ✔ 서버, 네트워크, 스토리지 각각에 물리적 장비를 통합하여 하나의 장비로 보이게 하는 가상화 기법이 있다.

모방하는 가상화

모방하는 가상화란?

'분할하는 가상화'와 '통합하는 가상화'는 동일한 CPU 아키텍처상에서 가상화하여 소프트웨어를 구동하는 방법입니다. 반면에 '모방하는 가상화'는 서로 다른 CPU 아키텍처의 소프트웨어를 구동하는 방법입니다. x86 아키텍처(이하 x86)나 ARM 아키텍처(이하 ARM) 등의 CPU 아키텍처는 CPU 구조의 차이를 의미합니다. 윈도우 PC는 일반적으로 x86, 스마트폰은 대부분 ARM을 사용하고 있습니다.

예를 들어, ARM 스마트폰의 애플리케이션을 윈도우 PC에서 개발하는 상황을 생각해 보겠습니다. ARM용으로 만들어진 애플리케이션은 윈도우 PC에서 작동하지 않습니다. 이때 등장하는 것이 '모방하는 가상화'라고 할 수 있는 **에뮬레이터**입니다. 구글에서 제작한 안드로이드 스튜디오에는 개발을 위한 안드로이드 에뮬레이터가 포함되어 있습니다. 안드로이드 에뮬레이터는 ARM용 명령을 x86용으로 변환하여 실제로 프로그램을 실행하므로, **윈도우 PC에서 안드로이드용 애플리케이션의 동작을 확인할 수 있습니다**(그림 1-19). '모방하는 가상화'인 에뮬레이터는 **OS나 디바이스를 모방하거나 CPU에 대한 명령을 통역하는 역할**을 합니다.

에뮬레이터와 시뮬레이터의 차이

에뮬레이터와 비슷한 단어로 '**시뮬레이터**'가 있습니다. 에뮬레이터는 앞서 언급한 예시처럼 애플리케이션을 개발할 때 동작을 확인하는 용도로 사용되며, 실제로 애플리케이션 등의 소프트웨어를 구동합니다. 실제로 동작을 구현하므로 버그를 찾아내고 수정할 수 있습니다. 반면, 시뮬레이터는 단순히 소프트웨어가 동작하는 것처럼 보여 주기만 한다는 점에서 차이가 있습니다(그림 1-20). 시뮬레이터는 **완성된 이미지의 검증뿐만 아니라 교육 등 훈련 용도로도 사용됩니다**.

그림 1-19 명령을 번역해 다른 플랫폼에서 작동시킨다

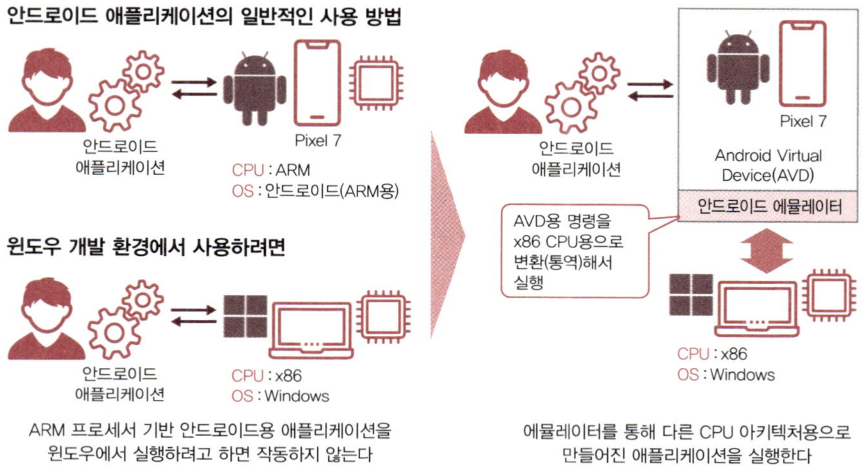

그림 1-20 에뮬레이터와 시뮬레이터의 모방 수준 차이

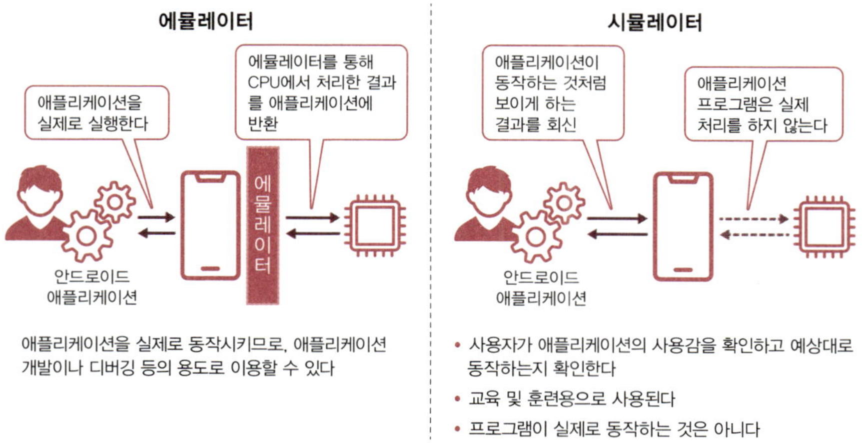

Point

- ✔ 에뮬레이터를 사용하면 소프트웨어를 다른 CPU 아키텍처에서 실행할 수 있다.
- ✔ 에뮬레이터는 CPU에 대한 명령을 CPU가 이해할 수 있는 형태로 변환한다.
- ✔ 시뮬레이터는 최종 형태의 이미지 검증이나 훈련 용도로 사용되는 가상화 기술이다.

» 소유에서 이용으로

가상화를 이용하면 쉽게 생성하고 쉽게 삭제할 수 있다

물리 머신을 구매할 때는 면밀하게 계획을 세워 사양을 결정한 후 주문해야 합니다. 또한, 도입 후에도 감가상각 등을 고려하여 일정 기간은 계속 사용(또는 소유)해야 합니다.

가상화 환경은 이러한 수고와 번거로움을 덜어 줍니다. 가상화 환경은 하나의 물리 머신 내에 여러 개의 가상 머신을 구축하여 이용합니다. 기반이 되는 물리 머신은 쉽게 버릴 수 없지만, 물리 머신 위에 구축한 가상 머신은 **필요할 때 생성하고, 필요가 없어지면 쉽게 삭제할 수 있습니다**(그림 1-21).

다만, **소프트웨어 라이선스에는 주의가 필요**합니다. **온디맨드 방식**으로 제공되어 라이선스가 필요 없는 형태의 소프트웨어를 사용할 경우에는 가상 머신을 쉽게 생성하고 삭제할 수 있지만, 일반적인 소프트웨어 라이선스는 그렇게 할 수 없습니다. 가상화 환경의 장점을 최대로 활용하기 위해서는 소프트웨어 라이선스를 고려하여, 가상화 환경에 적합한 유형의 제품을 채택(구매)하는 것을 권장합니다.

신규 사업의 진입 장벽을 낮춘다

가상화 환경은 신규 사업을 시작할 때에도 유용합니다.

신규 사업을 시작할 때는 빠른 속도가 요구됩니다. 가상화 환경을 이용하면, 신규 사업을 위한 IT 시스템을 빠르게 구축할 수 있습니다(그림 1-22). 개발 환경을 마련하고 PoC(7-8절 참조) 등을 통해 사업의 실현 가능성을 확인한 후, 가상 머신 이미지를 이용하여 본격적인 운영 환경을 구축할 수 있습니다.

신규 사업은 실패할 위험성도 있습니다. 그런 상황에서 고가의 물리 장비를 대량으로 구매하는 일은 가능하면 피하는 것이 좋겠지요. 가상화 환경이나 클라우드를 이용하면 필요 최소한의 리소스만 할당하여 신규 사업용 시스템을 가동할 수 있습니다. 또한, 클라우드를 이용하면, 필요한 리소스만 제어하면서 사업을 추진할 수 있습니다.

그림 1-21 생성과 삭제가 간편한 가상화

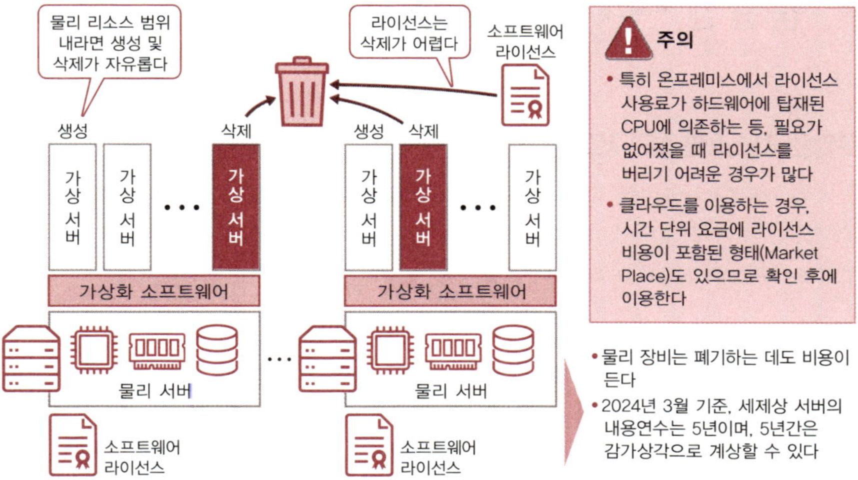

그림 1-22 온프레미스와 가상화(클라우드)의 투자 비교

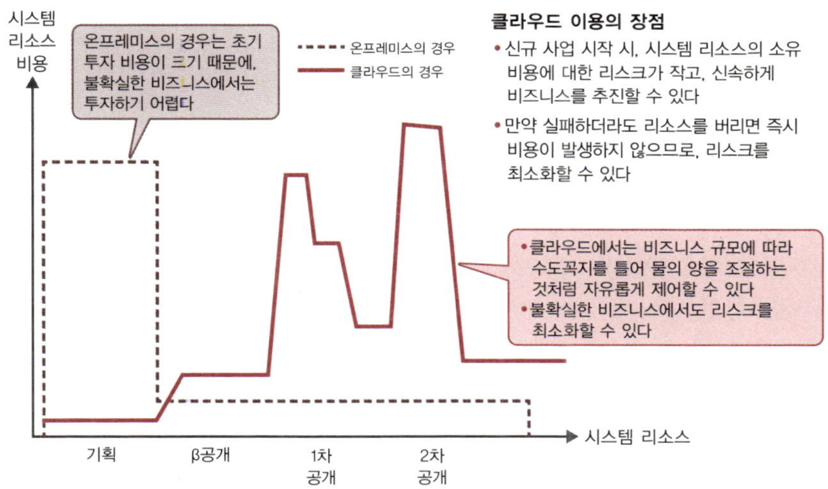

Point

- ✔ 가상 머신은 쉽게 만들고, 쉽게 삭제할 수 있다.
- ✔ 가상 머신을 삭제할 때는 소프트웨어 라이선스에 주의한다.
- ✔ 신규 사업 등 불확실성이 높은 사업을 위한 시스템에는 가상화 구조가 최적이다.

» 분할한 리소스에 접근하기

분할한 리소스와 접근 제어

가상화 기술을 이용하면 하드웨어 리소스를 가상으로 분리해 여러 대의 가상 머신에 할당하고 동시에 실행할 수 있습니다. 이를 통해 서로 다른 복수의 애플리케이션을 하나의 하드웨어(물리 머신)에서 **독립성을 보장**하면서 실행할 수 있습니다.

다수의 사용자가 분리된 리소스를 서로 영향을 주지 않고 이용하려면 '권한 제어 시스템'이 필요합니다. 권한 제어 시스템을 통해 인증된 사용자에게 통행증(접근 권한)을 발급함으로써, 접근할 수 있는 리소스와 접근할 수 없는 리소스를 제어합니다(그림 1-23).

책임 공유 모델에서 사용자의 책임

온프레미스에서 이용하는 경우에는 소유하는 회사나 조직이 모든 책임을 지지만, 클라우드에서는 **책임 공유 모델**을 바탕으로 책임 범위가 정해집니다. 책임 공유 모델이란 클라우드 환경에서 클라우드 벤더와 사용자 간 책임의 경계를 명확히 하는 모델로, **클라우드 벤더와 사용자가 각각 책임져야 할 범위가 있습니다**. 주요 패턴과 책임 범위의 경계는 다음과 같습니다(그림 1-24).

- **IaaS의 경우**: 가상 머신과 OS
- **PaaS의 경우**: 런타임과 애플리케이션
- **SaaS의 경우**: 애플리케이션과 데이터

사용자의 책임 범위는 IaaS에서 가장 크고, PaaS나 SaaS로 갈수록 점점 줄어듭니다. 클라우드 벤더가 제공하는 기능이 의도한 대로 동작하도록 설정하는 것은 사용자의 책임이라는 점에 주의가 필요합니다. 온프레미스 환경에서도 동일 조직 내 책임 범위를 결정할 때 이 공유 모델을 이용하는 경우가 있습니다.

그림 1-23 다수의 사용자가 서로 영향을 미치지 않고 리소스를 이용하는 구조

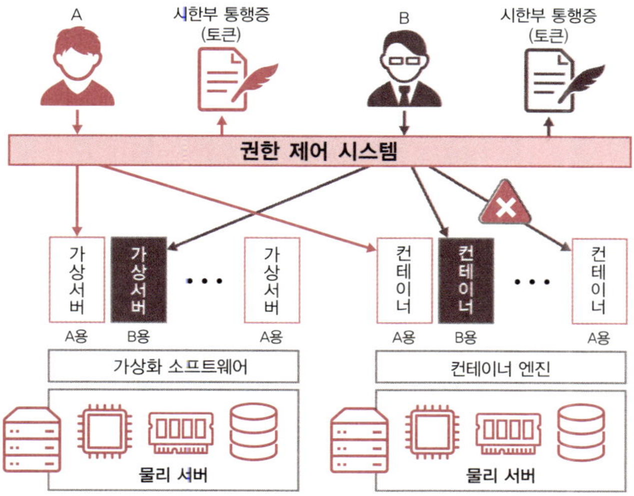

권한 제어 시스템을 통해 통행증을 발급받으면, 주어진 권한 범위 내에서 분할된 리소스에 접근할 수 있다 (컨테이너에 대해서는 2장을 참조)

그림 1-24 온프레미스, IaaS, PaaS, SaaS의 책임 공유 모델

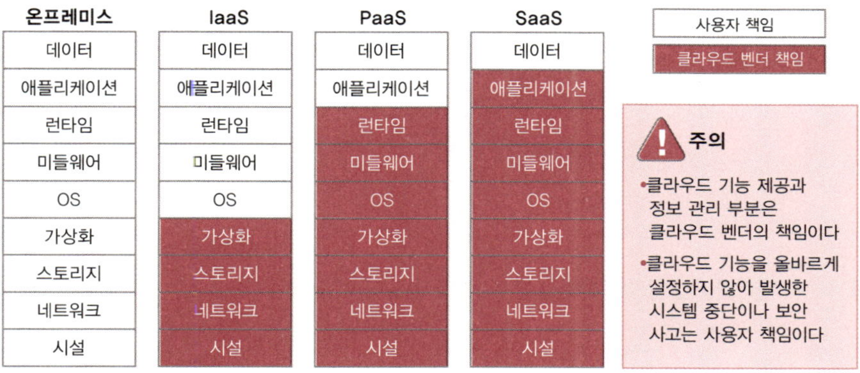

온프레미스에서도 같은 회사나 조직 내에서 상기 모델을 바탕으로 책임 범위를 정하는 경우가 있다

Point

- ✔ 가상화 기술은 하드웨어를 공유하면서도 애플리케이션의 독립성을 보장할 수 있다.
- ✔ 클라우드 환경에서는 유형에 따라 사용자의 책임 범위가 달라진다.

해보자 가상화 기술의 개요를 이해했는지 확인해 보자

1장에서는 가상화의 장점과 역사 등을 소개했습니다. 가상화 기술에 대한 개요를 파악하셨나요?

다음 문제를 통해 가상화 개요에 관한 이해도를 확인해 보세요.

Q1 가상화 기술을 사용해서 얻을 수 있는 이점은 무엇일까요?

A. 전력 소비 감소

B. 하드웨어 비용 절감

C. A와 B 모두

Q2 가상화 기술의 일종인 '서버 가상화'의 특징은 무엇일까요?

A. 하나의 물리 서버를 여러 개의 독립된 작은 서버로 분할한다.

B. 여러 대의 서버를 하나의 큰 서버로 통합한다.

C. 서버의 전원을 원격으로 제어한다.

Q3 물리적 하드웨어에 장애가 발생했을 때 가상화 기술을 사용 중이라면 가상 머신은 어떻게 될까요?

A. 정지한다.

B. 다른 하드웨어로 이동한다.

C. 데이터가 사라진다.

Q4 가상화 기술을 이용하면 어떻게 시스템을 운영할 수 있을까요?

A. 원격 운영

B. 자동 운영

C. A와 B 모두

정답: Q1 C, Q2 A, Q3 B, Q4 C

Chapter 2

서버 가상화

프로그램을 효율적으로 처리하는 구조

virtualization

서버 가상화의 종류

가상 서버 하드웨어로 환경을 나눈다

가상 서버 하드웨어로 환경을 나누는 방식은 **호스트 OS형**과 **하이퍼바이저형** 두 종류로 구분할 수 있습니다(그림 2-1).

호스트 OS형은 물리 서버의 호스트 OS에 설치된 가상화 소프트웨어상에서 **가상 서버를 가동**하는 방식입니다. 이때 가상 서버에서 동작하는 OS를 **게스트 OS**라고 합니다. 가상화 소프트웨어는 일반 애플리케이션처럼 설치할 수 있으므로 간편하게 가상화 환경을 이용할 수 있습니다. 단, 호스트 OS 자체도 서버 리소스를 소비하며, 가상화 소프트웨어 및 기타 애플리케이션도 물리 서버의 리소스를 사용하는 만큼 **가상 서버의 처리 속도가 저하**될 수 있습니다.

반면, 하이퍼바이저형은 물리 서버에 직접 하이퍼바이저를 설치해 가상 서버를 운영하는 방식입니다. **전용 물리 서버를 준비해야 하지만, 호스트 OS나 다른 애플리케이션이 실행되지 않으므로 처리 속도 저하를 줄일 수 있습니다**.

프로세스 단위로 환경을 나눈다

프로세스 단위로 환경을 나누는 가상화 기술을 **컨테이너형**이라고 합니다(그림 2-2). 호스트 OS에 컨테이너 엔진을 설치하고, **애플리케이션 실행 환경과 라이브러리를 통합한 가상화 환경(이것을 컨테이너라고 부릅니다)을 가동하는 방법**입니다. 컨테이너는 게스트 OS가 부팅되는 것을 기다릴 필요가 없으므로 빠르게 시작할 수 있는 것이 특징입니다. 컨테이너가 사용하는 물리 서버의 리소스도 게스트 OS보다 적어서, 더 많은 컨테이너를 동시에 실행할 수 있습니다.

다만, 컨테이너는 호스트 OS가 지원하지 않는 애플리케이션을 실행할 수 없습니다. 또한, 비교적 새로운 가상화 기술이기 때문에 최적의 운영 설계 노하우를 가진 기술자가 부족하고, 학습 비용이 높은 경향이 있습니다.

그림 2-1 서버 하드웨어 가상화의 구조

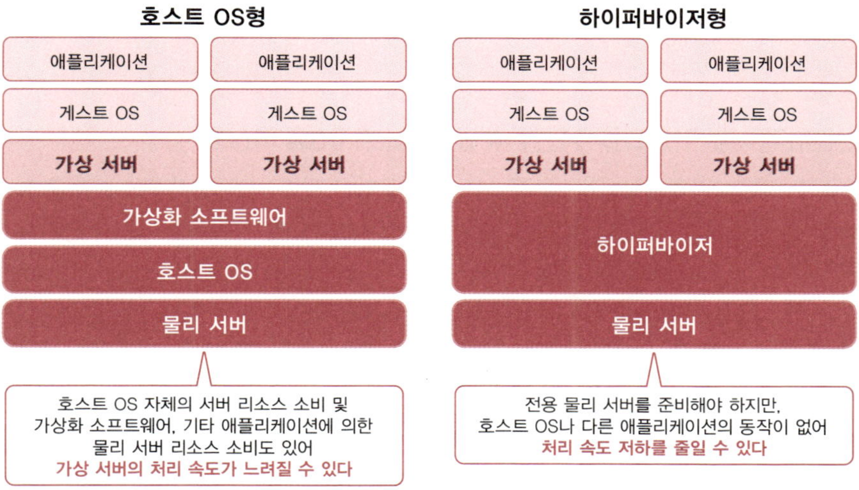

그림 2-2 컨테이너형의 구조

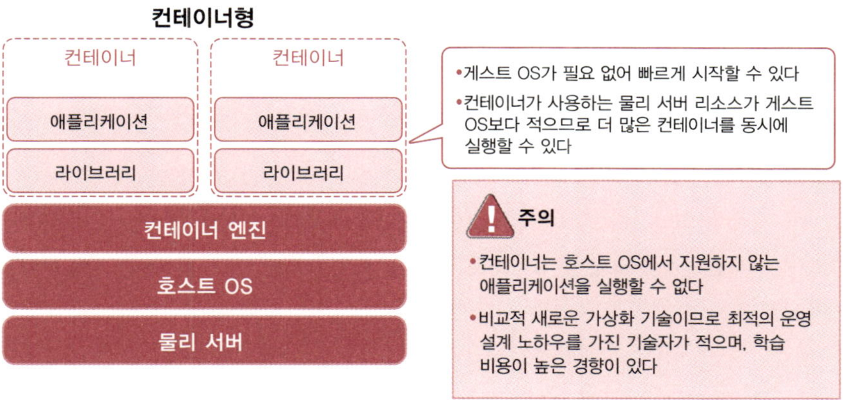

Point

- ✔ 호스트 OS형과 하이퍼바이저형은 가상 서버를 이용한 가상화 기술이다.
- ✔ 가상 서버 처리 속도가 느려질 수 있는 호스트 OS형과 달리, 하이퍼바이저형은 전용 물리 서버가 있어 처리 속도가 빠르다.
- ✔ 컨테이너형은 애플리케이션 실행 환경과 라이브러리를 통합한 가상화 기술이다.

» 손쉽게 만들 수 있는 가상 서버

간편하게 서버 가상화를 구현할 수 있는 호스트 OS형 가상화

호스트 OS형 서버 가상화는 **새로운 설비 투자 없이** 현재 사용 중인 PC에 손쉽게 적용할 수 있습니다. 가상화 소프트웨어는 호스트 OS에 설치하는 방식으로 간편하게 도입할 수 있으며, Oracle VM VirtualBox나 VMware Workstation Player와 같은 프로그램은 개인용이나 교육용으로 무료 제공되므로 부담 없이 시작할 수 있는 것도 큰 장점입니다. 이런 소프트웨어를 사용하면, 직관적인 화면 조작만으로 가상 서버를 구축하고 관리할 수 있습니다(그림2-3).

또한 설치 가능한 게스트 OS가 풍부한 것도 호스트 OS형 가상화의 장점입니다. **Windows, Linux, Solaris, Mac OS 등 많은 OS를 게스트 OS로 이용할 수 있습니다**. 다만 OS 라이선스를 보유하고 있어야 하며, 그에 따른 비용이 발생할 수 있으므로 주의해야 합니다.

소유한 PC가 한 대뿐이라도 가상화 소프트웨어를 이용하면 여러 게스트 OS를 동시에 운영할 수 있습니다. 다만 한 번에 많은 게스트 OS가 동작할 경우, PC의 리소스 소비가 늘어나 처리 속도가 느려질 가능성이 있으므로 주의해야 합니다.

호스트 OS형 가상화의 용도

구축한 가상 서버나 게스트 OS는 서버의 동작을 확인하거나, 여러 게스트 OS를 준비하여 **시스템 간 동작 검증 및 실제 기기의 조작을 확인하는 데 자주 이용됩니다**. 서버 가상화가 용이하기 때문에 검증 환경을 신속하게 구축할 수 있다는 점이 큰 장점입니다. 또한, 서버 가상화를 처음 접하는 경우에는 검증용이나 학습용으로 사용할 수 있습니다(그림 2-4). 처리 속도가 느려질 수 있다는 단점도 있지만, PC로도 서버 가상화를 구현할 수 있기 때문에 초기 투자를 줄인 소규모 시스템 구축에 활용되기도 합니다.

그림 2-3 호스트 OS형 가상화의 장점

새로운 설비 투자 없이
현재 이용 중인 PC에 도입할 수 있다

가상화 소프트웨어는 다른 애플리케이션처럼
호스트 OS에 설치할 수 있어서 **도입이 쉽다**

※Oracle VM VirtualBox나 VMware Workstation Player 등의 가상화 소프트웨어로 가상 서버를 구축하면 직관적인 화면 조작으로 관리할 수 있다(개인 사용 및 교육 목적인 경우 무료로 이용 가능)

게스트 OS로 **설치할 수 있는 OS가 풍부하다**
(Windows, Linux, Solaris, Mac OS 등
다양한 OS 사용 가능)

※OS 라이선스를 보유하고 있어야 하며, 이에 대한 비용이 발생한다

소유한 PC가 한 대뿐이라도 가상화 소프트웨어를
이용하면 **복수의 게스트 OS를 이용할 수 있다**

※한 번에 많은 게스트 OS를 실행하면 PC의 리소스 소모가 많아져 처리 속도가 느려질 수 있다

그림 2-4 호스트 OS형 가상화를 이용하는 상황

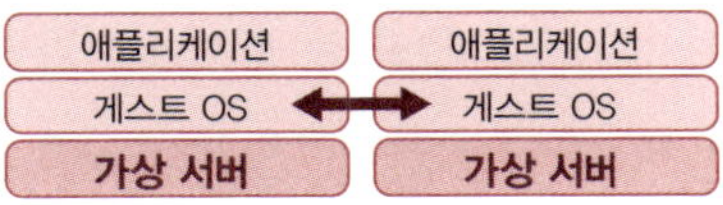

서버의 **동작 확인**이나 여러 개의
게스트 OS를 준비하여 시스템 간 동작 검증 및
실제 기기의 조작 확인에 활용한다

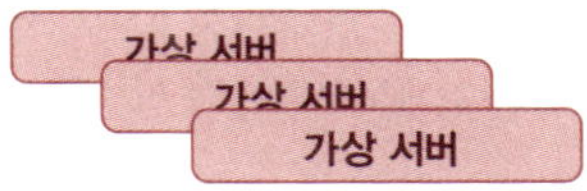

서버 가상화가 간편해서 **검증 환경**을
빠르게 구축할 수 있다

서버 가상화를 처음 접하는 경우,
검증용이나 **학습용**으로 이용된다

PC로도 서버 가상화를 구현할 수 있어, **초기 투자를 절감**한 소규모 시스템 구축에도 활용된다

※처리 속도가 잘 나오지 않는 단점이 있다

Point

- ✔ 호스트 OS형은 비용을 크게 늘리지 않고 서버 가상화를 이용할 수 있다.
- ✔ 호스트 OS형은 Windows, Linux, Solaris 등 다양한 종류의 OS를 지원한다.
- ✔ 가상 서버는 검증 작업이나 학습 용도로 활용되는 경우도 많다.

오버헤드가 적은 실전용 가상화

성능과 보안 측면에서 우수한 하이퍼바이저형 가상화

호스트 OS형과 비교했을 때, **하이퍼바이저형**은 **성능과 보안 측면에서 우수합니다**(그림 2-5). 우선, 하이퍼바이저형은 가상 서버에 할당할 리소스를 유연하게 조정할 수 있어, 호스트 OS형보다 더 높은 성능을 발휘할 수 있습니다.

또한, 호스트 OS형과 달리 가상 서버와 호스트 OS를 분리해, 가상 서버 간의 상호 간섭을 방지합니다. 이는 가상 서버 간 보안 위험을 낮춰 줍니다. 그뿐만 아니라 가상 머신의 시작과 중지, 이동 등을 자동화할 수 있어 **운영 관리의 효율성 향상에도 기여합니다**.

하이퍼바이저형 가상화의 용도

하이퍼바이저형 가상화는 다양한 상황에서 사용됩니다(그림 2-6). 예를 들어, 기업의 데이터센터에서는 하이퍼바이저형 가상화를 활용해 물리 서버를 가상 머신으로 나누어 여러 애플리케이션을 동시에 실행할 수 있습니다. 이를 통해 물리 서버의 리소스를 최대한 활용하여 운영 비용을 절감할 수 있습니다.

또한, 클라우드 서비스 제공 업체는 하이퍼바이저형 가상화를 활용하여 여러 테넌트*에 가상 머신을 제공할 수 있습니다. 테넌트마다 독립된 가상화 환경을 제공할 수 있으며, 이는 보안과 성능 향상으로 이어집니다.

개발 환경이나 테스트 환경에서도 하이퍼바이저형 가상화를 사용하는 경우가 많습니다. 개발자나 테스터가 독립된 가상화 환경에서 작업할 수 있어, 애플리케이션 개발 및 테스트의 효율화를 기대할 수 있습니다.

* 역주: 클라우드 컴퓨팅에서 특정 서비스나 시스템을 사용하는 개별 사용자 또는 사용자 그룹

그림 2-5 하이퍼바이저형 가상화의 장점

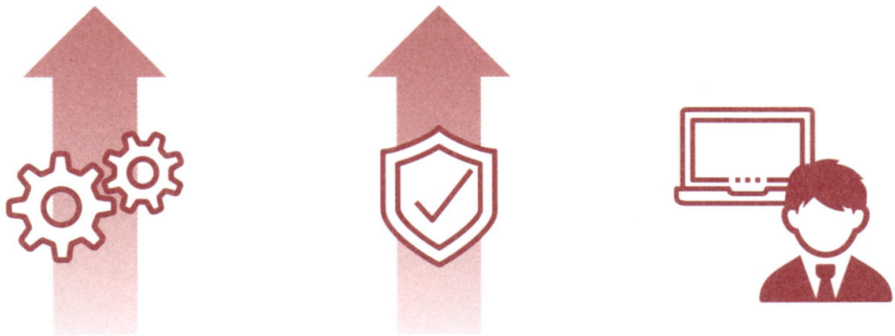

높은 성능

가상 서버에 할당하는 리소스를 유연하게 조정할 수 있어 호스트 OS형보다 높은 성능을 발휘할 수 있다

보안 위험 감소

가상 서버와 호스트 OS를 분리하여 가상 서버 간의 상호 간섭을 방지할 수 있다

운영 관리의 효율화에 기여

가상 머신의 시작, 중지, 이동 등을 자동화할 수 있다

그림 2-6 하이퍼바이저형 가상화의 용도

기업의 데이터센터

물리 서버를 가상 머신으로 분할하여 여러 애플리케이션을 동시에 실행할 수 있다

➔ 물리 서버의 리소스를 최대한 활용하여 운영 비용을 줄일 수 있다

클라우드 서비스 제공 업체

복수의 테넌트에 가상 머신을 제공할 수 있다

➔ 테넌트별로 독립된 가상화 환경을 제공할 수 있어, 보안이나 성능 향상에 도움이 된다

개발 환경 및 테스트 환경

개발자나 테스터가 독립된 가상화 환경에서 작업할 수 있다

➔ 애플리케이션 개발이나 테스트 효율화를 기대할 수 있다

Point

- ✔ 하이퍼바이저형은 성능 및 보안 측면에서 우수하다.
- ✔ 하이퍼바이저형은 운영 관리 효율화도 용이하다.
- ✔ 기업용으로는 호스트 OS형보다 하이퍼바이저형이 더 일반적이다.

» 기능을 가상으로 분할한다

인터넷 여명기에 사용한 가상 호스트

하나의 물리 서버에서 **여러 개의 웹사이트를 운영**하기 위한 기술로 **가상 호스트**(Virtual Host)가 있습니다. 가상 호스트는 하나의 물리 서버에 여러 개의 가상 서버를 구축하고, **각 가상 서버에 고유한 도메인 이름을 할당하여 운영하는 기술**입니다. 가상 호스트를 이용하면, 하나의 물리 서버에서 여러 개의 웹사이트를 운영할 수 있으므로 운영 비용도 절감할 수 있습니다(그림 2-7).

HTTP/1.0 시대에는 하나의 IP 주소가 하나의 웹사이트만 지원했기 때문에, 여러 웹사이트를 같은 서버에서 호스팅하기가 어려웠습니다. 그러나 HTTP/1.1 이후로는 Host 헤더가 표준화되면서, 같은 IP 주소를 공유하는 여러 웹사이트를 식별할 수 있는 체계가 정비됐습니다. 이로써 하나의 서버가 여러 개의 도메인을 호스팅할 수 있게 됐고, 가상 호스트가 일반적으로 사용되기 시작했습니다.

가상 호스트로 서버를 분할하는 원리

가상 호스트를 구현하려면 먼저 물리 서버상에 가상 서버를 만들어야 합니다. 이 가상 서버에는 각각 고유 설정과 도메인 이름이 할당되며, 클라이언트가 접속하면 도메인 이름에 따라 대응하는 가상 서버로 전송됩니다.

앞에서 설명한 것처럼, 가상 호스트를 이용하면 여러 웹사이트를 같은 서버에서 운영할 수 있지만, 주의해야 할 점도 있습니다. 예를 들어, **단일 서버로는 성능에 한계가 있으므로 매우 많은 접속이 예상될 때는 서버를 여러 대 준비해서 부하를 분산**해야 합니다(그림 2-8). 현재는 클라우드 서비스 업체가 제공하는 가상 머신이나 컨테이너를 이용하여 더욱 유연한 가상 호스트 환경을 구축할 수 있습니다.

그림 2-7 가상 호스트로 기능을 가상으로 분할한다

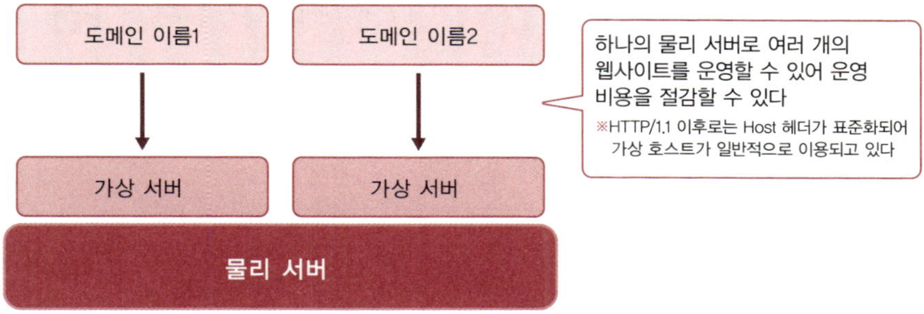

그림 2-8 가상 호스트의 구조와 이용 시 주의할 점

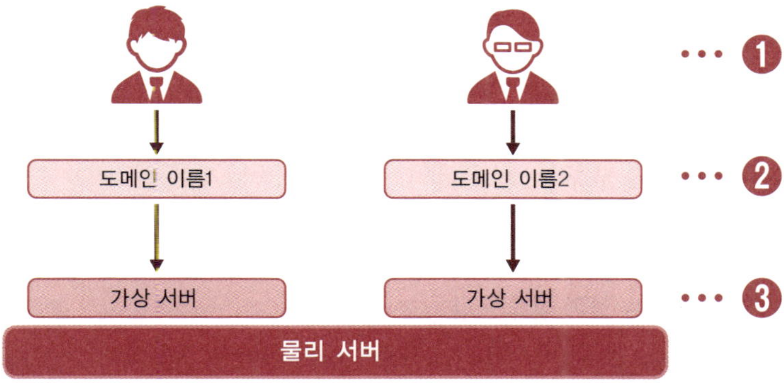

구조

❶ 클라이언트가 도메인 이름을 지정하여 접속한다
❷ 가상 서버에는 각각 고유의 설정과 도메인 이름이 할당되어 있다
❸ 클라이언트의 접속은 접속 대상 도메인 이름에 따라 해당하는 가상 서버로 전달된다

※단일 서버로는 성능에 한계가 있으므로, 매우 많은 접속이 예상되는 경우에는 여러 대의 서버를 준비하여 부하를 분산할 필요가 있다

Point

- ✔ 여러 웹사이트를 운영하기 위한 가상 호스트라는 기술이 있다.
- ✔ 가상 서버에 대한 접근은 할당된 도메인 이름 등에 의해 이루어진다.
- ✔ 1대의 물리 서버 성능에는 한계가 있기 때문에 필요에 따라 물리 서버를 증설한다.

프로세스로 분리한다 ① 컨테이너의 기본

왜 프로세스 단위로 환경을 나눌까?

프로세스 단위로 환경을 분리하는 기술로는 **컨테이너**와 **LXC**(Linux Containers, 리눅스 커널 기능을 활용한 오픈소스 가상화 기술)가 있습니다. 이러한 기술을 사용하면 동일한 호스트에서 여러 애플리케이션과 서비스를 실행할 수 있습니다.

구체적으로 말하면, 컨테이너와 LXC는 **각 애플리케이션이나 서비스를 독립된 환경으로 분리할 수 있습니다**. 이를 통해 **각 애플리케이션과 서비스가 서로 영향을 주지 않고 안정적으로 실행됩니다**.

또한, 컨테이너와 LXC는 각 애플리케이션이나 서비스에 필요한 리소스를 최적화할 수 있습니다. 각 컨테이너는 필요한 리소스만 할당받기 때문에, 호스트 시스템의 리소스 사용 효율이 높아질 뿐만 아니라 애플리케이션이나 서비스의 배포 과정도 간소화됩니다. 각 컨테이너에는 필요한 라이브러리와 의존성이 포함된 완전한 실행 환경이 갖춰져 있어, 이를 이용해 애플리케이션이나 서비스를 다른 환경으로 손쉽게 이전할 수 있습니다(그림 2-9).

컨테이너가 공유하는 것과 공유하지 않는 것

컨테이너가 공유하는 것에는 호스트 OS의 커널, 네트워크, 스토리지, CPU 리소스가 포함됩니다. 이러한 리소스는 여러 컨테이너에서 공유되므로, 호스트 OS의 리소스를 최적화할 수 있습니다.

반면, 컨테이너가 공유하지 않는 것에는 사용자 계정, 프로세스, 파일 시스템이 포함됩니다. **각 컨테이너는 고유한 사용자 계정을 가지며 프로세스를 독립적으로 실행**하므로 보안 문제를 방지할 수 있습니다. 또한, 각 컨테이너는 자체 파일 시스템을 가지고 있어 다른 컨테이너와 분리된 환경에서 실행됩니다. 이렇게 공유되지 않는 요소가 존재함으로써 애플리케이션이나 서비스의 안정성을 확보할 수 있습니다(그림 2-10).

그림 2-9 컨테이너와 LXC를 이용한 프로세스 단위의 환경 분리

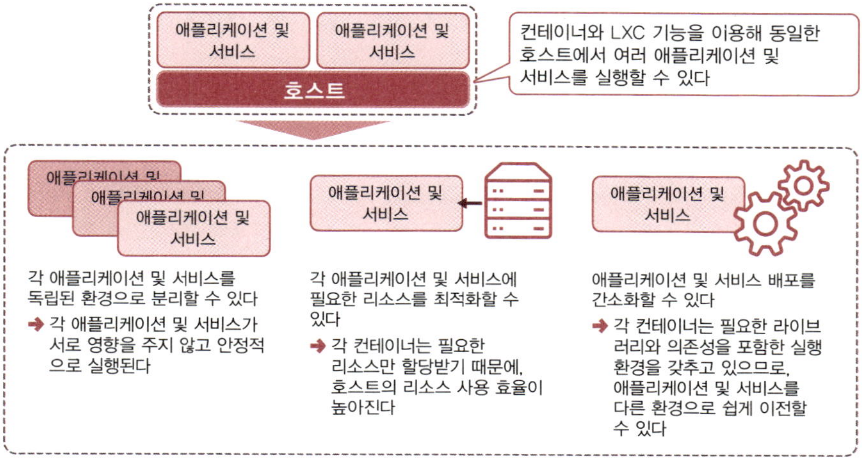

그림 2-10 컨테이너가 공유하는 것과 공유하지 않는 것

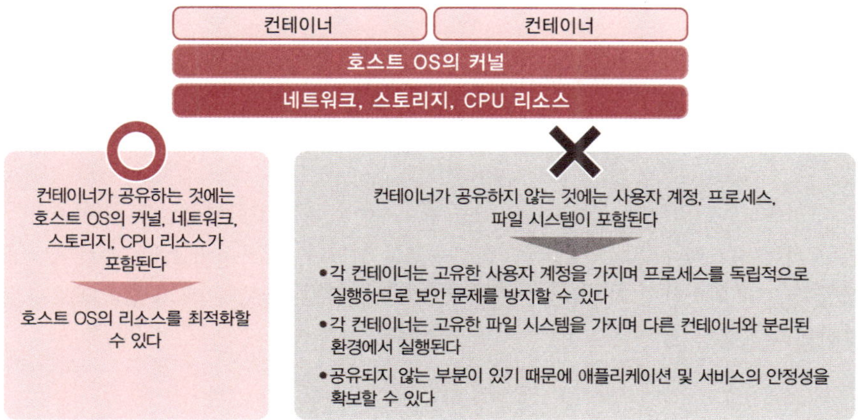

Point

- ✔ 컨테이너와 LXC 기술을 통해 프로세스 단위로 환경을 분리할 수 있다.
- ✔ 각 애플리케이션과 서비스를 분리하여 서로 안정적으로 실행할 수 있다.
- ✔ 컨테이너는 고유한 사용자 계정을 가지고 프로세스를 독립적으로 실행한다.

프로세스로 분리한다 ② 컨테이너 컨트롤

컨테이너를 제어하는 기술

Docker(도커)는 **컨테이너를 제어하는 기술로,** 애플리케이션을 패키징하고 배포 및 실행할 수 있도록 지원하는 오픈소스 플랫폼입니다. 애플리케이션과 그에 필요한 의존성을 하나의 컨테이너로 통합함으로써, 높은 이식성과 유연한 확장성을 제공합니다(그림 2-11).

Docker는 **Docker 엔진**(Engine)이라는 핵심 컴포넌트를 통해 컨테이너를 제어합니다. Docker 엔진은 이미지 생성, 컨테이너 실행 및 관리에 필요한 모든 도구를 포함합니다. 또한 컨테이너의 네트워크, 스토리지, 보안 관리 기능도 제공하며, 사용자는 Docker CLI를 통해 이러한 기능을 간편하게 사용할 수 있습니다.

Docker 엔진은 온라인 레지스트리인 Docker 허브(Docker Hub)와도 연동됩니다. Docker 허브는 컨테이너 이미지를 저장, 공유, 관리하기 위한 온라인 플랫폼으로, 개발자와 사용자가 이미지를 공유하는 중심적인 장소로 자리 잡았습니다.

Docker와 Containerd의 차이

Docker는 **컨테이너의 생성, 실행, 관리를 위한 완전한 솔루션**을 제공합니다. 반면, Docker의 컴포넌트로써 개발된 **Containerd**는 컨테이너의 런타임을 관리하는 오픈소스 소프트웨어입니다. Containerd는 Docker의 컨테이너 런타임을 분리하여, 독립된 컨테이너 런타임을 제공하는 것을 목표로 합니다. Containerd는 **컨테이너 실행에 필요한 최소한의 기능만을 제공하기 때문에, Docker보다 더 가볍고 빠르게 동작합니다**(그림 2-12).

그림 2-11 Docker로 컨테이너를 제어한다

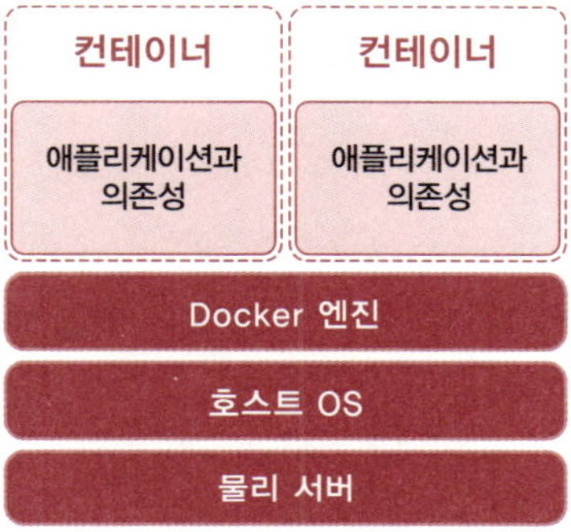

애플리케이션과 필요한 의존성을 컨테이너로 묶어, 애플리케이션의 이식성과 확장성을 향상시킨다

컨테이너 제어를 실현한다

- Docker 이미지 생성, Docker 컨테이너 실행, Docker 컨테이너 관리에 필요한 도구가 포함된다
- Docker 컨테이너의 네트워크, 스토리지, 보안을 관리하는 기능도 제공한다

Docker CLI를 이용해 제어한다

Docker CLI를 이용하면, 사용자는 Docker 컨테이너를 간편하게 생성, 실행, 관리할 수 있다

Docker 허브라는 온라인 레지스트리와 연계된다

Docker 허브는 Docker 컨테이너 이미지를 저장, 공유, 관리하기 위한 온라인 플랫폼으로, Docker 컨테이너 개발자와 사용자가 이미지를 공유할 수 있는 중심적인 허브 역할을 하고 있다

그림 2-12 Containerd의 구조와 특징

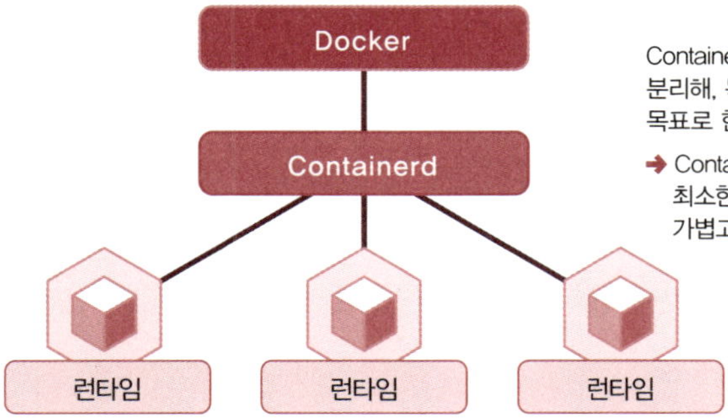

Containerd는 Docker의 컨테이너 런타임을 분리해, 독립된 컨테이너 런타임 제공을 목표로 한다

➔ Containerd는 컨테이너 실행에 필요한 최소한의 기능만 제공하므로, Docker보다 가볍고 빠르게 작동한다

Point

- ✔ 컨테이너 제어를 위해 Docker나 Containerd를 이용한다.
- ✔ Docker는 컨테이너를 생성, 실행, 관리할 수 있다.
- ✔ Containerd는 최소한의 기능으로 가볍게 작동한다.

» 컨테이너의 실체

애플리케이션의 패키지화

컨테이너를 사용할 때는 애플리케이션을 패키지화합니다. 애플리케이션의 패키지화란 애플리케이션을 실행하는 데 필요한 모든 컴포넌트를 하나의 패키지로 묶는 과정을 말합니다. 이 패키지는 '**정의 파일**'과 '**이미지**'로 구성됩니다(그림 2-13). 컨테이너는 베이스 이미지에 애플리케이션을 올려 빌드하는 방식이 일반적입니다.

정의 파일은 **애플리케이션의 구성 정보를 포함하는 파일**로, 애플리케이션의 의존성, 실행 환경, 설정 정보 등이 포함됩니다. 정의 파일은 Dockerfile이나 쿠버네티스의 매니페스트 파일(2-9절 참조) 등의 형식으로 제공됩니다.

이와 달리, 이미지는 애플리케이션을 실행하는 데 필요한 모든 컴포넌트를 포함하는 파일입니다. **이미지에는 애플리케이션 실행에 필요한 라이브러리, 실행 환경, 설정 파일 등이 포함되며**, Docker 이미지(쿠버네티스의 컨테이너 이미지도 포함) 등의 형식으로 제공됩니다.

애플리케이션 실행

정의 파일과 이미지를 사용하여 Docker나 쿠버네티스와 같은 컨테이너 기술로 컨테이너 애플리케이션을 실행하는 흐름은 다음과 같습니다(그림 2-14).

먼저, 애플리케이션 실행에 필요한 환경(실행 환경 및 설정 정보 등)을 정의합니다. 다음으로, 정의 파일을 사용해 애플리케이션을 실행하기 위한 컨테이너 이미지를 빌드합니다. 마지막으로, 빌드된 이미지를 사용하여 애플리케이션을 실행할 컨테이너를 시작합니다.

그림 2-13 정의 파일과 이미지를 이용한 애플리케이션의 패키지화

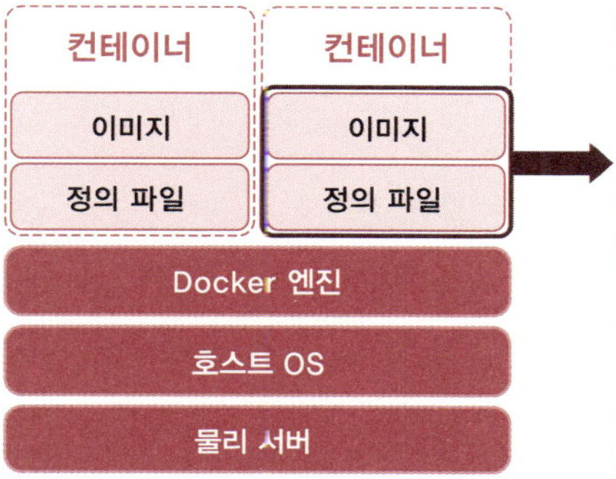

애플리케이션의 패키지화

- 애플리케이션을 실행하기 위해 필요한 모든 컴포넌트를 하나의 패키지로 통합한다
- 이 패키지는 '정의 파일'과 '이미지'로 구성된다

정의 파일
(애플리케이션의 구성 정보를 포함하는 파일)

애플리케이션의 의존성, 실행 환경, 설정 정보가 포함된다
※ 정의 파일은 Dockerfile이나 쿠버네티스의 매니페스트 파일 등의 형식으로 제공된다

이미지
(애플리케이션을 실행하는 데 필요한 모든 컴포넌트를 포함하는 파일)

애플리케이션 실행에 필요한 라이브러리, 실행 환경, 설정 파일이 포함된다
※ Docker 이미지나 쿠버네티스 컨테이너 이미지 등의 형식으로 제공된다

그림 2-14 애플리케이션 실행(컨테이너 시작)의 흐름

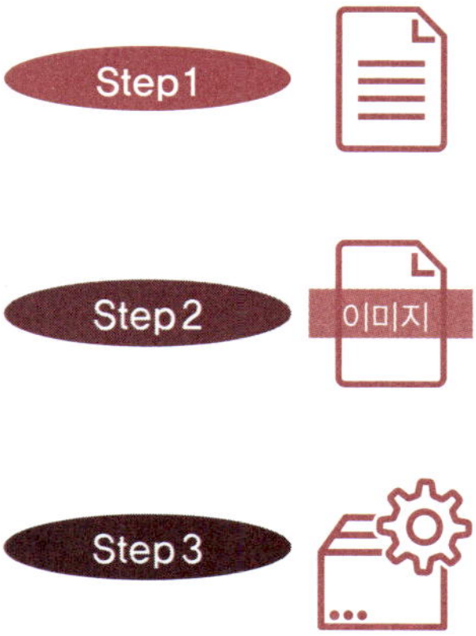

Step1: 애플리케이션을 실행하는 데 필요한 환경을 정의
※애플리케이션의 의존성, 실행 환경, 설정 정보가 포함된다

Step2: 정의 파일을 사용해서 애플리케이션을 실행하기 위한 컨테이너 이미지를 빌드
※애플리케이션 실행에 필요한 모든 컴포넌트가 포함된다

Step3: 빌드된 이미지를 사용해서 애플리케이션을 실행하기 위한 컨테이너를 시작
※애플리케이션 실행에 필요한 환경이 포함된다

Point

- ✔ 컨테이너를 이용할 때에는 애플리케이션을 패키징한다.
- ✔ 정의 파일에는 애플리케이션의 의존성 등 구성 정보를 정의한다.
- ✔ 이미지에는 애플리케이션 실행에 필요한 라이브러리 등을 포함한다.

컨테이너의 이식성

OS의 리소스를 가상화해서 컨테이너에 제공하는 메커니즘

Docker 엔진은 OS의 리소스를 가상화하여 컨테이너에 제공하고, Linux의 cgroups 기능을 이용해 컨테이너에서 실행 중인 애플리케이션에 CPU, 메모리, 네트워크, 디스크 접근과 같은 리소스를 할당합니다. 또한 Linux의 namespace 기능으로 컨테이너에서 실행되는 애플리케이션에 독자적인 네트워크, 파일 시스템, 프로세스 공간을 제공합니다(그림 2-15).

Docker 엔진은 이런 기능을 활용해 **컨테이너에서 실행되는 애플리케이션에 필요한 리소스를 가상화하고, 호스트 OS의 리소스를 직접 사용할 수 있게 합니다**. 이를 통해 애플리케이션 실행 환경을 표준화하고 배포를 자동화할 수 있습니다.

효과적인 이식성

애플리케이션을 컨테이너로 패키징하면 서로 다른 환경에서도 실행할 수 있습니다(그림 2-16). 예를 들어, **개발 환경과 프로덕션 환경에서 동일한 애플리케이션 환경을 사용**할 수 있으므로 개발이 끝난 애플리케이션을 원활하게 이식할 수 있습니다.

또한, 컨테이너를 이용하면 다른 클라우드 서비스로 간편하게 애플리케이션을 이전할 수 있어, 클라우드 마이그레이션에 유용합니다. 게다가 컨테이너는 **클라우드와 온프레미스 환경 간에도 이용**할 수 있으므로, 하이브리드 클라우드 환경에서의 애플리케이션 관리에도 적합합니다.

이처럼 컨테이너 환경의 **이식성**은 애플리케이션 개발, 배포, 관리를 용이하게 하는 중요한 특성입니다.

그림 2-15 Docker 엔진을 이용한 가상화 기술

그림 2-16 다른 환경에서도 실행 가능한 컨테이너

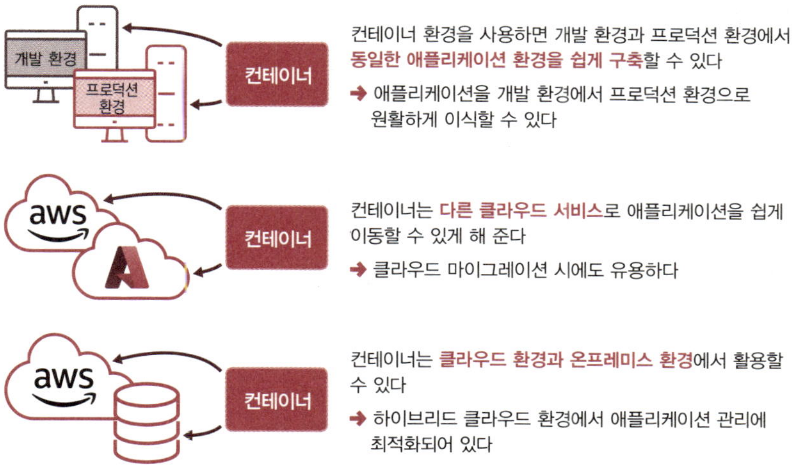

Point

- ✔ 호스트 OS의 리소스를 직접 사용할 수 있도록 각종 리소스가 가상화된다.
- ✔ 컨테이너 기술로 패키지화된 애플리케이션은 개발 환경과 프로덕션 환경, 클라우드 환경과 온프레미스 환경 등 서로 다른 환경에서 실행할 수 있다.

» 컨테이너 관리 시스템

다수의 컨테이너를 관리하는 시스템

쿠버네티스(Kubernetes)는 구글이 개발한 **오픈소스 컨테이너 오케스트레이션 도구로, 다수의 컨테이너를 제어할 수 있는 시스템**을 제공합니다. 이름이 길어서 흔히 K8s라고 줄여 부르기도 합니다(첫 글자 'K'와 마지막 글자 's' 사이에 8개의 글자가 있다는 뜻에서 '8'을 사용합니다).

쿠버네티스에는 **컨테이너의 배포, 스케일링, 부하 분산은 물론, 스토리지와 네트워크 관리까지 자동화하는 다양한 기능**이 있습니다(그림 2-17). 또한, 여러 컨테이너를 하나의 그룹으로 묶어 마치 단일 애플리케이션처럼 다룰 수 있어, 훨씬 효율적으로 애플리케이션을 배포하고 관리할 수 있습니다.

목표 상태를 정의하여 자동으로 관리

목표 상태(desired state)란 애플리케이션이 정상적으로 동작하기 위해 필요한 리소스를 적절히 할당하고, 애플리케이션의 스케일링 및 업데이트를 자동화해 유지되는 바람직한 상태를 말합니다. 쿠버네티스에서는 이 목표 상태를 정의하기 위해 **매니페스트 파일**(배포나 스케일링 정보 포함)을 사용합니다

쿠버네티스는 매니페스트 파일을 바탕으로 애플리케이션의 상태를 정의하고, 정의된 목표 상태가 유지되도록 자동으로 제어할 수 있습니다. 쿠버네티스는 구체적으로 다음과 같은 기능을 제공합니다(그림 2-18).

- 자동 스케일링
- 자동 업데이트
- 자동 복구
- 리소스 관리

그림 2-17 쿠버네티스가 실현할 수 있는 컨테이너 관리

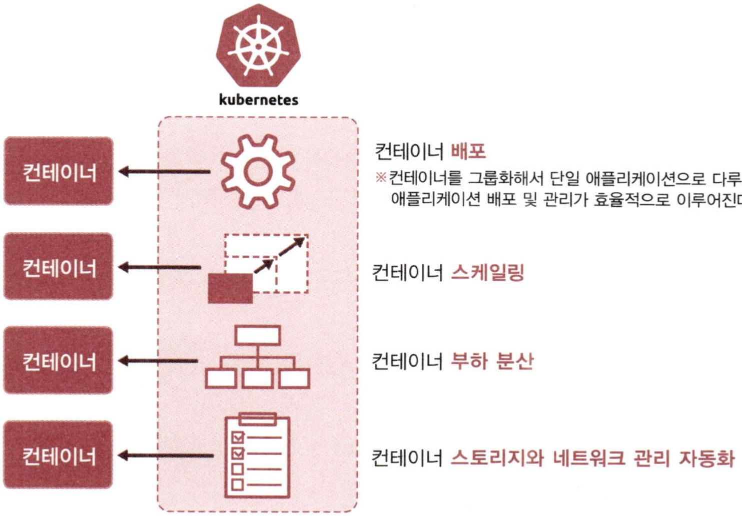

그림 2-18 애플리케이션의 상태를 정의하는 쿠버네티스

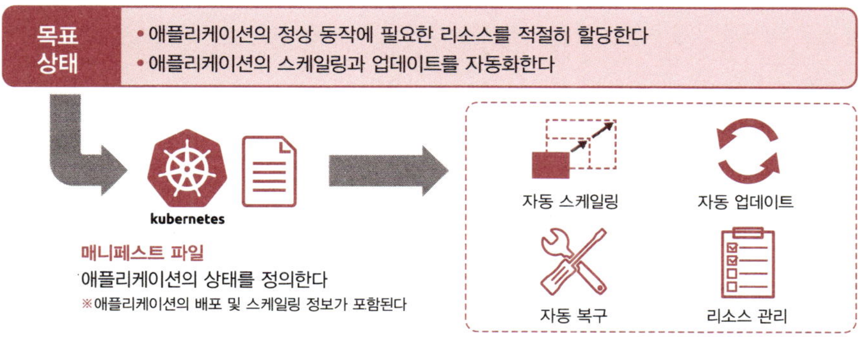

Point

- ✔ 다수의 컨테이너를 제어하기 위해 컨테이너 오케스트레이션 도구를 사용한다.
- ✔ 쿠버네티스는 대표적인 도구로, 컨테이너의 배포, 부하 분산 및 애플리케이션의 상태를 정의해 자동으로 제어하는 기능을 가지고 있다.
- ✔ 쿠버네티스를 사용하면 애플리케이션의 목표 상태를 정의해 자동으로 제어할 수 있다.

컨테이너 간 통신을 관리하는 시스템

컨테이너 간 통신은 Envoy에게 맡긴다

Envoy는 **컨테이너 간 통신을 제어하는 오픈소스 프록시 서버**입니다. **서비스 메시**(마이크로서비스로 구현된 컨테이너 간 통신 제어 기술)의 일부로 사용되며, 컨테이너 간 통신을 모니터링하고 라우팅, 트래픽 제어, 보안, 가용성 등의 기능을 제공합니다(그림 2-19).

Envoy는 컨테이너 간 통신을 프록시 함으로써 트래픽의 가시성을 높이고 보안을 강화하며 트래픽 제어를 용이하게 합니다. HTTP, gRPC, TCP 등의 프로토콜을 지원하며, 부하 분산이나 자동 장애 조치(Failover) 등의 기능을 제공합니다.

Envoy가 실현하는 네트워크 기능

Envoy는 다음과 같은 네트워크 기능을 실현할 수 있습니다(그림 2-20). 이러한 기능을 통해 Envoy는 서비스 메시의 핵심 역할을 수행하며, **컨테이너 간 통신을 제어함으로써 애플리케이션의 가용성과 보안성을 향상시킵니다**.

- **부하 분산**: 컨테이너 간 트래픽을 균등하게 분산한다.
- **자동 장애 조치**: 장애가 발생한 백엔드 서비스를 자동으로 검출하고, 다른 백엔드 서비스로 트래픽을 전송한다.
- **서킷 브레이커**: 벡엔드 서비스 장애 시에 트래픽을 제어함으로써 시스템 전체의 가용성을 높인다.
- **보안**: 트래픽 암호화 및 인증 기능을 제공한다.
- **모니터링**: 트래픽 로그나 메트릭스를 수집하고 가시성을 향상시킨다.

그림 2-19 Envoy에 의한 컨테이너 간 통신 제어

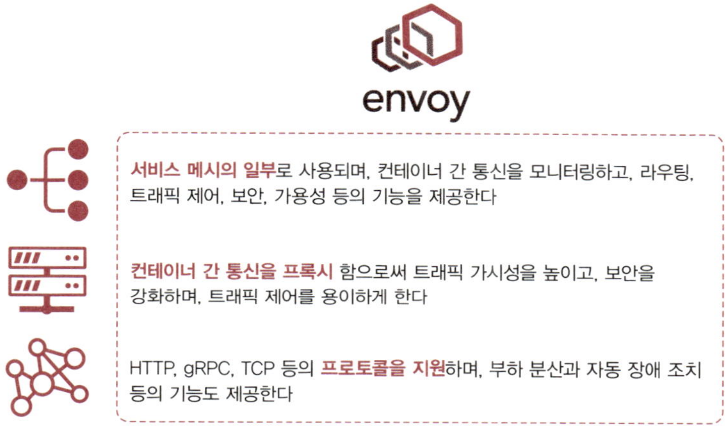

그림 2-20 Envoy로 실현할 수 있는 컨테이너의 네트워크 환경

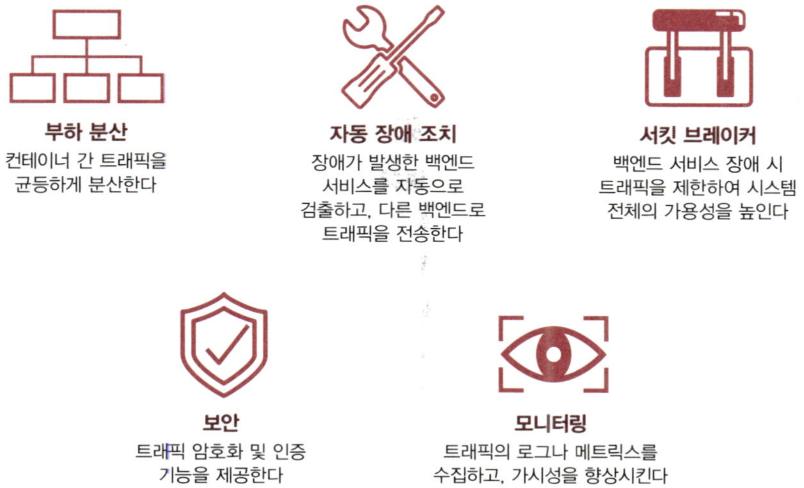

Point

- ✔ Envoy는 컨테이너 간 통신을 제어하는 기능을 제공하는 오픈소스 프록시 서버이다.
- ✔ 컨테이너 간 통신을 제어함으로써 애플리케이션의 가용성이나 보안을 향상시킬 수 있다.

해보자

YAML 형식 코드를 작성해 보자

서버 가상화 기술의 하나인 컨테이너의 오케스트레이션 플랫폼으로 쿠버네티스를 소개했습니다. 또한 2-9에서는 쿠버네티스의 매니페스트에 대해 설명했습니다.

이 매니페스트가 실제로 어떻게 구성되는지 확인하기 위해 아래에 샘플을 실었습니다. YAML 형식으로 기술되어 조금 익숙하지 않을 수도 있지만, 애플리케이션 코드보다는 비교적 이해하기 쉽습니다. 독자 여러분도 매니페스트 파일 작성 연습을 해 보시기 바랍니다.

```yaml
yaml
apiVersion: v1
kind: Pod
metadata:
  name: my-pod
spec:
  containers:
   - name: my-container
     image: nginx:latest
     ports:
      - containerPort: 443
```

- **apiVersion**: 매니페스트 파일에서 사용되는 쿠버네티스 API 버전
- **kind**: 매니페스트 파일에서 정의된 리소스의 종류
- **metadata**: 리소스의 메타데이터(위 샘플에서는 파드[Pod] 이름을 'my-pod'로 지정)
- **spec**: 리소스에 대한 상세 설정(위 샘플에서는 파드 내에 'my-container'라는 컨테이너를 하나 정의하고, 해당 컨테이너에 'nginx:latest' 이미지를 적용하여 443번 포트를 컨테이너에 공개)

Chapter 3

네트워크 가상화

통신을 분할하거나 연결하는 구조

virtualization

네트워크 가상화의 종류와 용도

분할하는 가상화(VLAN·QoS)

네트워크 가상화에는 그림 3-1에 정리한 것처럼 VLAN과 QoS라는 기술이 있습니다.

VLAN(Virtual Local Area Network)은 **물리적인 네트워크를 논리적으로 분할하는 기술**입니다. 하나의 물리적 네트워크를 여러 가상 네트워크로 분할함으로써 보안 강화와 네트워크 효율화를 달성할 수 있습니다. VLAN을 활용하면 동일한 물리 네트워크상에서도 서로 다른 세그먼트 간 통신이 가능해집니다. 예를 들어, 기업 내 부서별로 VLAN을 설정해 네트워크 세그먼트를 분할함으로써 보안성을 높일 수 있습니다.

QoS(Quality of Service)는 **네트워크상에서 통신 품질을 보장하는 기술**입니다. 네트워크상에서는 여러 장치나 애플리케이션이 동시에 통신하기 때문에 품질이 저하될 수 있지만, QoS를 이용하면 통신 품질을 보장할 수 있습니다. 예를 들어, 영상 통화나 스트리밍과 같은 실시간 통신은 지연이나 패킷 손실에 민감하므로, 우선적으로 통신 대역폭을 할당합니다. 반면 이메일이나 파일 전송은 일시적인 품질 저하가 허용되므로, 상대적으로 낮은 우선순위로 대역폭을 할당합니다.

보호하는 가상화(VPN)

VPN(Virtual Private Network)은 **가상의 프라이빗 네트워크를 구축하는 기술**입니다. VPN을 이용하면 인터넷상의 통신을 암호화하여, 도청이나 감청으로부터 통신을 보호할 수 있습니다.

VPN은 크게 원격 액세스 VPN과 사이트 간 VPN 두 가지로 나뉩니다(그림 3-2). 원격 액세스 VPN은 외부에서 인터넷을 통해 기업 내부 네트워크에 접속할 수 있도록 하는 VPN입니다. 어디서든 VPN을 통해 기업 내부 네트워크에 접속할 수 있습니다. 사이트 간 VPN은 여러 지점을 가진 기업 등에서 인터넷을 통해 각 지점을 서로 연결하기 위해 사용하는 VPN입니다.

그림 3-1 네트워크 가상화의 종류

	개요	특징	용도
VLAN	물리적인 네트워크를 논리적으로 분할하는 기술	같은 물리적인 네트워크상이라도 다른 세그먼트끼리 통신할 수 있으므로, 보안 향상 및 네트워크 효율화가 가능해진다	기업 내 부서별로 VLAN을 설정하여 네트워크 세그먼트를 분할함으로써 보안을 강화할 수 있다
QoS	네트워크상에서 통신 품질을 보장하는 기술	통신 품질을 보장할 수 있다	• 영상 통화나 스트리밍 등의 실시간 통신에는 지연 및 패킷 손실을 허용할 수 없으므로, 우선적으로 통신 대역을 할당받는다 • 이메일이나 파일 전송 등의 통신에서는 통신 품질이 저하되어도 문제가 없으므로, 낮은 우선순위로 통신 대역을 할당받는다

그림 3-2 분할과 보호를 위한 가상화

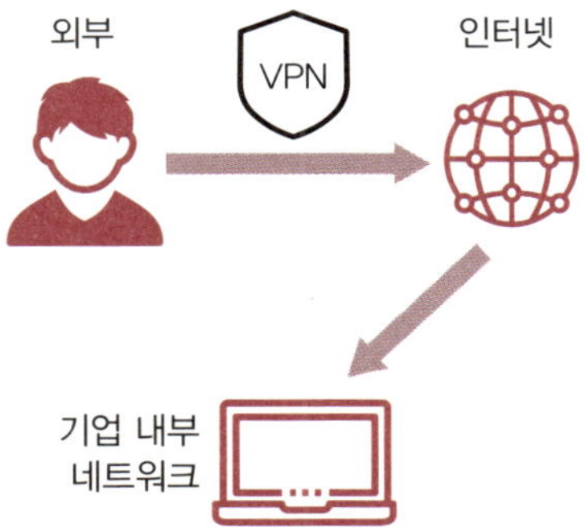

원격 액세스 VPN

재택근무자나 출장자 등이 집이나 호텔 등 외부에서 VPN 연결을 통해 기업 내부 네트워크에 접근할 수 있다

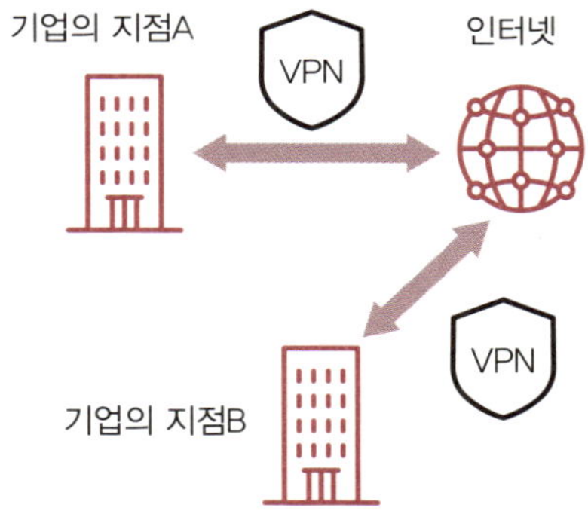

사이트 간 VPN

여러 개의 지점을 보유한 기업 등이 인터넷을 통해 지점 간을 연결할 수 있다

Point

- ✔ VLAN은 물리적인 네트워크를 여러 개의 논리적인 네트워크로 분할하는 기술이다.
- ✔ QoS를 이용하면 네트워크상에서 통신 품질을 보장할 수 있다.
- ✔ 네트워크상에 가상 프라이빗 환경을 만들고자 할 때는 VPN을 사용한다.

» LAN을 분할한다

네트워크 장비를 효율적으로 사용한다

앞에서 설명한 것처럼, **VLAN**은 물리적 네트워크를 논리적으로 분할하는 기술입니다. 여러 네트워크를 하나의 물리 네트워크상에서 분할함으로써, 보안을 강화하고 네트워크를 효율적으로 사용할 수 있습니다.

VLAN은 스위치나 라우터와 같은 네트워크 장비를 이용하여 구현합니다. 스위치에서는 각 포트마다 VLAN을 구성할 수 있으며, 같은 VLAN에 속하는 포트는 물리적으로 연결되어 있지 않아도 같은 네트워크에 속한 것으로 간주됩니다. 또한, 라우터를 이용하여 서로 다른 VLAN끼리 연결할 수 있습니다.

일반적으로 서로 다른 세그먼트끼리 통신하면 불필요한 포트에도 데이터가 전송되어 네트워크 효율이 저하될 수 있지만, **VLAN을 이용하면 불필요한 포트로 가는 통신의 흐름을 차단하여 네트워크 효율을 높일 수 있습니다**(그림 3-3).

포트 VLAN과 태그 VLAN

VLAN에는 **포트 VLAN**과 **태그 VLAN**이 있습니다(그림 3-4).

포트 VLAN은 네트워크 스위치의 포트별로 VLAN을 설정하는 방식으로, 관리와 설정이 간편하며, 같은 VLAN에 속한 장치들끼리만 통신할 수 있습니다. 서로 다른 VLAN 간의 통신은 라우터를 통해 이루어집니다.

태그 VLAN은 패킷에 VLAN ID가 포함된 태그를 추가하여 서로 다른 VLAN 간 통신을 가능하게 합니다. 태그 VLAN은 포트 VLAN에 비해 더 유연한 VLAN 설정이 가능하며, 라우터 없이도 서로 다른 VLAN 간 통신을 할 수 있습니다. 하지만 포트 VLAN에 비해 설정과 관리가 더 복잡합니다.

그림 3-3 VLAN을 통한 네트워크의 효율화

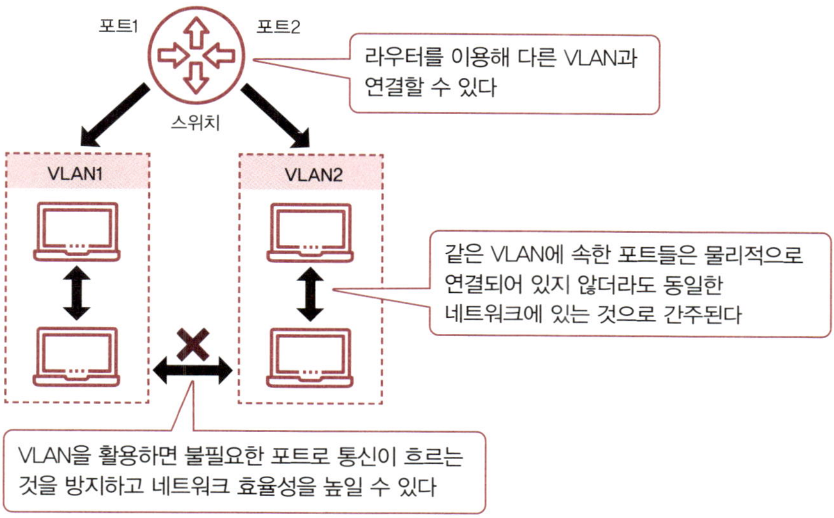

그림 3-4 포트 VLAN과 태그 VLAN의 차이

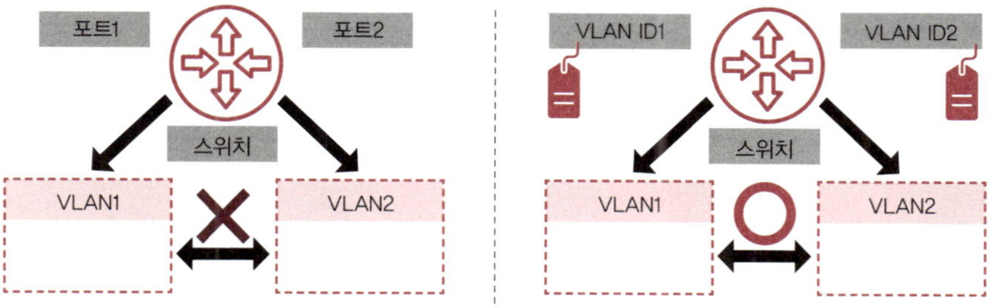

포트 VLAN

스위치의 포트별로 VLAN을 설정하는 방법

- 같은 VLAN에 속한 디바이스끼리 통신할 수 있다

※다른 VLAN과 통신할 때는 라우터를 거쳐야 한다

태그 VLAN

VLAN ID를 추가한 태그를 패킷에 부여하는 방법

- 라우터를 거치지 않고 다른 VLAN과 통신할 수 있다

※태그 VLAN은 포트 VLAN보다 설정과 관리가 복잡하다

Point

✔ VLAN을 이용함으로써 불필요한 포트로 통신이 전송되는 것을 방지하고, 네트워크 효율을 향상시킬 수 있다.

✔ VLAN에는 포트 VLAN과 태그 VLAN 등 여러 방식이 있다.

대역을 제어해 통신 품질을 유지한다

특정 통신용으로 대역폭을 확보하는 QoS

3-1에서도 설명한 바와 같이, **QoS**는 네트워크에서 통신 품질을 보장하는 기술입니다. 네트워크에서는 다수의 디바이스와 애플리케이션이 동시에 통신하기 때문에 통신 품질이 저하될 수 있는데, QoS를 이용하면 통신 품질을 보장할 수 있습니다(그림 3-5).

QoS는 **네트워크 트래픽을 포트 번호나 애플리케이션 등으로 분류**하고 **우선순위에 따라 통신 대역폭을 할당**함으로써 구현됩니다. QoS를 적용하려면 네트워크 장비나 애플리케이션이 QoS를 지원해야 합니다. QoS를 적용하면 영상 통화나 스트리밍과 같은 실시간 통신 품질을 향상시킬 수 있습니다.

QoS가 사용되는 곳

QoS는 다음과 같은 용도로 사용됩니다(그림 3-6).

• 영상 통화나 스트리밍 등의 실시간 통신

영상 통화나 스트리밍 등과 같은 실시간 통신은 지연이나 패킷 손실이 허용되지 않으므로, 우선적으로 통신 대역폭을 할당합니다.

• VoIP(Voice over IP) 통신

VoIP 통신은 음성 데이터를 패킷화하여 전송하기 때문에 지연이나 패킷 손실이 발생할 수 있습니다. QoS를 이용하면 VoIP 통신에 필요한 통신 대역폭을 확보하여, **지연이나 패킷 손실을 최소화할 수 있습니다.**

• 파일 전송이나 이메일 등 일반적인 통신

파일 전송이나 이메일과 같은 일반적인 통신은 통신 품질이 다소 저하되어도 큰 문제가 없으므로, 낮은 우선순위로 통신 대역폭을 할당합니다.

그림 3-5 QoS를 이용한 대역폭 제한

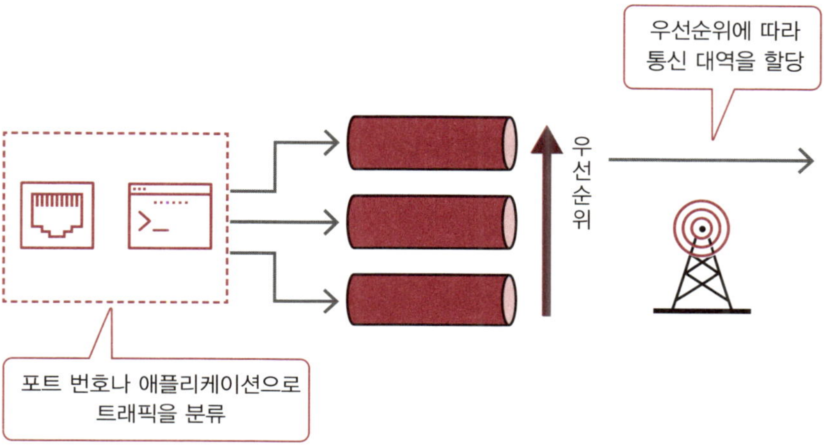

그림 3-6 다양한 곳에서 이용되는 QoS

화상 통화 및 스트리밍과 같은 실시간 통신

※지연이나 패킷 손실이 허용되지 않으므로,
우선적으로 통신 대역폭을 할당한다

VoIP 통신

※QoS를 이용하여 VoIP 통신에 필요한 통신 대역폭을
확보해 지연 및 패킷 손실을 최소화한다

파일 전송 및 이메일과 같은 일반 통신

※통신 품질이 저하되어도 문제가 없으므로
낮은 우선순위로 통신 대역폭을 할당한다

Point

- ✔ QoS는 포트 번호나 애플리케이션 등을 기준으로 트래픽을 분류하여 우선순위에 따라 통신 대역폭을 할당하는 기능이다.
- ✔ QoS는 스트리밍이나 VoIP 통신 등과 같이 실시간으로 지연이나 패킷 손실을 최소화해야 하는 통신에 사용된다.

원격지 네트워크와 연결한다 ① SSL-VPN 방식

단말에서 원격지 네트워크와 연결하는 SSL-VPN

SSL-VPN이란 인터넷을 통해 안전하게 원격 접속을 하기 위한 기술입니다. SSL-VPN은 Secure Sockets Layer(SSL) 프로토콜로 **암호화된 터널을 생성**하여, 사용자가 외부에서 기업 네트워크에 접근할 수 있도록 합니다.

IPSec VPN과 비교했을 때 **클라이언트 소프트웨어를 설치할 필요가 없고**(웹 브라우저만 있으면 원칙적으로 이용 가능), 복잡한 설정 없이 PC나 스마트폰의 웹 브라우저에서 사용할 수 있어 재택근무 환경에서도 비교적 쉽게 이용할 수 있습니다.

SSL-VPN에는 다음 세 가지 연결 방식이 존재합니다 (그림 3-7).

- 역방향 프록시
- 포트 포워딩
- L2 포워딩

SSL-VPN은 접속 대상의 장비 성능에 의존하므로, 접속이 대량으로 발생할 경우 성능이 저하될 우려가 있습니다.

SSL-VPN의 용도

SSL-VPN은 웹 브라우저에서 서버로 SSL 통신을 할 수 있도록 개발되었으며, **외부(인터넷 연결이 가능한 임의의 장소)에서 사내 네트워크에 접근하는 데 적합합니다**. 대표적인 예는 신용카드 등 중요 데이터를 전송할 때 이용하는 것입니다. 스마트폰이나 모바일 기기에서의 접속도 지원합니다. 재택근무나 원격근무 시 집이나 외부에서 기업 네트워크 내부에 접속해야 할 때, SSL-VPN을 사용하면 안전하게 데이터를 송수신할 수 있습니다(그림 3-8).

그림 3-7 SSL-VPN의 접속 방식

	개요	설명
역방향 프록시	외부 네트워크에서 내부 네트워크로 접속하기 위한 연결 방식	사용자는 전용 소프트웨어를 설치할 필요가 없지만, 웹 브라우저를 지원하지 않는 애플리케이션은 이용할 수 없다는 문제점이 있다
포트 포워딩	클라이언트 측에 ActiveX나 Java 애플릿 등의 통신용 모듈을 설치하고, 그 모듈과 사내 SSL-VPN 장비 간에 SSL 통신을 확립하는 방식	SSL-VPN 장비는 사내 네트워크에서 사용할 서버와 포트 번호가 설정되어 있기 때문에, 통신 중 포트 번호가 변경되는 애플리케이션은 사용할 수 없다
L2 포워딩	클라이언트 측에 SSL-VPN 클라이언트 소프트웨어를 설치하고, SSL-VPN 클라이언트 소프트웨어와 SSL-VPN 장비 간에 SSL 통신을 설정하는 방식	SSL-VPN 클라이언트 소프트웨어에 있는 가상 NIC에 VPN 연결용 IP 주소가 부여되므로, 포트 번호가 변경되는 애플리케이션에서도 사용할 수 있다

그림 3-8 원격 근무의 접속 구조

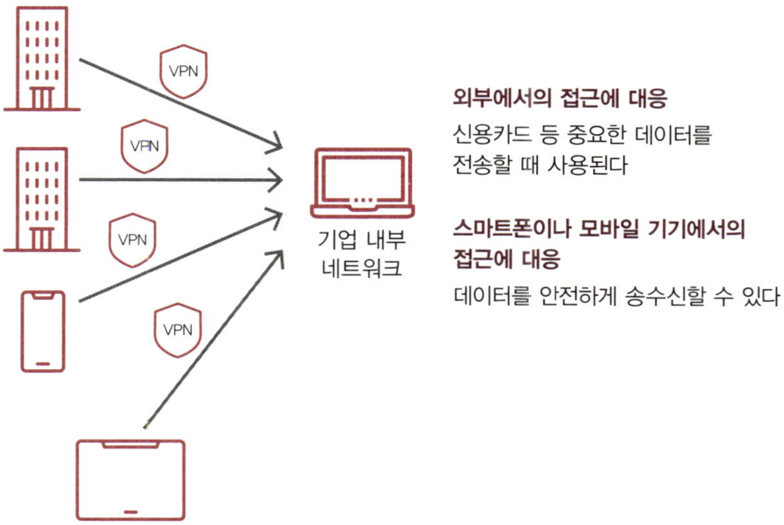

Point

- ✔ SSL-VPN은 VPN 통신을 암호화한다.
- ✔ SSL-VPN은 클라이언트 소프트웨어 설치가 필요 없다.
- ✔ SSL-VPN은 원격근무 등 외부에서 기업 내부 네트워크에 접속할 때 등에 이용된다.

원격지 네트워크와 연결한다 ② IPSec-VPN 방식

사이트 간 네트워크를 연결하는 IPSec-VPN

IPSec-VPN은 IPSec(Internet Protocol Security) 프로토콜 스위트를 이용하여 **암호화된 터널을 구축**하고, 전용 클라이언트 소프트웨어를 통해 원격 사용자가 기업 네트워크에 안전하게 액세스할 수 있도록 지원하는 기술입니다. IPSec-VPN은 네트워크 계층에서 VPN 터널이 생성됩니다. **특정 프로토콜에 의존하지 않으며 HTTP나 FTP 같은 애플리케이션도 문제없이 사용할 수 있습니다**. 또한, **클라이언트 소프트웨어가 필요**하기 때문에, SSL-VPN보다 높은 수준의 보안을 실현할 수 있습니다.

주요 IPSec-VPN 소프트웨어는 다음과 같습니다(그림 3-9).

- Cisco AnyConnect
- OpenVPN
- Check Point VPN
- FortiClient
- Shrew Soft VPN Client
- IPSec-Tools

IPSec-VPN의 용도

IPSec-VPN은 기업이나 본사와 지사를 연결하는 각 거점 간 통신에 많이 사용됩니다(그림 3-10). 각 거점에 설치한 VPN 라우터끼리 연결하여 쉽게 암호화된 터널을 생성하므로, 데이터 도청이나 변조, 위장 공격 등으로부터 통신을 보호할 수 있습니다.

또한, 원격 환경에서 인터넷을 통해 사내 업무 서버에 접근하는 데에도 사용됩니다. 최근 재택근무가 늘어나는 추세에 따라, 직원의 단말기에 클라이언트 소프트웨어를 설치하고 기업에 설치된 VPN 라우터와 연결하여 통신을 보호합니다.

그림 3-9 주요 IPSec-VPN 소프트웨어와 그 특징

	개요	특징
Cisco AnyConnect	안전한 원격 액세스 VPN을 제공하는 기업용 SMC(Secure Mobility Client) 소프트웨어	• 다양한 인증 메커니즘 • 끊김 없는 터널링 • 직관적인 인터페이스 • 기업용 고급 보안 기능
OpenVPN	서버 간 암호화된 터널을 생성하는 오픈소스 VPN 소프트웨어	• 유연한 설정 • 높은 보안 기능 • 포인트 투 포인트와 사이트 투 사이트 접속 지원
Check Point VPN	Check Point의 보안 플랫폼에 통합된 VPN 솔루션	• 세련된 보안 기능 • 통합된 관리 콘솔
FortiClient	보안성이 높고 안심할 수 있는 재택근무 환경을 쉽게 구축할 수 있는 소프트웨어	• 통합적인 종단점 보안 • 풍부한 보안 기능
Shrew Soft VPN Client	Windows 및 Linux, BSD용으로 제공되는 IPSec 기반 원격 액세스 VPN 클라이언트 소프트웨어	• 복수의 플랫폼 지원 • 유연한 설정
IPSec-Tools	IPSec 프로토콜을 사용하여 안전한 통신을 제공하기 위한 오픈소스 도구 세트	• 표준 IPSec 기능 • 많은 플랫폼에서 이용 가능

그림 3-10 IPSec-VPN의 용도와 구현할 수 있는 것

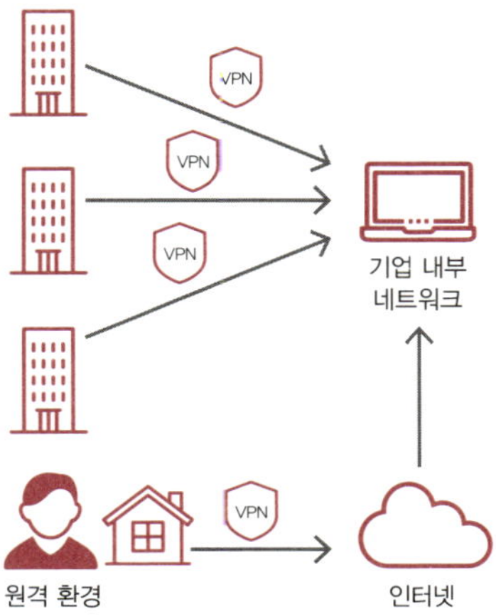

기업이나 본사와 지사를 연결하는 각 거점 간 통신에 자주 사용

각 거점에 설치된 VPN용 라우터끼리 연결함으로써 쉽게 암호화된 터널을 구축할 수 있고, 데이터 도청이나 변조, 위장 공격 등으로부터 통신을 보호할 수 있다

원격 환경에서 인터넷을 통해 사내 업무 서버에 접속하기 위해 사용

직원의 단말기에 클라이언트 소프트웨어를 설치하고, 기업에 설치된 VPN용 라우터에 연결함으로써 통신을 보호한다

Point

- ✔ IPSec-VPN은 VPN 통신을 암호화한다.
- ✔ IPSec-VPN은 프로토콜이나 애플리케이션을 의식하지 않고 사용할 수 있다.
- ✔ IPSec-VPN은 클라이언트 소프트웨어 설치가 필요하다.

» 원격지 네트워크와 연결한다 ③ VXLAN 방식

IP 주소를 변경하지 않는 L2 확장

VXLAN(Virtual Extensible LAN)은 네트워크 가상화 기술 중 하나로, 기존 VLAN의 한계를 극복하기 위해 개발되었습니다. 기존 VLAN은 네트워크를 논리적으로 분할할 수 있었지만 4,096개라는 ID 제한이 있었습니다. 클라우드 컴퓨팅의 확산으로 더 많은 네트워크 분할이 필요해지면서 이러한 제한이 문제가 되었습니다.

이러한 배경에서 등장한 것이 VXLAN입니다. VXLAN은 24비트의 VXLAN 네트워크 식별자(VNI)를 사용하여 최대 약 1,600만 개의 논리 네트워크를 생성할 수 있습니다. 이를 통해 대규모 데이터센터나 클라우드 환경에서 네트워크 분할이 용이해졌습니다.

VXLAN은 가상 **확장 가능 LAN**을 구현하기 위한 기술로(그림 3-11), **기존 VLAN의 제한을 극복하고 대규모 가상 네트워크를 구축할 수 있습니다**.

VXLAN의 용도와 사용 시 주의할 점

VXLAN의 구체적인 용도를 소개하겠습니다(그림 3-12). 예를 들어, 클라우드 환경에서는 여러 테넌트가 동일한 물리적 네트워크를 공유하기 때문에, VXLAN을 사용해 테넌트별로 가상 확장 가능 LAN을 구현할 수 있습니다. 또한 데이터센터에서는 가상 머신의 이동에 대응하기 위해 VXLAN을 활용해 가상 확장 가능 LAN을 구성할 수 있습니다.

VXLAN 사용 시에는 네트워크 오버헤드가 증가해 성능에 영향을 미칠 수 있다는 점에 주의해야 합니다. 또한 VXLAN 도입 시 네트워크 설계가 복잡해지므로 **설계 과정에서도 충분한 주의가 필요**합니다. 더불어 VXLAN은 기존 VLAN과 다른 기술이므로 **네트워크 장비의 지원 여부를 확인**해야 합니다. VXLAN을 사용하려면 스위치나 라우터 등의 네트워크 장비가 VXLAN을 지원해야 합니다.

그림 3-11 확장 가능 LAN의 개념

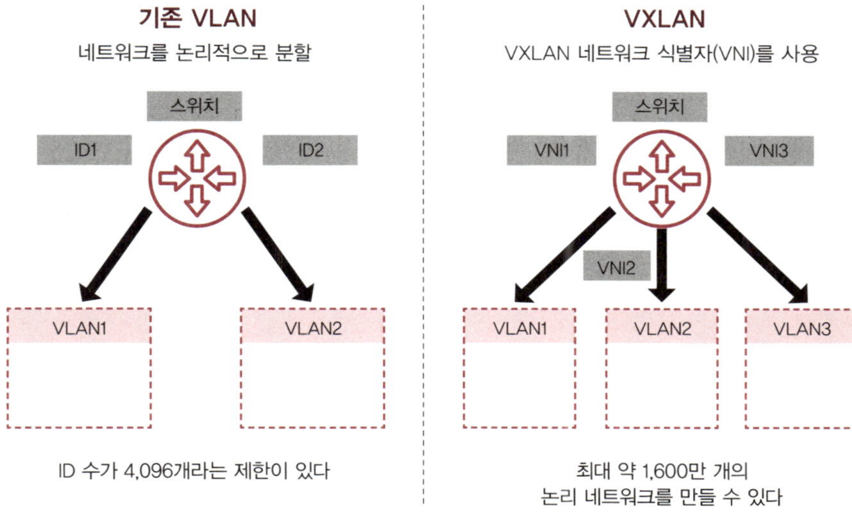

그림 3-12 VXLAN 이용 용도

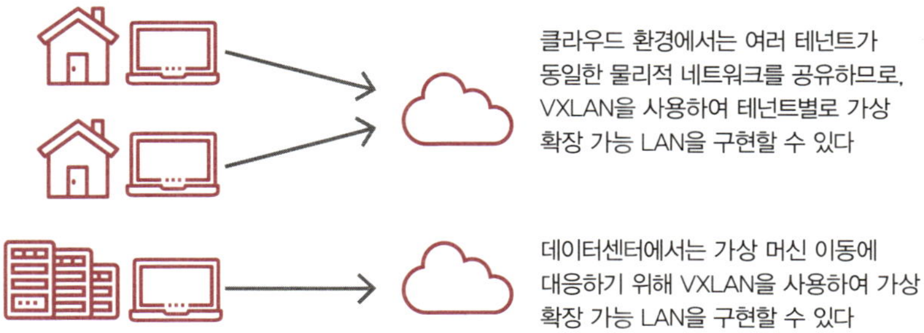

VXLAN 이용시 주의할 점

- 네트워크 오버헤드가 증가하여 성능에 영향을 미칠 가능성이 있다
- 네트워크 설계가 복잡해지기 때문에 설계에 충분한 주의가 필요하다
- 기존 VLAN과 다르기 때문에 네트워크 장비의 대응이 필요하다
- 스위치, 라우터 등 네트워크 장비가 VXLAN을 지원해야 한다

Point

✔ VLAN의 제한을 극복하고 대규모 가상 네트워크를 구축하는 기술이 VXLAN이며, 클라우드 환경 등에서 이용되고 있다.

✔ VXLAN을 이용하려면 전용 네트워크 장비가 필요하며, 설계가 복잡하므로 충분한 주의가 필요하다.

» 컨테이너 간 네트워크

컨테이너 엔진이 실현하는 컨테이너 간 통신

컨테이너 엔진은 컨테이너를 관리하고 구동하는 소프트웨어로, **컨테이너 간 통신** 기능을 제공합니다. 컨테이너 간 통신이란 **컨테이너끼리 네트워크를 통해 데이터를 주고받는 것**을 의미합니다(그림 3-13). 컨테이너 엔진은 가상 네트워크를 생성하여 컨테이너들을 연결합니다. 가상 네트워크는 물리 네트워크와는 독립적으로 존재하며, 컨테이너들은 이 가상 네트워크상에서 원활하게 통신할 수 있습니다.

컨테이너 엔진은 컨테이너 간 통신을 실현하기 위해 IP 주소나 포트 번호 등의 네트워크 정보를 관리합니다. 컨테이너끼리 통신할 때는 네트워크 정보를 사용하여 통신 상대를 특정합니다. **컨테이너끼리 가상 네트워크상에서 통신함으로써 애플리케이션의 분산 처리나 확장성 향상 등 다양한 이점을 얻을 수 있습니다**.

컨테이너 간 및 외부 네트워크와의 연결

컨테이너는 다른 컨테이너나 외부 네트워크와 연결할 수 있습니다(그림 3-14). 컨테이너끼리 연결할 경우, 컨테이너 엔진이 제공하는 가상 네트워크를 사용해서 연결합니다. 즉, 컨테이너 간 통신을 위해서는 동일한 가상 네트워크에 속해 있어야 합니다. 가상 네트워크는 컨테이너 엔진이 제공하는 다양한 네트워크 드라이버를 사용해 생성할 수 있습니다.

외부 네트워크와 연결할 경우, 호스트 머신의 물리적인 네트워크 인터페이스를 사용하여 연결합니다. 컨테이너는 호스트 머신의 네트워크 인터페이스를 공유함으로써, 호스트 머신과 동일한 네트워크에 연결할 수 있습니다. 또한, 컨테이너 엔진은 포트 포워딩이나 NAT(Network Address Translation)와 같은 기능을 제공하여, 컨테이너와 외부 네트워크 간의 연결을 관리할 수 있습니다.

그림 3-13 컨테이너 간 통신의 구조

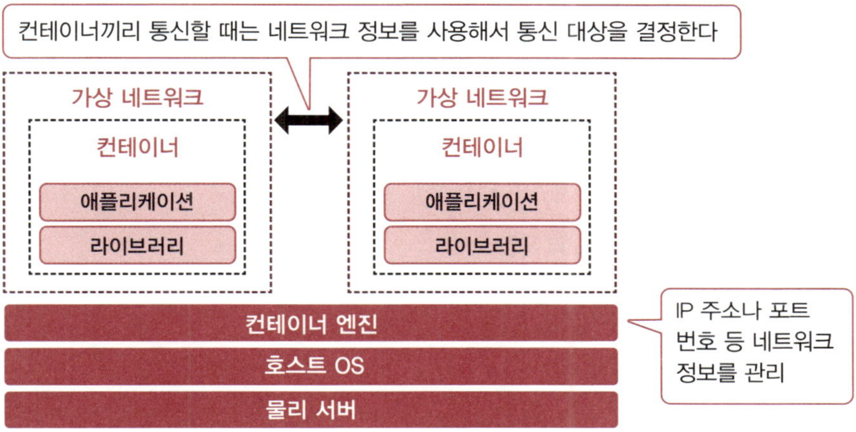

그림 3-14 컨테이너와 외부 네트워크와의 통신 구조

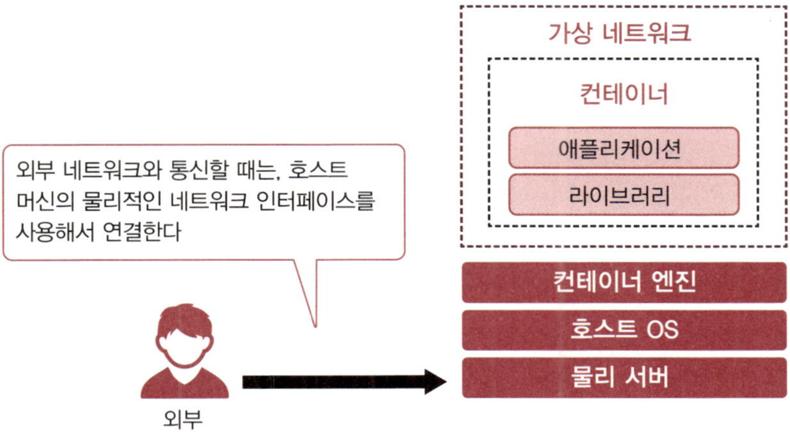

- 컨테이너는 호스트 머신의 네트워크 인터페이스를 공유할 수 있으므로, 호스트 머신과 같은 네트워크에 연결할 수 있다
- 컨테이너 엔진은 포트 포워딩이나 NAT와 같은 기능을 제공하여, 컨테이너와 외부 네트워크의 연결을 관리할 수 있다

Point

- ✔ 컨테이너 간 통신이란 컨테이너끼리 네트워크를 통해 통신하는 것을 말한다.
- ✔ 컨테이너끼리 가상 네트워크상에서 통신함으로써 애플리케이션의 분산 처리, 확장성 향상 등의 이점을 얻을 수 있다.
- ✔ 컨테이너는 호스트 머신을 통해 외부 네트워크와도 연결될 수 있다.

해보자 SSL-VPN 환경 구축에 도전해 보자

네트워크 가상화에도 다양한 목적과 여러 방식이 있었습니다. 그 중 하나인 SSL-VPN은 인터넷을 통해 안전하게 원격 접속을 하기 위한 기술로, 복잡한 설정 없이 사용할 수 있습니다.

과제: 아래의 단계에 따라 SSL-VPN 환경을 구성해 봅시다.

❶ SSL-VPN 지원 VPN 라우터 도입:
먼저 SSL-VPN을 지원하는 VPN 라우터를 네트워크에 도입합니다.

❷ VPN 라우터 설정:
VPN 라우터에 SSL-VPN을 설정합니다. 설정 내용은 일반적으로 SSL 인증서 설치, 사용자 계정 설정, 접속 허용 설정 등입니다.

❸ SSL 인증서 도입:
SSL-VPN에서는 SSL 인증서를 사용하여 통신을 암호화하고 인증합니다. 신뢰할 수 있는 인증 기관(CA)에서 SSL 인증서를 발급받아 VPN 라우터에 설치합니다.

❹ 클라이언트 측 설정:
SSL-VPN을 이용할 클라이언트(PC나 스마트폰 등)에 VPN 접속 설정을 합니다. 일반적으로 VPN 주소, 사용자 이름, 비밀번호 등을 설정합니다.

❺ 접속 테스트:
모든 설정이 완료되면 실제로 SSL-VPN 접속을 시도해 봅시다. 문제가 없다면 SSL-VPN 환경이 구축된 것입니다.

※ **주의:** 기업 등의 네트워크 환경에서는 네트워크 관리자의 허가가 필요하므로, SSL-VPN 환경 구축은 홈 네트워크나 별도의 테스트 환경을 만들어서 진행하세요. 구체적인 설정 방법은 사용하는 장비나 소프트웨어에 따라 다르므로, 제조사의 매뉴얼이나 지원 정보를 참고하기를 바랍니다. 또한, 보안을 확보하기 위해서도 정기적으로 업데이트 및 패치를 적용하고 설정을 검토하는 것이 중요합니다.

Chapter

4

스토리지 가상화

데이터 보관 창고를 효율적으로 사용하는 구조

virtualization

» 스토리지 가상화의 목적과 장점

스토리지 가상화의 목적과 장점

스토리지 영역에도 다양한 가상화 기술이 있습니다. **스토리지 가상화**의 가장 큰 목적은 물리적인 제약으로부터의 해방입니다. 서버 등과 마찬가지로 가상화를 이용하면, 물리적인 제약에서 벗어나 유연하게 스토리지를 이용할 수 있게 됩니다.

특히 데이터양이 폭발적으로 증가하고 있는 오늘날에는 용량이나 성능 면에서 물리적 제약을 받지 않아도 된다는 것이 큰 장점입니다. **여러 물리 스토리지를 묶어 하나의 대용량 저장 공간으로 이용**할 수 있기 때문에, 스토리지를 낭비 없이 효율적으로 이용할 수 있는 장점도 있습니다(그림 4-1).

가상화를 통해 얻을 수 있는 또 다른 장점은 **관리 측면**에서의 편리함입니다. 물리 스토리지의 경우 스토리지 단위로 관리했지만, 가상화 환경에서는 하나의 가상 스토리지로 관리함으로써 여러 스토리지를 통합적으로 관리할 수 있습니다. 자세한 내용은 4-3절에서 설명하겠지만, 가상화를 하면 데이터가 여러 물리 스토리지에 분산되어 저장됩니다. 따라서 일부 물리 스토리지에 장애가 발생하더라도, 예비 스토리지로 자동 전환되는 기술을 활용함으로써 데이터의 **가용성**을 향상시킬 수 있습니다(그림 4-2).

가상화의 종류

스토리지 가상화에는 다양한 방식이 있습니다. 주요 스토리지 가상화 방식에 대해서는 다음 절부터 설명하겠습니다.

- RAID
- 파일 시스템 가상화
- 논리 볼륨, 동적 볼륨
- Ceph, vSAN

그림 4-1 스토리지 가상화의 용량 및 효율 측면에서의 장점

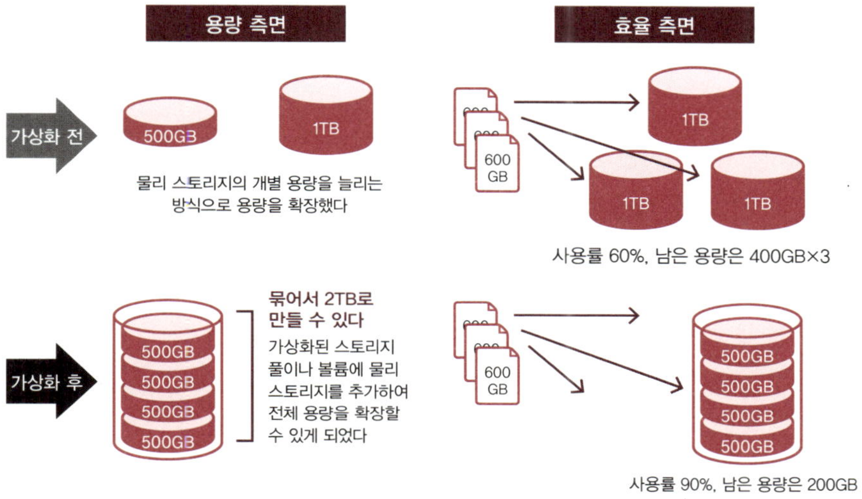

그림 4-2 스토리지 가상화의 관리 및 가용성 측면에서의 장점

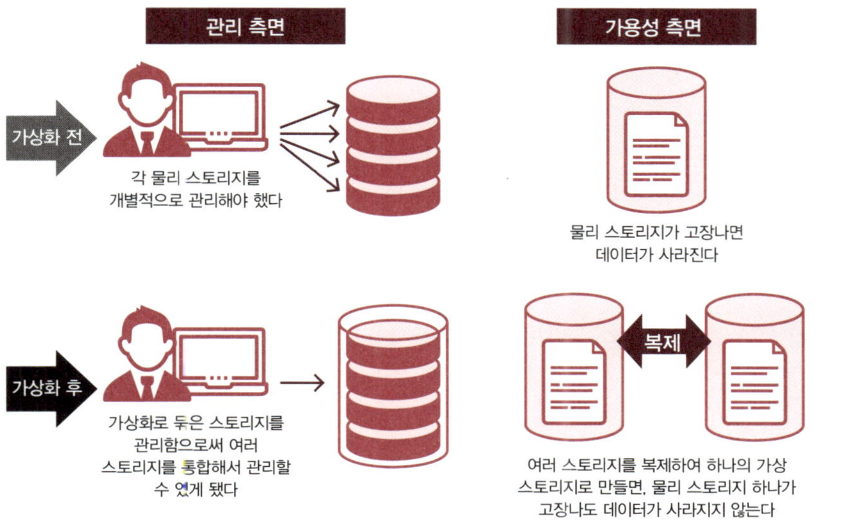

Point

- ✔ 스토리지 가상화를 통해 여러 스토리지를 통합함으로써 관리성과 가용성이 향상된다.
- ✔ 스토리지 가상화에는 여러 종류(방식)가 있다.

» 스토리지 가상화의 종류와 용도

스토리지를 가상화하는 방법

스토리지 가상화에는 여러 종류(방식)가 있습니다. **사용자는 그중에서 올바른 선택을 하여 이용해야 합니다.**

앞 절에서 언급한 주요 스토리지 가상화 방식에 관하여, 각각의 특징과 이를 구현하는 제품을 설명합니다(그림 4-3).

- RAID(**4-3절 참조**): **여러 개의 물리 스토리지를 묶어** 하나의 논리 저장 장치로 보이게 합니다. RAID 0, RAID 1, RAID 10, RAID 5, RAID 6 등 여러 가지 레벨이 있습니다.
- **파일 시스템 가상화(4-3절 참조)**: RAID가 여러 개의 물리 스토리지를 하나로 보이게 하는 것과 달리, **여러 개의 파일 시스템을 하나의 논리 파일 시스템으로 보여 줍니다**.
- **논리 볼륨(4-4절 참조)**: 리눅스 시스템에서 사용할 수 있는 스토리지 가상화 방식으로, LVM(4-4절 참조)을 사용하여 구현합니다. 여러 개의 물리 볼륨을 하나의 논리 볼륨으로 보여 줍니다.
- **동적 볼륨(4-4절 참조)**: 윈도우 시스템에서 사용할 수 있는 스토리지 가상화 방식으로, 여러 개의 물리 볼륨을 하나의 논리 볼륨으로 보여 줍니다.
- **Ceph(4-5절 참조)**: 오픈소스 소프트웨어를 이용한 스토리지 가상화 방식입니다. 오브젝트 스토리지에 특화된 분산 스토리지 시스템을 제공합니다.
- **vSAN(Virutal SAN, 4-5절 참조)**: VMware 시스템에서 사용할 수 있는 스토리지 가상화 방식입니다. 가상 머신의 스토리지를 가상화하여 활용합니다.

먼저 이 주요 스토리지 가상화 방식의 주요 사항을 알아둡시다. 다음 절부터 자세히 설명하겠습니다.

그림 4-3 스토리지 가상화 방식

가상화 방식	구현 제품	주요 특징	구조
RAID	하드웨어	• 복수의 물리 스토리지를 통합해 하나의 논리 스토리지로 보여 준다 • 여러 레벨이 있다	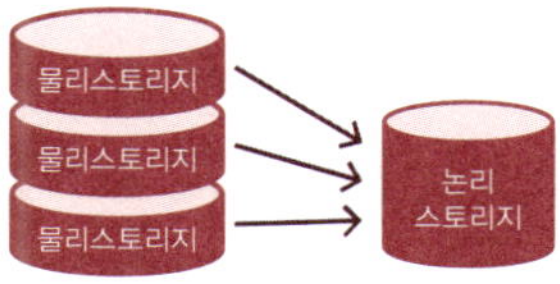
파일 시스템 가상화	스토리지 관리 소프트웨어	복수의 파일 시스템을 하나의 논리 파일 시스템으로 보여 준다	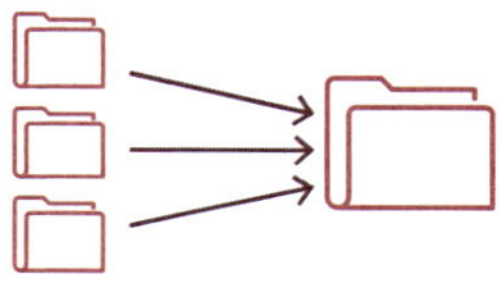
논리 볼륨	리눅스	복수의 물리 볼륨을 하나의 논리 볼륨으로 보여 준다	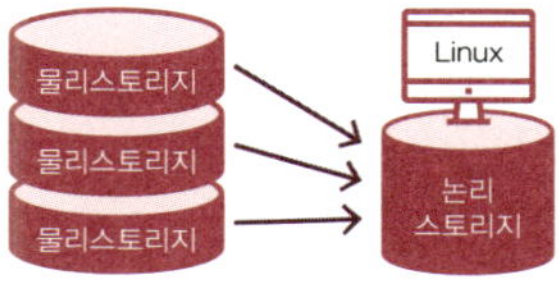
동적 볼륨	윈도우	복수의 물리 볼륨을 하나의 논리 볼륨으로 보여 준다	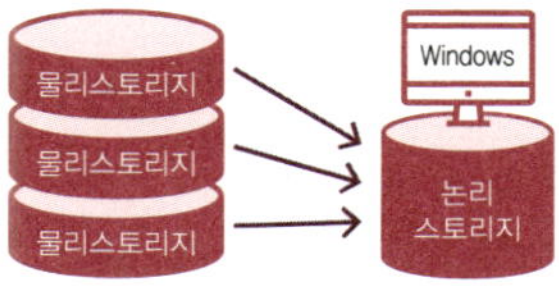
Ceph	Ceph	• 오브젝트 스토리지에 특화된 분산 스토리지 시스템을 제공한다 • OSS를 이용해 구현한다	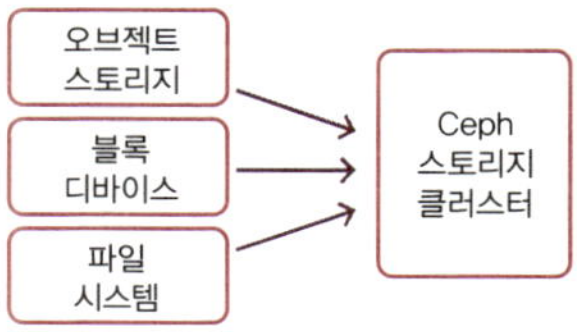
vSAN	VMware	가상 머신의 스토리지를 가상화한다	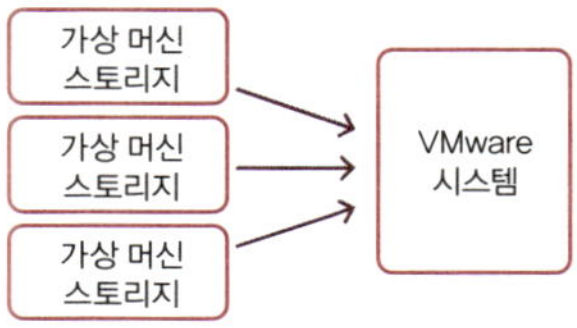

Point

✔ 사용하는 OS나 스토리지 유형에 따라 가상화 방식이 달라진다.

✔ 스토리지는 여러 물리적 스토리지를 통합하거나, 여러 파일 시스템 디바이스를 통합하는 등 다양한 레이어에서 가상화할 수 있다.

물리 스토리지 가상화

여러 물리 스토리지를 묶어 하나로 보이게 하는 RAID

RAID에는 **여러 가지 레벨**이 있습니다(그림 4-4).

RAID 0는 스트라이핑이라는 기술로 데이터를 여러 스토리지에 분산하여 저장합니다. I/O(읽기/쓰기)가 여러 스토리지로 분산되므로, 단일 물리 스토리지에 I/O를 집중시켜 처리할 때보다 데이터 읽기/쓰기 성능이 향상됩니다. 다만, RAID 0는 구성된 스토리지 중 하나라도 장애가 발생하면 모든 데이터가 손실될 위험이 있으므로 주의가 필요합니다.

RAID 1은 미러링이라는 기술을 사용해 여러 스토리지에 동일한 데이터를 복제해 저장함으로써 신뢰성을 높입니다. 하지만 RAID 1만으로는 성능 향상을 기대하기 어렵습니다. 이를 보완하는 방법으로 RAID 0와 RAID 1의 장점을 모두 갖춘 RAID 10이 있습니다. RAID 10은 여러 스토리지를 스트라이핑하는 동시에 미러링하여 성능과 신뢰성을 모두 확보합니다.

그리고 RAID 5나 RAID 6와 같이 패리티 데이터 방식을 채택한 레벨도 있습니다. 이 패턴에서는 우선 스트라이핑 기술에 의해 여러 스토리지에 데이터가 분산 저장됩니다. 또한, '패리티'라고 불리는 오류 정정 부호 데이터를 생성함으로써, 구성하는 스토리지 중 하나에 장애가 발생해도 데이터를 재구성할 수 있습니다. RAID 6는 이 패리티 데이터를 이중으로 생성합니다.

파일 시스템 가상화

가상화된 스토리지에 **여러 서버가 동시에 접근할 수 있게 하는 기술**이 바로 **파일 시스템 가상화**입니다. 물리 스토리지상에 여러 개의 파일 시스템을 생성함으로써, 여러 파일 시스템을 동시에 이용할 수 있습니다(그림 4-5). 서로 다른 파일 시스템을 동시에 사용할 수 있으므로, 다른 운영체제나 애플리케이션 간의 데이터 공유 및 이전이 용이해집니다.

그림 4-4 다양한 RAID 레벨

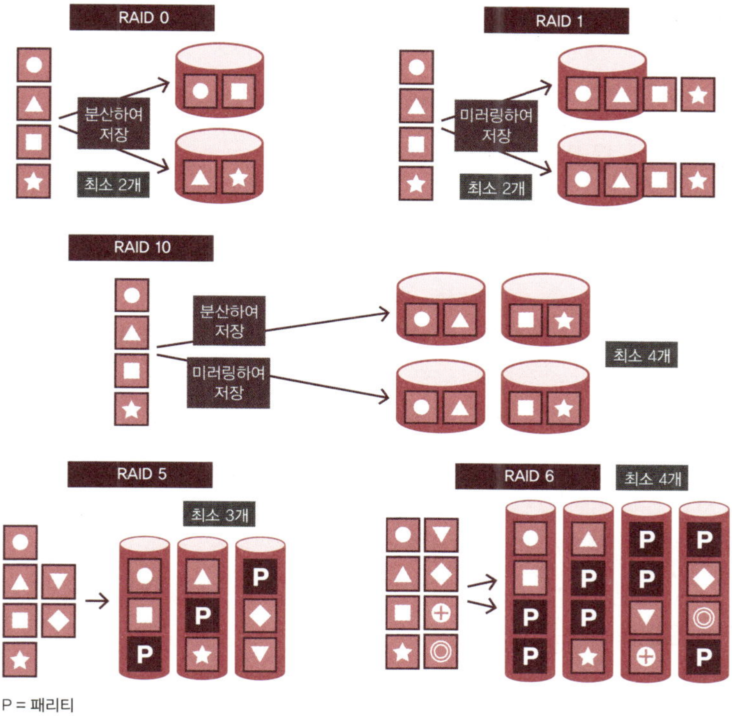

그림 4-5 파일 시스템 가상화의 구조

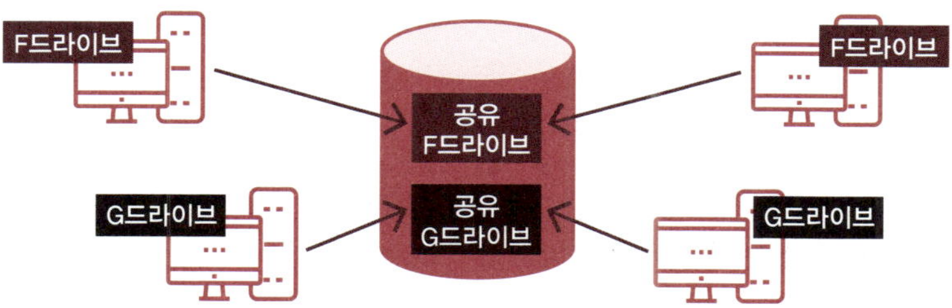

하나의 스토리지 영역에 서로 다른 여러 서버가 접근하여 이용할 수 있다

Point

- ✔ RAID는 복수의 스토리지를 묶어서 하나의 스토리지로 보이게 하는 기술이며, 여러 가지 레벨이 있다.
- ✔ 파일 시스템 가상화를 통해 복수의 서버에서 접근할 수 있다.

» 논리 볼륨 만들기

여러 스토리지를 모아서 보여 준다

LVM은 Logical Volume Manager의 머리글자를 따서 만든 약자로, 리눅스 등의 UNIX 계열 OS에서 사용할 수 있는 스토리지 가상화 방식입니다.

여러 개의 스토리지 또는 스토리지 내의 파티션을 묶어 논리적으로 하나의 볼륨으로 보이게 하는 기술입니다. 실제로는 **여러 개의 스토리지로 구성**되어 있지만, 사용자는 하나의 파티션처럼 접근할 수 있습니다(그림 4-6).

LVM으로 물리 스토리지의 크기를 초과하는 볼륨을 만들 수 있을 뿐만 아니라, 생성한 **논리 볼륨**(LV)마다 서로 다른 파일 시스템으로 포맷할 수도 있습니다. 또한, 논리 볼륨의 용량은 시스템을 멈추지 않고도 동적으로 늘리거나 줄일 수 있습니다. 볼륨 간 페어링을 통해 미러링(이중화, 백업) 기능도 제공합니다.

동적 디스크와 동적 볼륨

동적 디스크(Dynamic Disk)는 윈도우 2000에서 도입된 스토리지 가상화 방식 중 하나입니다. 기존의 파티션 단위의 관리 방식을 기본 디스크(Basic Disk)라고 부릅니다(그림 4-7).

동적 디스크는 LVM과 마찬가지로 **여러 개의 스토리지로 구성**된 비연속 영역을 하나의 논리 볼륨(**동적 볼륨**)으로 만드는 기술입니다. 다음과 같은 **여러 타입 중에서 선택할 수 있습니다**.

- **미러 볼륨(Mirror Volume)**: 복사본을 만들어 신뢰성을 향상
- **스트라이프 볼륨(Stripe Volume)**: 여러 디스크에 I/O를 분산시켜 성능 향상
- **스팬 볼륨(Span Volume)**: 두 대 이상의 스토리지를 결합
- **RAID 5 볼륨(RAID 5 Volume)**: 데이터와 패리티 영역으로 스트라이프를 구성

그림 4-6 논리 볼륨 생성 방법

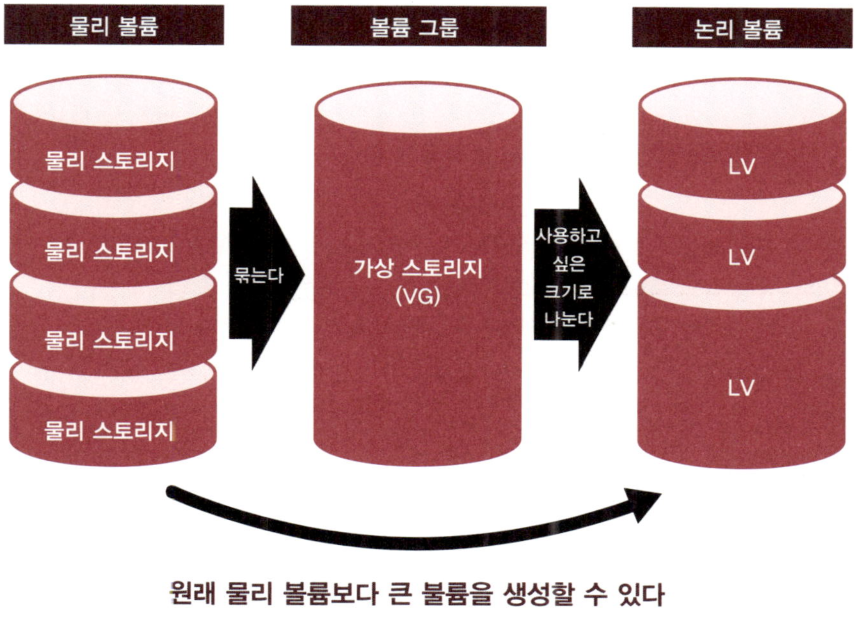

그림 4-7 기본 디스크와 동적 디스크의 장단점 비교

	기본 디스크	동적 디스크
장점	• 단순하고 다루기 쉽다 • 파티션 단위로 관리한다	• 유연성이 뛰어나다 • 볼륨 단위로 관리한다 • 복수의 파티션을 결합해 하나의 볼륨으로 보이게 할 수 있다
단점	용량 제한이 있다	디스크 유형을 기본 디스크로 변환할 때는 동적 디스크상의 모든 데이터가 삭제된다

주의 동적 디스크는 권장하지 않는다. 특별한 조건이 없으면 기본 디스크로 이용하는 편이 좋다.

Point

- ✔ LVM(UNIX 계열)과 동적 볼륨(윈도우 계열)은 복수의 스토리지로 구성하는 스토리지 가상화 기술이다.
- ✔ 동적 볼륨에는 목적과 용도에 적합한 유형이 있다.

복수 스토리지의 가상화

여러 스토리지를 하나로 통합해서 보여 주는 Ceph

Ceph는 분산 스토리지 기술을 구현하는 오픈소스 소프트웨어입니다. Ceph를 이용하여 구축한 가상화 스토리지는 높은 신뢰성과 확장성을 갖추고 있으며, IoT 및 빅데이터 시대에 잘 어울립니다. 또한, 오픈소스 소프트웨어이고 리눅스에서 동작하므로 비용 면에서도 큰 장점이 있어, **앞으로 더욱 보급될 것**으로 기대됩니다. Ceph에는 다음과 같은 특징이 있습니다. 주요 컴포넌트에 대해서는 그림 4-8을 참조하세요.

- **높은 신뢰성**: 알고리즘으로 데이터를 배치하므로 구성 변경 시 데이터 이동이 적고, 성능 향상에도 기여한다.
- **다양한 인터페이스**: 오브젝트 단위, 블록 단위, 파일 단위로 액세스할 수 있다.
- **높은 확장성**: 아키텍처상 1만 대의 장치와 EB(엑사바이트)급 용량 규모로 확장할 수 있다.

데이터를 여러 스토리지에 분산해서 저장하는 vSAN

vSAN은 VMware에서 사용하는 Virtual SAN 방식의 스토리지 가상화 기술(소프트웨어 명칭이기도 함)입니다. 일반적으로 SDS(Software Defined Storage)에 속하며, 여러 ESXi 서버 장비에 내장된 스토리지(SSD와 HDD)를 묶어서 공유하는 방식으로 스토리지를 가상화합니다(그림 4-9).

이 방식 또한 다른 스토리지 가상화 방식과 마찬가지로 도입 후 용량을 확장할 수 있습니다. 따라서 처음에는 최소한의 용량으로 시작하고 필요 시 확장하는 스몰 스타트가 가능합니다. 또한, vSAN을 도입하면 **외부 스토리지(여러 서버에서 공유하는 외부 데이터스토어)가 필요 없어집니다**.

그림 4-8 Ceph의 주요 구성 요소

구성 요소	특징
오브젝트 스토리지	• 대량의 데이터를 효율적으로 저장하기 위한 확장 가능 스토리지 시스템 • 오브젝트는 고유ID(오브젝트 ID)로 식별되고, 오브젝트 서버에 저장된다 • 오브젝트 서버는 데이터의 이중화 및 가용성을 확보하기 위해 복수의 레플리카를 생성한다
블록 스토리지	• 가상 머신, 데이터베이스 등의 블록 디바이스를 제공하기 위한 스토리지 시스템 • 블록 디바이스는 스토리지 클러스터 내 오브젝트로 저장된다 • 블록 스토리지는 RADOS(Reliable Autonomic Distributed Object Store)로 불리는 Ceph의 오브젝트 스토리지 시스템을 기반으로 한다
파일 시스템	• POSIX 호환 파일 시스템을 제공하기 위한 스토리지 시스템 • 파일 시스템은 Ceph 클러스터 내 오브젝트로 저장된다 • 파일 시스템은 Ceph의 오브젝트 스토리지와 블록 스토리지를 조합해 구축된다

그림 4-9 vSAN 아키텍처

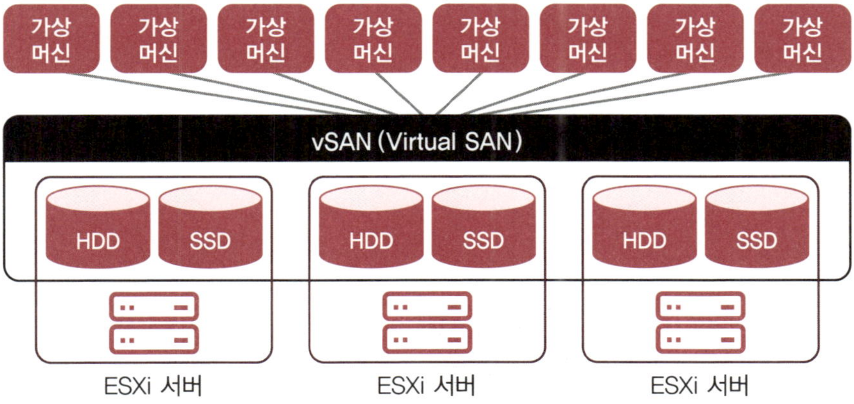

※ 각 서버에 내장된 스토리지를 묶어서 공유하므로 외부 스토리지가 필요 없다

ESXi 서버: 가상화 소프트웨어 'VMware ESXi'를 탑재한 가상화 인프라 서버

Point

- ✔ Ceph는 앞으로 빅데이터 시대에 널리 보급될 가능성이 있다.
- ✔ vSAN을 사용하면 외부 스토리지가 필요 없어진다.

해보자 RAID 레벨을 구분해 보자

스토리지 가상화에는 다양한 기술과 방식이 존재합니다. 예를 들어, RAID에도 4-3에서 설명한 것처럼 여러 가지 선택지가 있습니다. 사용자는 시스템 요구 사항에 맞는 RAID 레벨을 선택하여 구성해야 합니다. 아래에 몇 가지 시스템 요구 사항 예시를 제시했으니, 각각에 대해 어떤 RAID 레벨이 가장 적합할지 생각해 봅시다.

[요구 사항]

❶ 스토리지 용량의 효율적인 활용이 필요하다.
❷ 데이터의 완전성과 높은 이중화가 필요하다.
❸ 데이터 접근 시 높은 성능이 필요하다.
❹ 데이터의 이중화 및 높은 성능이 모두 필요하다.

[실현 방식]

RAID 0...... 요구 사항 [ ]을 실현하는 데 적합
RAID 1...... 요구 사항 [ ]을 실현하는 데 적합
RAID 10...... 요구 사항 [ ]을 실현하는 데 적합
RAID 5/6...... 요구 사항 [ ]을 실현하는 데 적합

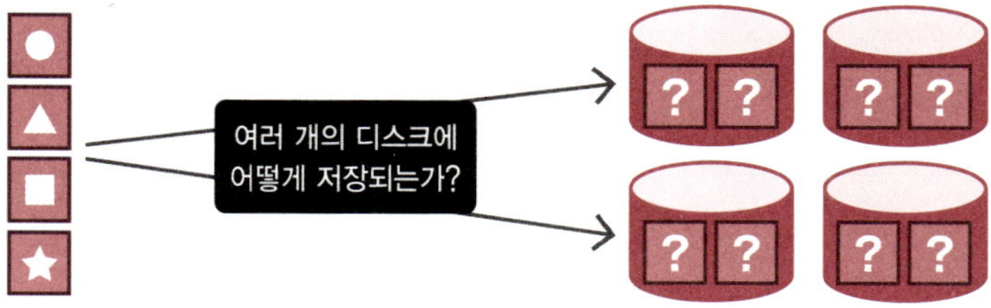

시스템을 설계하는 작업은 위와 같이 요구 사항을 확인하고, 그에 가장 적합한 실현 방법을 선택하는 작업이기도 합니다.

Chapter 5

데스크톱 가상화

작업 환경을 통합해 안전하고
효율적으로 사용한다

virtualization

데스크톱 가상화의 종류와 용도

데스크톱 환경의 물리와 가상이란?

데스크톱 환경, 다시 말해 PC 환경이라고 하면 보통은 책상 위에 PC가 놓여 있고, 그 안에 CPU나 메모리 등이 탑재된 형태를 떠올립니다. 예전에는 한 대의 PC를 여러 사람이 공유하여 번갈아 사용하는 경우도 있었지만, 최근에는 개인마다 한 대의 전용 PC를 사용하는 것이 일반적입니다. 이처럼 각자 앞에 놓인 PC를 사용하는 형태를 물리 환경이라고 할 때, **데스크톱 가상화**는 과연 무엇을 가상화하는 것일까요?

데스크톱 가상화는 **한 대의 물리 머신 위에 여러 대의 가상 데스크톱 환경을 구축하는 기술**로, 네트워크를 통해 다수의 사용자가 동시에 접속해 필요한 작업을 수행할 수 있습니다(그림 5-1). 좀 더 자세히 설명하자면, **물리 머신에 여러 개의 가상 머신을 생성**하고, 각 가상 머신에 필요한 운영체제와 소프트웨어, 애플리케이션 등을 설치하여, 사용자가 자신의 전용 가상 머신(가상 데스크톱)을 사용하는 방식입니다.

데스크톱 가상화의 종류

데스크톱 가상화에는 몇 가지 종류가 있습니다(그림 5-2).

호스트형 가상화에서는 물리 머신상에 가상 머신을 생성하고, 필요한 소프트웨어나 애플리케이션을 설치해 사용합니다. 대표적인 소프트웨어로는 VMware Workstation, VirtualBox 등이 있습니다. 또한, 이를 클라우드상에 구축할 경우에는 클라우드형 가상화라고 부르기도 합니다.

데스크톱 배포형 가상화에서는 서버에서 가상 데스크톱을 실행하고 화면을 사용자 단말기에 전송해서 조작합니다. 대표적인 예로는 Citrix Virtual Apps and Desktops나 VMware Horizon 등이 있습니다.

애플리케이션만 가상화하는 방법도 있는데, 이에 관해서는 5-6절에서 자세히 설명하겠습니다.

그림 5-1 데스크톱의 물리 환경과 가상화 환경의 차이

데스크톱의 물리 환경

- 개별적으로 PC 단말기가 할당된다
- 각 PC 단말상에서 OS 및 애플리케이션을 실행한다

데스크톱의 가상화 환경

- 개별적으로 데스크톱 환경에 접속할 수 있는 PC 단말기가 할당된다
- OS와 프로그램은 네트워크에 있는 데스크톱 가상화 서버에서 실행되고, 각 PC 단말기는 네트워크를 통해 접속하여 데스크톱 환경을 이용한다

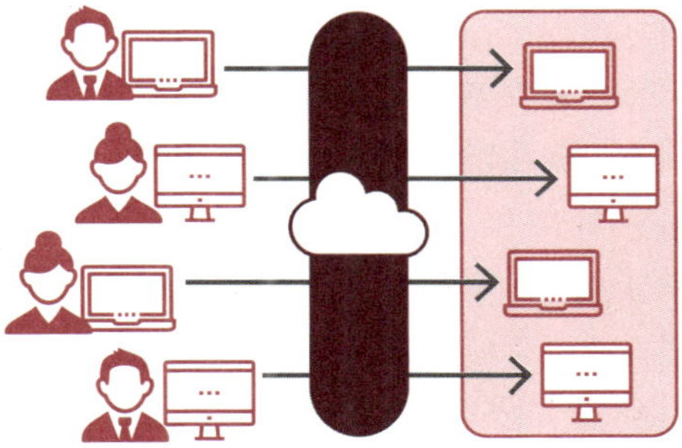

그림 5-2 주요 데스크톱 가상화 형태

데스크톱 가상화의 종류	특징	구현 이미지
호스트형	물리 머신상에 가상 머신을 생성한다	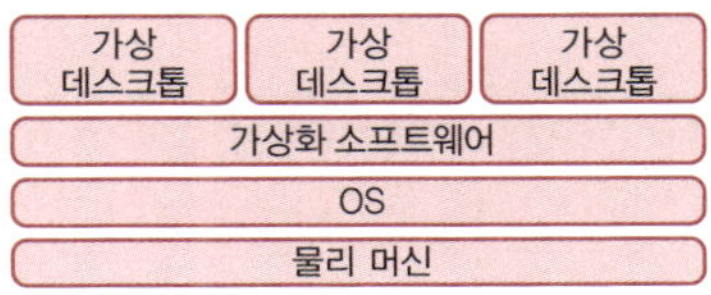
데스크톱 배포형	가상 데스트톱 화면을 사용자 단말기에 전송한다	
애플리케이션 가상화	OS는 하나이고, 그 위에서 동작하는 애플리케이션을 가상화해서 사용한다	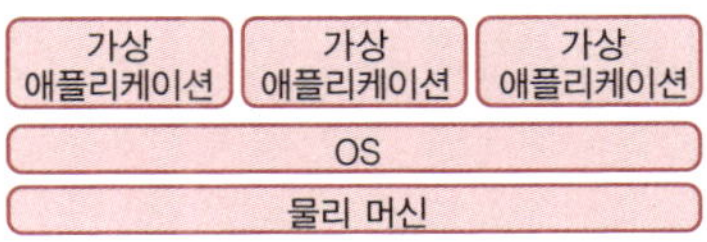

Point

- ✔ 데스크톱 환경의 가상화로 한 대의 물리 머신상에 여러 개의 가상 데스크톱 환경을 생성할 수 있다.
- ✔ 물리 머신상에 여러 개의 가상 머신을 만들어 실현하는 것이 일반적이다.
- ✔ 데스크톱을 가상화하는 방식에는 몇 가지 종류가 있다.

» 데스크톱 가상화 ① VDI 방식, SBC 방식

여러 데스크톱 환경을 한 대의 컴퓨터로 실행하는 방법

VDI란 Virtual Desktop Infrastructure의 줄임말입니다. 이름 그대로 가상 데스크톱 인프라를 의미합니다. VDI에서는 **하나의 물리 컴퓨터 위에서 여러 개의 가상 데스크톱 환경을 실행할 수 있습니다**.

사용자는 자신이 보유한 디바이스(씬 클라이언트 단말기 등)에서 네트워크를 통해 가상 데스크톱 환경에 접속하여, 필요한 애플리케이션이나 데이터 등을 이용할 수 있습니다(그림 5-3). 이후에 설명할 SBC 방식과 달리 **사용자마다 개별적으로 할당된 OS를 이용할 수 있습니다**.

VDI 방식은 물리적 환경을 통합함으로써 비용 절감 효과를 얻을 수 있으며, 센터에서 소프트웨어와 애플리케이션을 집중 관리할 수 있어 관리 측면에서 장점이 있습니다. 또한, 데이터를 센터에 배치하면 보안 측면에서도 장점이 있기 때문에, 기업이나 교육 기관 등에서 많이 채택하고 있습니다.

하나의 OS를 여러 사용자가 공유하는 방법

VDI 방식이 사용자별로 OS 환경을 독립적으로 제공하는 방식이라면, **SBC**(Server Based Computing) 방식은 **하나의 OS를 여러 사용자가 공유하는 방식**입니다. 한 대의 PC를 여러 사용자가 계정을 나누어 사용하는 환경을 떠올리면 됩니다(그림 5-4).

SBC 방식은 '원격 데스크톱 방식'이라는 이름으로도 잘 알려져 있습니다. 이 명칭에 더 익숙한 분들도 많을 것입니다. VDI 방식과 비교하면 관리와 비용 측면에서 유리한 경우도 있지만, 최근에는 사용 빈도가 점차 줄어들고 있습니다. 특정 업무를 여러 명이 교대로 수행하는 처리 등이 있는 경우에는 이 방식이 자주 활용되었습니다.

그림 5-3 VDI 방식의 구조

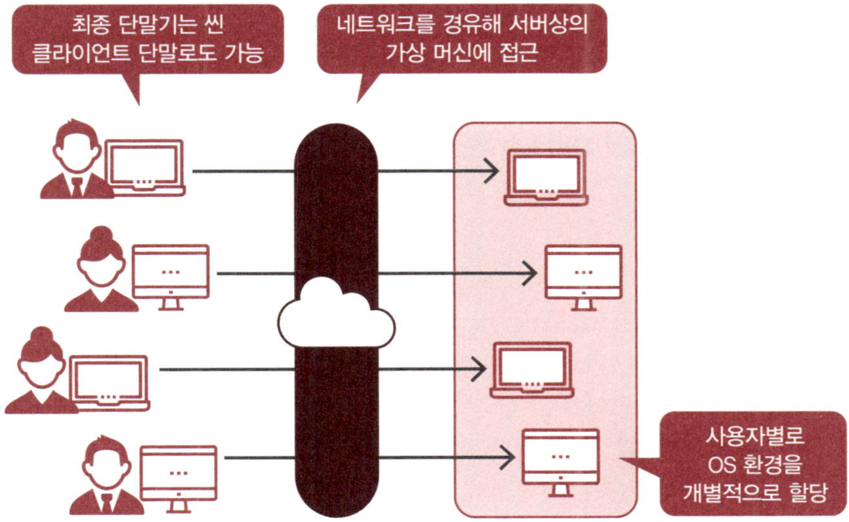

그림 5-4 SBC 방식의 구조

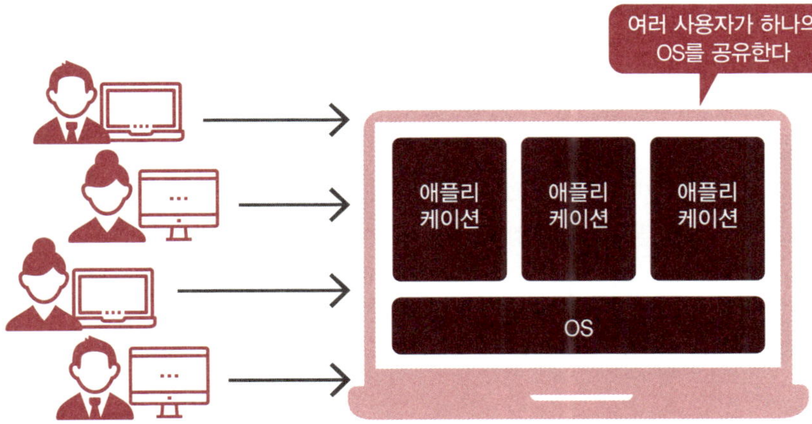

Point

- ✔ VDI 방식은 가상 머신을 여러 개 생성해 각각 OS를 설치해서 사용하므로 사용자별로 OS 환경을 나눌 수 있다.
- ✔ SBC 방식은 하나의 OS를 여러 사용자(계정)가 공유한다.

데스크톱 가상화 ② DaaS 방식

데스크톱 가상화 환경을 서비스로 제공하는 방식

DaaS란 Desktop as a Service의 줄임말로, 데스크톱 환경을 서비스 형태로 제공하는 방식을 의미합니다. 서비스를 이용하는 형태이기 때문에, 사용하는 기업이나 단체는 자체적으로 호스트 서버 등을 구축할 필요가 없어, 운영 및 관리의 번거로움에서도 벗어날 수 있습니다(그림 5-5).

DaaS는 **클라우드 형태**로 제공됩니다. 사용자는 자신의 디바이스에서 네트워크를 통해 DaaS 클라우드에 접속한 뒤 전용 가상 머신을 이용합니다. 접속에 필요한 디바이스는 다른 방식과 마찬가지로 사용자가 직접 준비해야 합니다. 또한, 서비스 제공자가 정한 사양에 따르므로, 온프레미스(데이터센터형 포함)와 비교했을 때 커스터마이징의 유연성이 떨어질 수 있습니다. 5-4절에서 설명하는 주의사항을 고려하여, 적절한 서비스 제공 업체를 선정할 필요가 있습니다.

VDI 방식과 DaaS 방식의 차이

지금까지 몇 가지 데스크톱 가상화 방식들을 살펴보았습니다. 여기서는 특히 혼동하기 쉬운 VDI 방식과 DaaS 방식의 차이점에 대해 설명하겠습니다(그림 5-6). 둘 다 데스크톱 가상화 방식이지만, 가장 큰 차이점은 제공 방식(구축 방식)에 있습니다. VDI 방식은 각 기업이 자체 자산으로 데스크톱 가상화 환경을 구축합니다. 이는 소위 **온프레미스(데이터센터형 포함)** 형태를 취합니다. 반면, DaaS 방식은 앞서 언급한 바와 같이 데스크톱 가상화 환경이 서비스로 제공됩니다. 이는 이른바 클라우드 형태를 취합니다. 클라우드에도 장점과 단점이 있으므로, 기업은 자신들의 요구 사항에 따라 적절한 방식을 선택해야 합니다.

그림 5-5 DaaS 방식의 구조

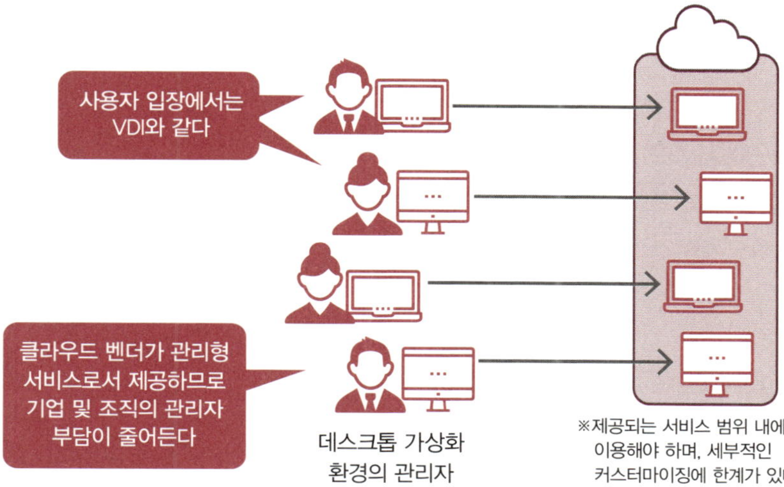

그림 5-6 VDI 방식과 DaaS 방식의 차이

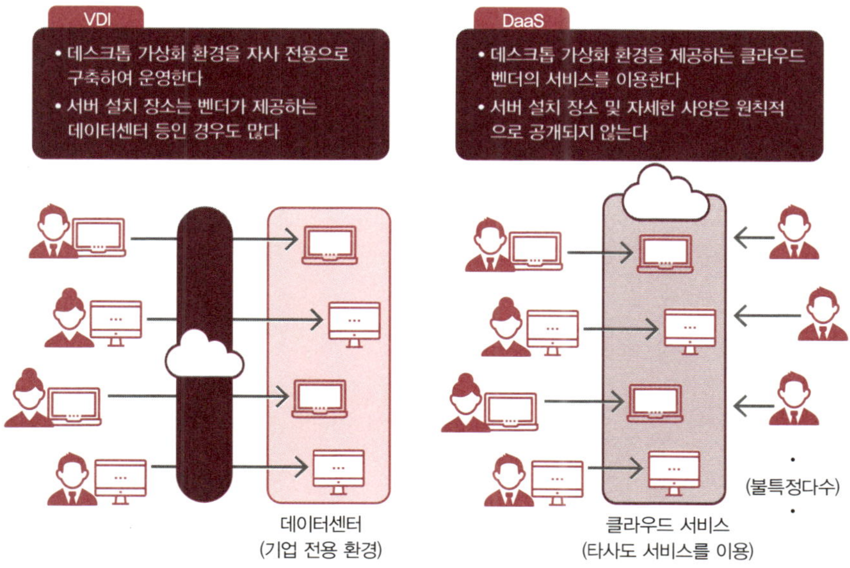

Point

- ✔ DaaS 방식은 클라우드 서비스 형태로 제공되는 데스크톱 가상화 기술이다.
- ✔ VDI 방식은 온프레미스 · 데이터센터 형태로 제공되는 데스크톱 가상화 기술이다.

데스크톱을 가상화할 때 주의할 점

보안 측면에서 주의할 점

데스크톱 가상화 환경을 이용할 때는 다양한 관점에서 **보안**에 주의하고, **적절한 강화 대책을 세울 필요가 있습니다**(그림 5-7).

먼저, 데스크톱 가상화 환경을 제공하는 근간이 되는 호스트 서버가 피해를 입으면 전체가 마비될 수 있기 때문에, 보안 공격에 대한 대책이 필수입니다. 호스트 서버는 불필요한 서비스를 중지하고, 안티바이러스 소프트웨어와 같은 보안 대책을 도입하며, 항상 최신 보안패치를 적용하는 등의 운영이 필요합니다.

또한, 호스트 서버에 저장되는 데이터의 보호도 중요합니다. 만일의 유출 사태에 대비한 암호화나 정기적인 백업 대책이 필요합니다. 그 외에도, 적합한 사용자에게만 접근을 허용하는 접근 권한 설정이나, 사용자의 단말기와 센터에 있는 호스트 서버 간의 네트워크 보안도 잊어서는 안 될 보안 대책 중 하나입니다.

성능 측면에서 주의할 점

데스크톱 가상화 환경을 쾌적하게 이용하려면 **성능** 면에서도 고려해야 합니다(그림 5-8). 호스트 서버 측에서는 여러 대의 가상 머신이 동작하는 것을 고려하여 **충분한 리소스를 확보**해야 합니다. CPU 사양, 메모리 용량은 물론, 스토리지 용량 및 스루풋 · IOPS(초당 입출력 횟수)에서도 충분한 성능을 확보해야 합니다.

보안 대책 포인트와 마찬가지로 잊지 말아야 할 것은 네트워크입니다. 데스크톱 가상화 환경의 사용자는 원격으로 네트워크를 통해 호스트 서버에 접근하기 때문에, 이 부분에서 병목이 일어나지 않도록 **네트워크 대역폭을 충분히 확보**해야 합니다. 무한정 리소스를 늘리면 비용이 증가하므로, 상황에 따라 접속 수를 제한하는 등의 운영 대책을 마련할 필요가 있습니다.

그림 5-7 데스크톱 가상화 환경의 보안 대책

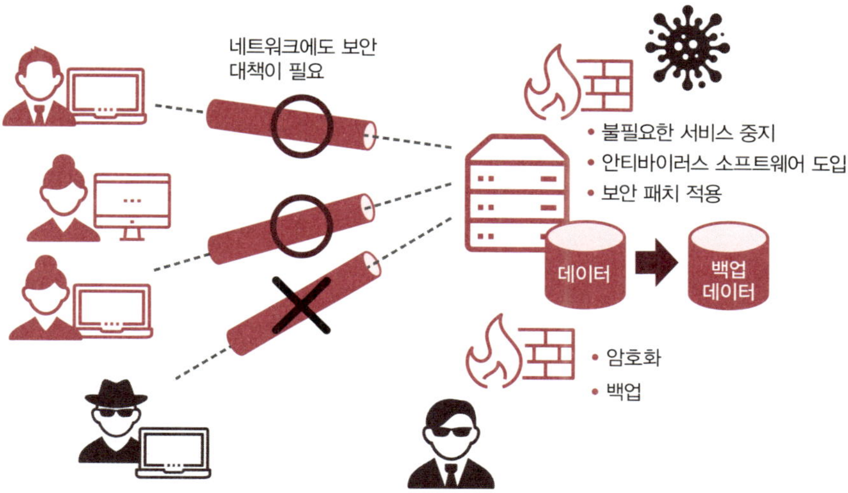

그림 5-8 데스크톱 가상화 환경의 성능 대책

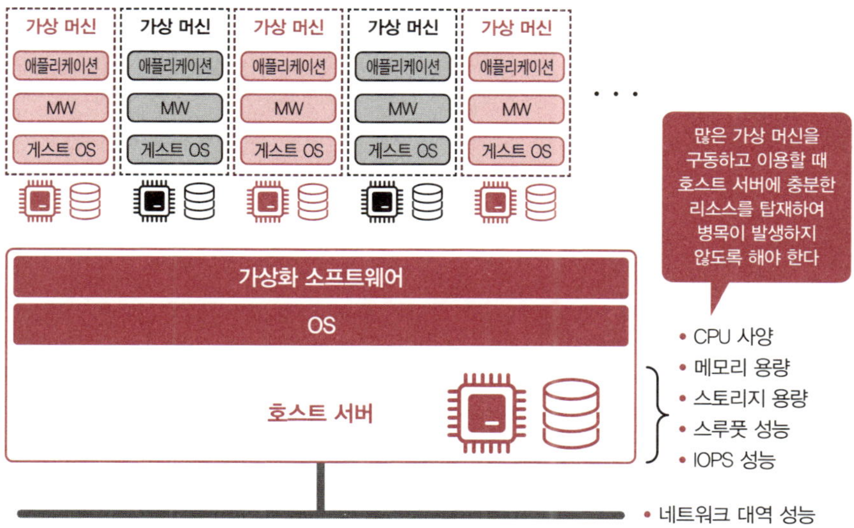

Point

- ✔ 데스크톱 가상화 환경을 안전하게 운용하기 위해서 보안 측면에서 세심하게 주의할 필요가 있다.
- ✔ 쾌적하게 이용하기 위해선 리소스나 네트워크 대역을 고려해야 한다.

데스크톱 가상화 사용 방법

데스크톱 가상화 환경을 이용하려면?

데스크톱 가상화 환경을 이용하는 흐름을 설명하겠습니다(그림 5-9). 먼저 하이퍼바이저(Hypervisor)라는 소프트웨어를 설치합니다. **하이퍼바이저는 가상화 환경의 각종 제어 기능을 담당합니다**. 물리 머신에 하이퍼바이저를 설치한 후에는 그 위에 **가상 머신을 생성**하고 **리소스를 할당**합니다. 가상 머신은 하나의 물리 머신 위에 여러 개의 독립적인 환경을 구축할 수 있으므로, 사용할 운영체제와 애플리케이션을 필요한 만큼 설치합니다.

다음은 가상 머신을 가동할 차례입니다. 사용자가 가상 데스크톱 환경에 접근하면, **하이퍼바이저는 가상 머신을 시작**합니다. 이후 사용자는 자신의 가상 데스크톱 환경에 로그인할 수 있게 됩니다.

데스크톱 가상화 환경의 리소스 할당과 데이터 보호

데스크톱 가상화 환경을 이용할 때 고려해야 할 사항으로 리소스 할당과 데이터 보호가 있습니다. 우선, 리소스 할당에 대해 설명하겠습니다. 앞서 언급했듯이, 하이퍼바이저는 물리 머신에 탑재된 CPU나 메모리 등의 리소스를 가상 머신에 할당합니다. 하이퍼바이저가 리소스를 효율적으로 배분하고 관리함으로써 한 대의 물리 머신에서 여러 작업을 동시에 실행할 수 있게 됩니다.

또한, **가상 머신은 물리 머신과 독립된 환경에서 동작하므로, 데이터 보호 관점에서도 강화를 기대할 수 있습니다**(그림 5-10). 예를 들어, 가상 머신 한 대가 바이러스 등에 감염되더라도 가상 머신 환경은 독립되어 있기 때문에 물리 머신 전체에 영향을 주지 않습니다. 사용자 데이터 손상에 관해서도 특정 가상 머신의 데이터 손상이 다른 가상 머신에 영향을 주는 일은 없습니다.

그림 5-9 데스크톱 가상화 사용 환경 구축 과정

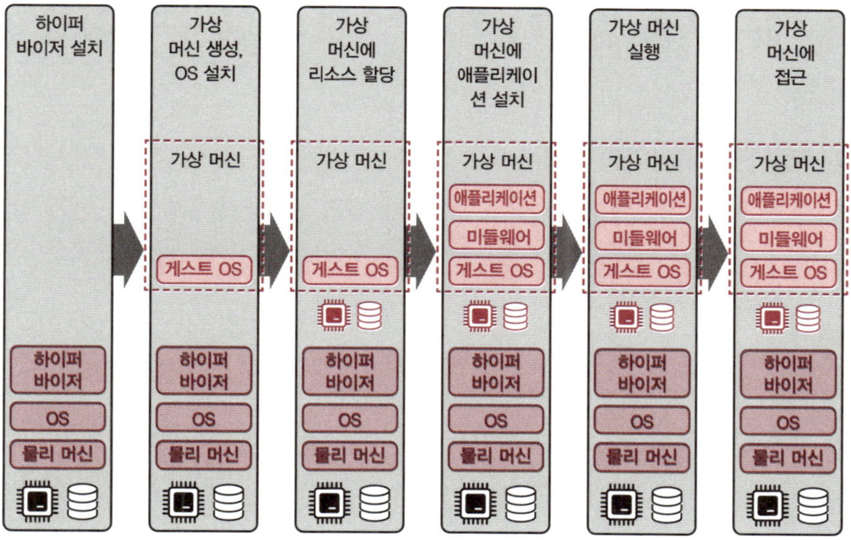

그림 5-10 가상 데스크톱의 독립성

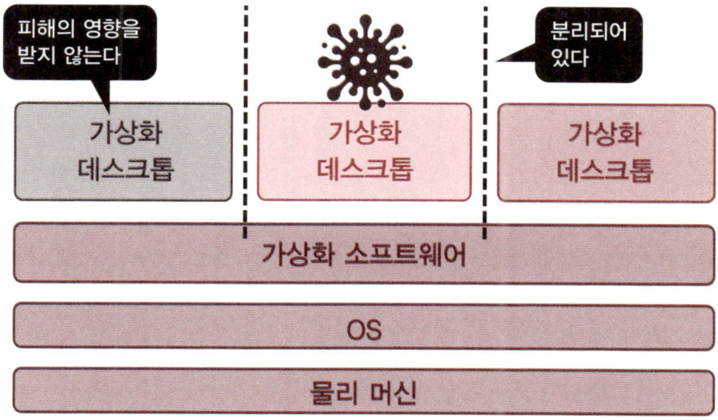

Point

- ✔ 데스크톱 가상화는 하이퍼바이저라는 가상화 제어 소프트웨어를 도입하여 관리하는 방식이 일반적이다.
- ✔ 하이퍼바이저에는 가상 머신 실행이나 리소스 할당 기능이 있다.
- ✔ 가상 머신은 물리 머신과는 독립적인 환경에서 작동하므로, 데이터 보호 측면에서도 강화된 보안을 기대할 수 있다.

» 데스크톱 및 애플리케이션 가상화의 장점

데스크톱 환경 가상화의 장점

데스크톱 환경을 가상화하면, 다음과 같은 **많은 장점을 얻을 수 있습니다**(그림5-11).

- 여러 환경을 한 대의 컴퓨터로 통합할 수 있다
- 여러 사용자가 동시에 작업할 수 있으므로, 이용 효율이 높아진다
- 통합으로 이용 효율이 높아져 비용 절감 효과를 기대할 수 있다
- 원격 스토리지를 이용하므로 보안 대책이 가능하다
- PC를 잃어버려도 정보 유출 위험이 적다

이러한 장점이 있지만, 올바른 사용이 전제되어야 합니다. 또한, 보안 측면에서도 고의적으로 정보를 반출하거나 규칙을 지키지 않고 이용할 경우에는 대처하기가 어렵기 때문에, 주의할 필요가 있습니다. 한편, 사용자는 전용 가상 데스크톱에 접속하여 자신의 작업 환경을 자유롭게 커스터마이징할 수도 있습니다.

애플리케이션 가상화의 장점

데스크톱 가상화는 OS 이상의 레이어를 가상화하는 반면, **애플리케이션 가상화**는 **애플리케이션 자체를 가상화**합니다. 애플리케이션 가상화에서는 각 OS에 애플리케이션을 개별적으로 설치할 필요 없이, 중앙에서 통합 관리할 수 있습니다.

스트리밍 방식은 애플리케이션 실행에 필요한 모든 파일을 패키징하여 서버에서 배포하는 방식으로, 오프라인에서도 이용할 수 있습니다. 반면, **RDSH 방식**에서는 중앙 서버의 애플리케이션을 여러 사용자가 공유하므로, 온라인 상태가 필수입니다(그림 5-12).

그림 5-11 데스크톱 환경의 가상화에는 장점이 많다

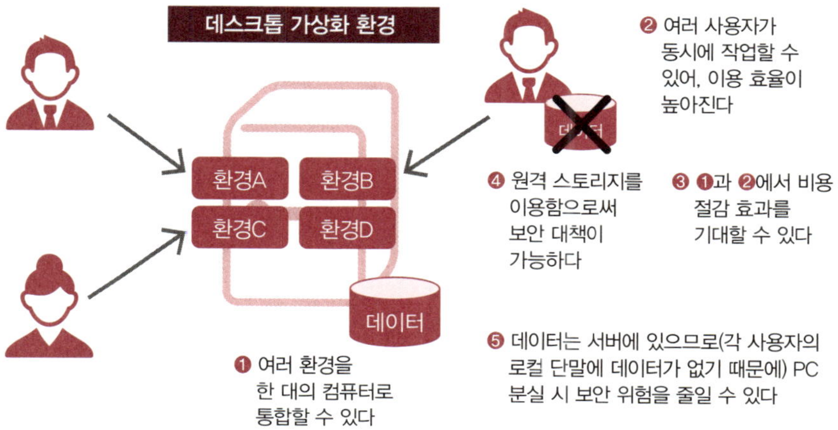

그림 5-12 애플리케이션 가상화의 스트리밍 방식과 RDSH 방식

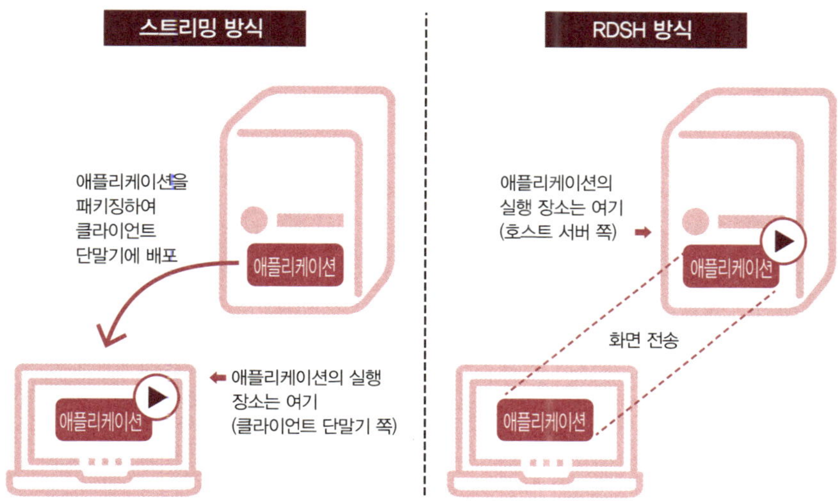

Point

- ✔ 데스크톱 가상화를 도입하면 비용, 보안, 운영 면에서 장점이 있다.
- ✔ 애플리케이션을 가상화해서 이용하는 방식도 있다.
- ✔ 애플리케이션 가상화에는 스트리밍 방식과 RDSH 방식이 있다.

해보자 ● Microsoft Azure에서 가상 데스크톱을 만들어 보자 ●

데스크톱 가상화를 경험해 볼 수 있는 제품 중 하나가 Microsoft Azure의 Azure Virtual Desktop으로, 클라우드 형태로 이용할 수 있으며 DaaS이자 클라우드 기반 VDI라고 할 수 있습니다. Azure 체험 계정을 만들면 1년간 기본 서비스를 무료로 이용할 수 있습니다. 또한 일정 기간 동안 사용할 수 있는 무료 크레딧도 함께 제공됩니다.

[체험판 이용 방법]

❶ Azure 공식 웹사이트에 접속한다. [무료로 Azure 사용해 보기] 버튼을 눌러 계정을 만든다.

- https://azure.microsoft.com/ko-kr

❷ Azure 서비스 홈에서 [가상 머신] 아이콘을 누르고 [+만들기] 버튼을 눌러 가상 머신 생성을 시작한다.

❸ 절차에 따라 가상 머신의 사양, 설치할 운영체제, 관리자 계정 등의 설정을 마치고 배포를 시작한다.

❹ 가상 머신이 정상적으로 생성되면, 설정한 대로 연결이 되는지 직접 확인하고 이용한다.

Chapter 6

가상화의 효용

클라우드 환경에서 제공되는 가상화 서비스

virtualization

클라우드의 서버 가상화

클라우드에서 제공되는 서버의 종류

클라우드에서 제공되는 서버는 다음과 같은 종류로 분류할 수 있습니다(그림 6-1).

첫 번째는 **가상 서버**입니다. 물리 머신상에서 가상화 기술에 의해 가동되는 가상의 서버입니다. 고성능형, GPU형, 메모리 최적화형, 스토리지 최적화형 등이 있습니다(예: Amazon EC2, Azure Virtual Machines, GCP Compute Engine).

두 번째는 **컨테이너**입니다. 애플리케이션과 그에 필요한 의존성을 포함하는 독립적인 실행 환경입니다. 마이크로서비스 실행에 적합합니다(예: Amazon ECS).

마지막은 **서버리스 컴퓨팅**입니다. 이벤트 기반으로 코드를 실행하는 환경입니다. 배치 작업이나 작업 자동화에 자주 활용됩니다(예: AWS Lambda).

클라우드에서 제공되는 가상 서버의 특징

기존 온프레미스에서 제공되는 가상 서버와 비교했을 때, 클라우드에서 제공되는 가상 서버에는 다음과 같은 특징이 있습니다(그림 6-2).

우선, 배치 장소와 관리 주체입니다. 클라우드에서 제공되는 가상 서버는 클라우드 벤더의 데이터센터에서 관리되기 때문에, 사용자 측은 **하드웨어의 설치·운영·유지보수에 대한 고려가 필요 없으며**, 어디서든 서버에 접속하여 이용할 수 있습니다.

다음은 비용입니다. **사용한 만큼만 과금**되므로, 필요 없을 때는 서버를 정지하는 등 비용을 절감할 수 있습니다.

그리고 확장성과 유연성입니다. 콘솔에서 몇 번의 클릭만으로 가상 서버의 사양을 변경하거나, 대수를 증가 또는 감소시킬 수 있으며, **필요에 따라 유연하게 확장할 수 있습니다**. 다만, 이용 제한 용량을 확인해야 합니다.

마지막으로 보안입니다. 게스트 OS, 애플리케이션 및 데이터의 보안은 사용자 측에서 관리해야 하지만, **하드웨어 등의 보안 관리는 기본적으로 벤더 측에서 담당합니다**.

그림 6-1 클라우드 가상 서버의 종류

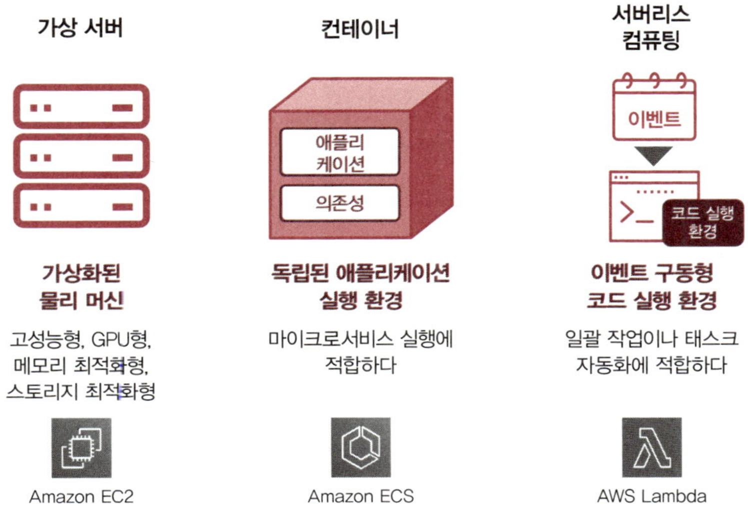

그림 6-2 클라우드 가상 서버를 이용하는 장점

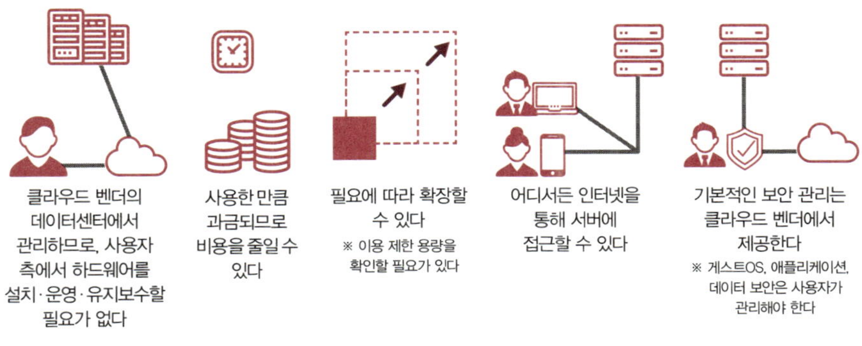

Point

- ✔ 클라우드 사업자는 가상 서버, 컨테이너, 서버리스 컴퓨팅 등의 다양한 서버 서비스를 제공한다.
- ✔ 클라우드에서 제공되는 가상 서버를 이용할 때는 하드웨어 설치, 운영, 유지보수 등이 필요 없고, 이용한 만큼 요금이 부과되며 필요에 따라 확장할 수 있다.
- ✔ 하드웨어 등의 보안 관리는 기본적으로 클라우드 벤더에서 제공한다.

» 클라우드의 네트워크 가상화

클라우드에서 제공되는 네트워크의 종류와 특징

클라우드 사업자가 제공하는 네트워크에는 일반적으로 다음과 같은 종류가 있습니다(그림 6-3).

먼저, **프라이빗 네트워크입**니다. 사용자 전용 보안 가상 네트워크 환경으로 리소스를 분리하고 세분화할 수 있습니다. 외부에 공개할 수 없는 기밀성이 높은 데이터 등 보안과 프라이버시를 중시하는 환경에서 사용됩니다.

다음으로 **퍼블릭 네트워크**는 인터넷에서 접근 가능한 네트워크로, 인터넷에 공개해야 하는 웹사이트 등에 사용됩니다.

멀티 클라우드 네트워크는 여러 클라우드 사업자의 네트워크를 통합하여, 리소스와 애플리케이션을 구동하기 위한 일관된 연결을 제공하는 네트워크입니다.

마지막으로 **하이브리드 클라우드 네트워크**는 온프레미스 환경과 클라우드 환경을 연결하는 네트워크입니다.

이 외에도, 글로벌 콘텐츠 배포를 위한 네트워크가 있습니다. 가장 가까운 엣지 로케이션에서 콘텐츠를 전송함으로써 더욱 빠르게 전달할 수 있습니다.

클라우드에서 네트워크를 이용할 때 주의할 점

클라우드 벤더가 보안 대책을 실시하고 있지만, **데이터와 애플리케이션의 보안은 사용자 측에서 관리해야 합니다.** 적절한 네트워크 제어, 통신 암호화, 네트워크 모니터링도 필요합니다. 클라우드 네트워크는 인터넷을 통해 접근하므로, 네트워크 대역폭이나 지연이 영향을 미칠 수 있어 주의해야 합니다. 또한 **IP 주소 등의 이용 제한이 있을 수 있으므로, 사전에 확인한 후 설계**하는 것이 중요합니다(그림 6-4).

그림 6-3 클라우드 네트워크의 종류와 특징

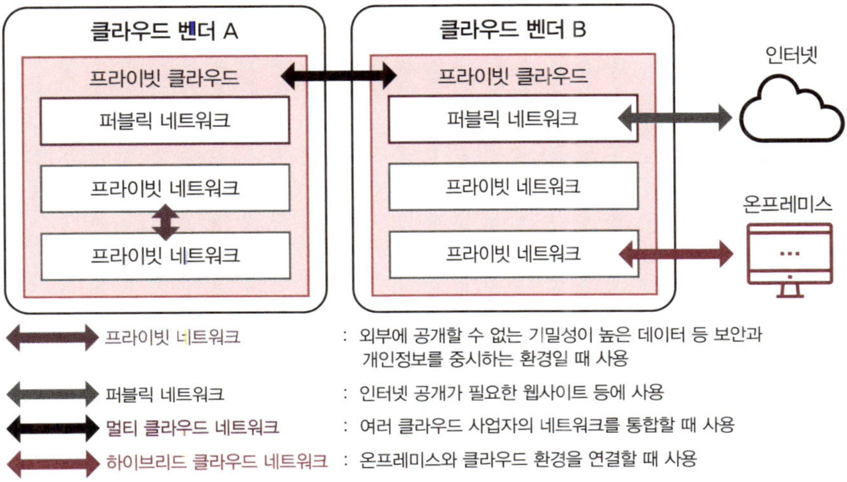

※ 글로벌한 콘텐츠 배포를 최적화하는 콘텐츠 전송 네트워크(CDN)도 있다

그림 6-4 클라우드 네트워크 이용 시 주의할 점

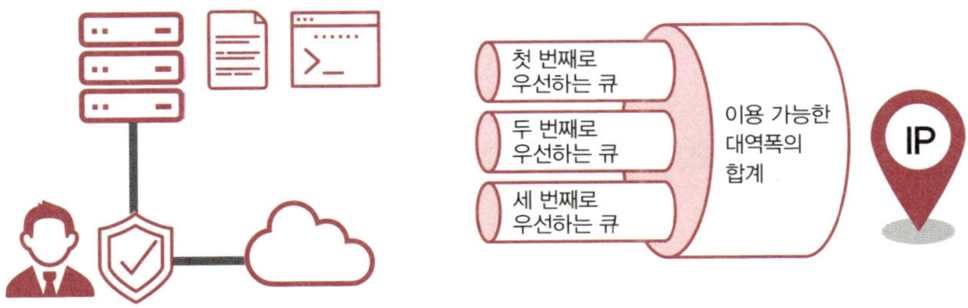

사용자 측 관리

- 필요한 네트워크 제한, 모니터링, 통신 암호화
- 데이터와 애플리케이션의 보안

이용 제한

- 네트워크 대역폭에 제한이 있다
- IP 주소 이용에 제한이 있다

※서비스 이용 제한을 확인해야 한다

Point

✔ 클라우드 사업자는 프라이빗 네트워크, 퍼블릭 네트워크, 멀티 클라우드 네트워크, 하이브리드 클라우드 네트워크 등 다양한 네트워크 서비스를 제공하고 있으므로, 시스템 특성에 맞춰 유연하게 구성할 수 있다.

✔ 클라우드에서 네트워크를 구성할 때, 사용자 측에서 보안 대책을 시행하고 이용 제한을 확인해야 한다.

» 클라우드의 스토리지 가상화

클라우드에서 제공되는 스토리지의 종류와 특징

기존 온프레미스 방식의 **가상 스토리지**는 자사 데이터센터에 데이터를 저장하므로 하드웨어 유지보수와 관리가 필요합니다. 예를 들어, 저장 공간을 확장할 때는 새 하드웨어를 도입하거나 기존 장비를 업그레이드해야 하는데, 이때 하드웨어 초기 도입 비용과 유지보수 운영 비용이 발생합니다. 반면, 클라우드 기반의 가상 스토리지는 장치 관리가 필요 없으며 사용한 만큼 요금이 부과됩니다. 또한, 스케일링 지원, 인터넷을 통한 접근, 기본적인 보안 관리 생략 등의 특징이 있습니다.

클라우드에서 제공되는 가상 스토리지는 오브젝트형, 블록형, 파일형이 있습니다(그림 6-5). 오브젝트형은 비정형 데이터에 적합하며, 대용량 데이터의 장기 보관이나 백업과 같은 용도로 주로 사용됩니다. 블록형은 데이터를 고정 크기의 블록 단위로 저장하며, 직접 접근할 수 있는 스토리지입니다. 일반적으로는 가상 서버에 연결하여 사용합니다. 파일형은 네트워크를 통해 서버에 파일을 저장하고 접근할 수 있기 때문에, 복수의 가상 서버에서 동시에 접근할 수 있습니다.

클라우드에서 스토리지를 이용할 때 주의할 점

클라우드 벤더가 기본적인 보안 대책을 제공하지만, **데이터 암호화, 접근 제어, 인증 관리는 사용자 측에서 관리**할 필요가 있습니다(그림 6-6). 장애 발생에 대비해 여러 리전이나 데이터센터에 데이터를 분산 저장하는 등 **데이터의 이중화와 가용성을 높이는 구성도 고려**해야 합니다. 또한, 예상치 못한 요금 증가를 방지하려면 데이터 업로드, 다운로드, 전송에 따른 요금 체계를 정확히 파악하고, 비용 관리를 철저하게 해야 합니다. 마지막으로, 스토리지에는 용량과 요청 수 제한이 있으므로, 사전에 이를 확인하는 것이 중요합니다.

그림 6-5 클라우드 가상 스토리지의 종류와 특징

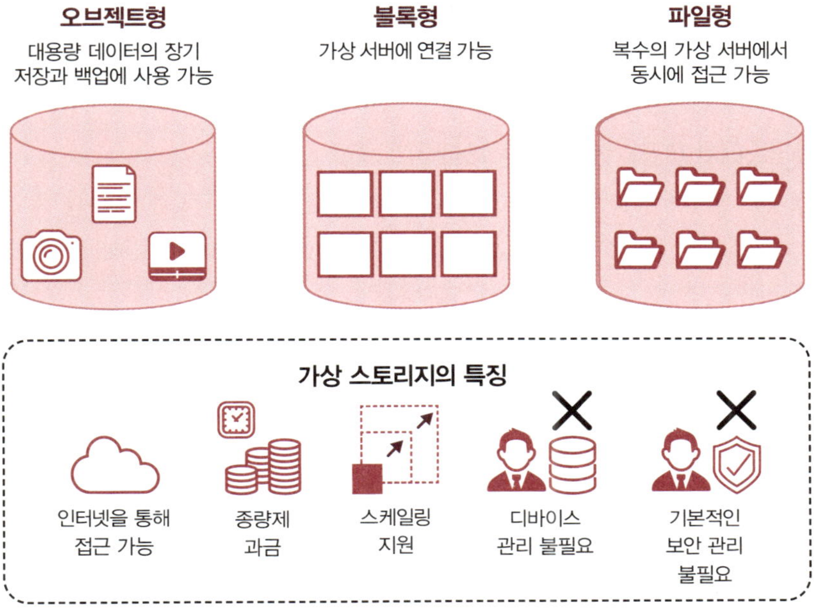

그림 6-6 클라우드 가상 스토리지의 사용자 관리 범위

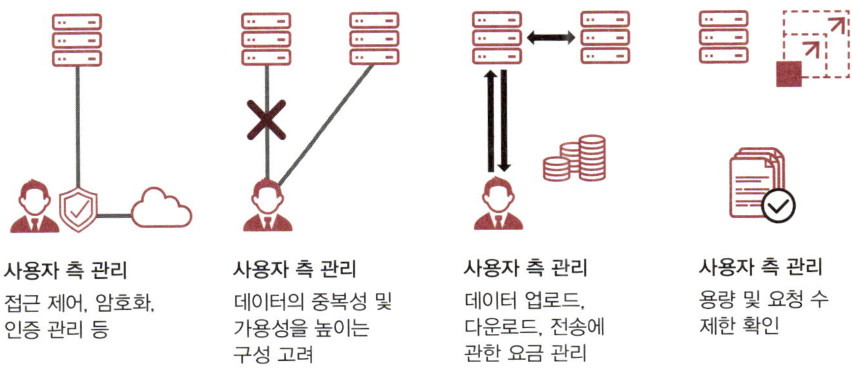

Point

- ✔ 클라우드 벤더는 오브젝트형, 블록형, 파일형 스토리지 서비스를 제공한다.
- ✔ 클라우드 스토리지를 이용할 때, 데이터의 특성, 용도, 보안 대책, 가용성 등을 고려해야 한다.

» 클라우드의 데이터베이스 가상화

클라우드에서 제공되는 가상 데이터베이스 종류

기존 온프레미스 환경에서 제공되는 **가상 데이터베이스**는 자사 데이터센터에 저장되므로 데이터베이스에 물리적으로 접근해야 하며, 하드웨어를 유지보수하고 관리해야 합니다. 또한, 데이터베이스를 확장하거나 유지보수할 때는 새로운 하드웨어를 추가하거나 기존 하드웨어를 업그레이드해야 합니다. 이로 인해 하드웨어 초기 도입 비용과 유지보수 운영 비용 등이 발생합니다.

기존의 온프레미스 환경에서 제공되는 가상 데이터베이스와 비교했을 때, 클라우드 환경에서 제공되는 가상 데이터베이스는 인터넷을 통한 접근, 사용량에 기반한 요금, 스케일링 지원, 데이터베이스 서버 및 가상 소프트웨어 관리 불필요, 기본적인 보안 관리 불필요 등의 특징을 가지고 있습니다.

클라우드에서 제공되는 데이터베이스는 주로 관계형(RDB), NoSQL형, 인메모리형 등이 있습니다(그림 6-7). 데이터의 무결성을 중요시하는 경우에는 관계형, 확장성이나 유연성이 필요한 경우에는 NoSQL형, 실시간 분석에는 인메모리형을 사용합니다. **용도에 맞게 적합한 데이터베이스를 사용하는 것이 중요합니다**.

클라우드에서 데이터베이스를 이용할 때 주의할 점

클라우드 벤더에서 기본적인 보안 관리를 하고 있지만, 사용자 측에서도 **접근 권한**과 관리 정책을 적절히 설정해야 합니다. 특히, 장애 대책으로써 데이터베이스 이중화와 가용성을 고려한 구성으로 설계하는 것이 중요합니다. 또한, 데이터베이스가 새 버전으로 업데이트되면 애플리케이션이나 쿼리가 제대로 작동하지 않을 수 있으므로, **업데이트할 때마다 테스트**할 것을 권장합니다. 마지막으로 온프레미스에서 클라우드로 전환할 때 **데이터 마이그레이션 프로세스와 데이터베이스 간 호환성**을 확인하고, 데이터 손실이나 **장애 시 복구 대책**을 준비해야 합니다(그림 6-8).

그림 6-7 클라우드 가상 데이터베이스의 종류

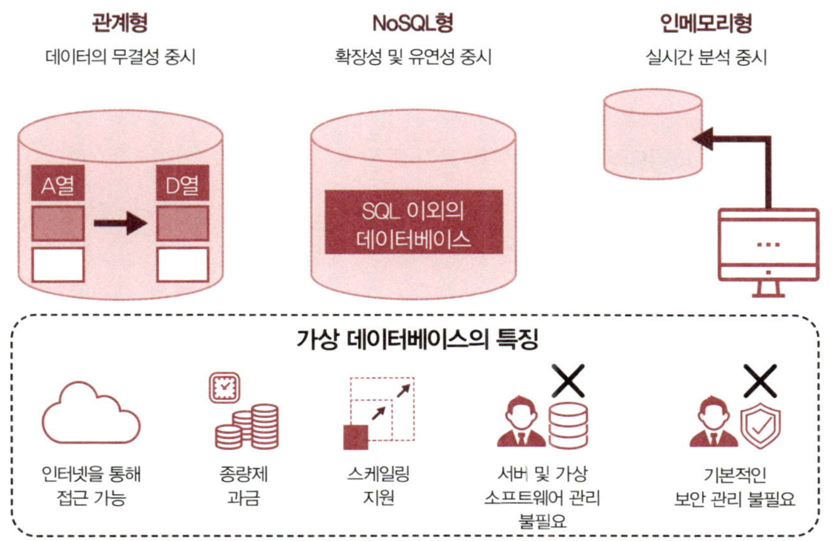

그림 6-8 클라우드의 가상 데이터베이스 사용자의 관리 범위

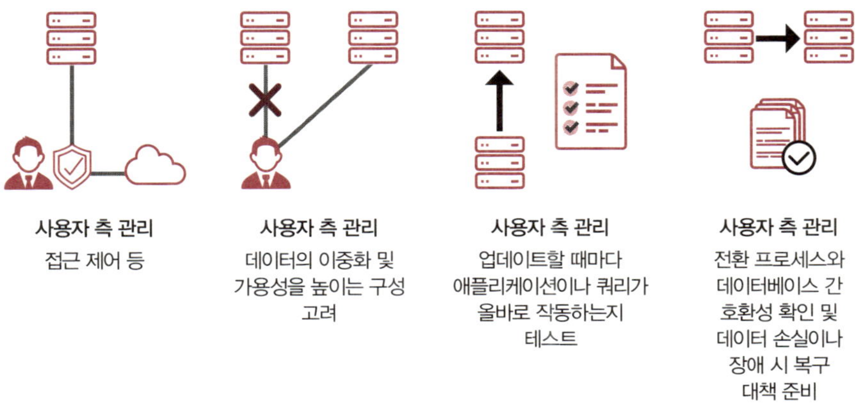

Point

- ✔ 클라우드에서 제공되는 데이터베이스에는 관계형, NoSQL형, 인메모리형 등 다양한 종류가 있고, 요구 사항에 맞는 데이터베이스를 선택해야 한다.
- ✔ 클라우드 데이터베이스를 이용할 때, 접근 제한, 업데이트 시 테스트, 전환 프로세스, 데이터베이스 간 호환성, 장애 시 복구 대책 등을 고려할 필요가 있다.

서버리스 환경의 특징과 종류

클라우드에서 제공되는 서버리스 환경의 특징

서버를 준비하여 애플리케이션을 배포하는 기존 접근 방식과 달리, **서버리스** 접근 방식에서는 **서버와 같은 인프라 장비를 클라우드 제공 업체에서 관리하므로 개발자는 애플리케이션 개발에만 집중할 수 있습니다**. 서버리스 환경은 자동 스케일링, 종량제 과금, 이벤트 기반 등의 특징이 있습니다(그림 6-9).

클라우드에서 제공되는 서버리스 서비스의 종류

클라우드에서 제공되는 **서버리스 서비스**에는 주로 다음과 같은 종류가 있습니다(그림 6-10).

먼저, 서버리스 컴퓨팅은 서버 관리나 프로비저닝을 개발자로부터 숨기고, 이벤트 기반으로 코드를 실행하는 서비스입니다(예: AWS Lambda, Azure Functions).

다음으로, 서버리스 스토리지는 스케일링이나 이중화 관리가 클라우드 사업자에 의해 자동으로 이루어지는 스토리지 서비스입니다(예: AWS S3, Azure Blob Storage 등).

서버리스 데이터베이스는 자동 스케일링을 지원하며 운영 관리가 불필요한 데이터베이스 서비스입니다(예: AWS Aurora Serverless).

서버리스 데이터 처리는 개발자가 데이터 처리 흐름(플로우)을 정의하고 작업을 실행할 수 있는 데이터 처리 서비스입니다(예: AWS Step Functions).

마지막으로, 서버리스 API 게이트웨이는 API 인증, 모니터링, 보호 기능을 제공하는 서비스입니다(예: AWS API Gateway).

위에서 언급한 서버리스 서비스를 이용할 때는 최대 실행 시간이나 동시 실행 수와 같은 제한 사항을 미리 확인한 후 설계해야 합니다. 또한 서버리스 서비스는 관리 부담이 없어 편리성이 높은 반면, **접근 제어 및 인증 등 보안 관리가 더욱 중요하다는 점을 유의**해야 합니다.

그림 6-9 클라우드 가상 서버리스 환경의 특징

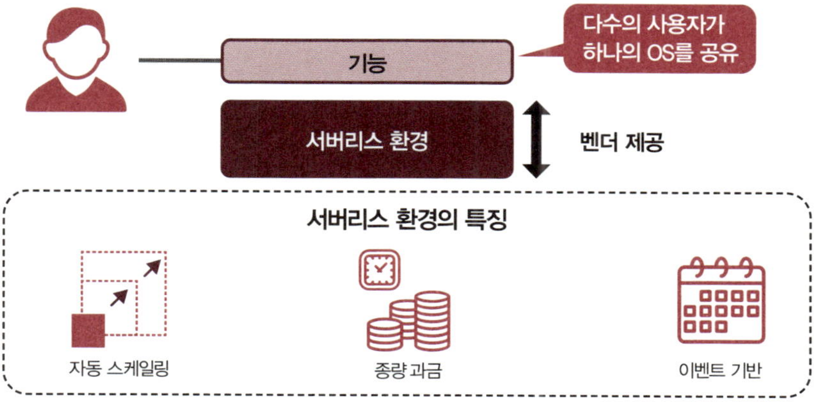

그림 6-10 클라우드의 서버리스 서비스의 종류

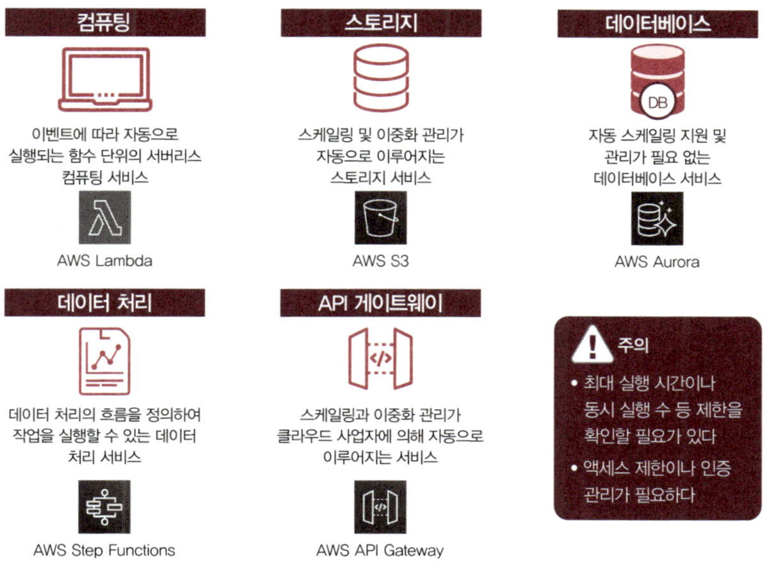

Point

- ✔ 서버 등의 인프라 장비를 클라우드 사업자가 관리함으로써 개발자는 애플리케이션 등의 개발에 집중할 수 있는 것이 서버리스 서비스의 큰 장점이다.
- ✔ 서버리스 서비스를 이용할 때는 접근 제어나 인증 등 보안 관리에 주의할 필요가 있다.

서버리스 컴퓨팅을 위한 경량 가상화 기술

Firecracker를 이용한 경량 가상화

AWS의 Lambda나 Fargate와 같은 서버리스 컴퓨팅의 기반 기술로 사용되는 Firecracker에 대해 소개합니다. 사용자는 서버의 존재나 관리를 의식하지 않고 이러한 컴퓨팅 서비스를 이용할 수 있습니다.

Firecracker는 AWS가 개발한 오픈소스 경량 가상화 기술로, **리눅스 커널상에서 동작하는 KVM(Kernel-based Virtual Machine) 기능을 기반으로 하며, 가상 머신을 시작할 때 필요한 리소스를 최소한으로 줄일 수 있습니다**. 크기가 작고 가벼워, 약 1초 만에 가상 머신을 시작할 수 있을 정도로 매우 빠른 부팅 속도를 자랑합니다. 빠르고 안전한 컨테이너 및 가상 머신 실행을 가능하게 하여, 현재 AWS의 서버리스 서비스(Lambda, Fargate 등)에서도 이용되고 있습니다(그림 6-11).

서버리스 환경을 어떻게 이용할 것인가?

서버리스 서비스에서는 **사용자가 물리 서버나 가상 서버를 관리할 필요가 없습니다.** 이러한 작업은 서비스 제공자 측에서 수행하며, **관리형 서비스로 제공됩니다. AWS Lambda, Azure Functions, Google Cloud Functions 등이 대표적입니다.**

사용자는 애플리케이션 실행에 필요한 리소스에 대한 비용만 지불하면 되므로, 비용을 절감할 수 있습니다.

서버리스 환경은 다음과 같은 과정을 거쳐 이용합니다(그림 6-12).

❶ 사용자는 애플리케이션 코드를 클라우드 벤더가 제공하는 서버리스 서비스에 업로드한다.

❷ 서비스가 애플리케이션 실행에 필요한 리소스를 자동으로 할당한다.

❸ 이후 자동으로 리소스가 추가되고 스케일링이 이루어진다.

그림 6-11 Firecracker의 스택 구성

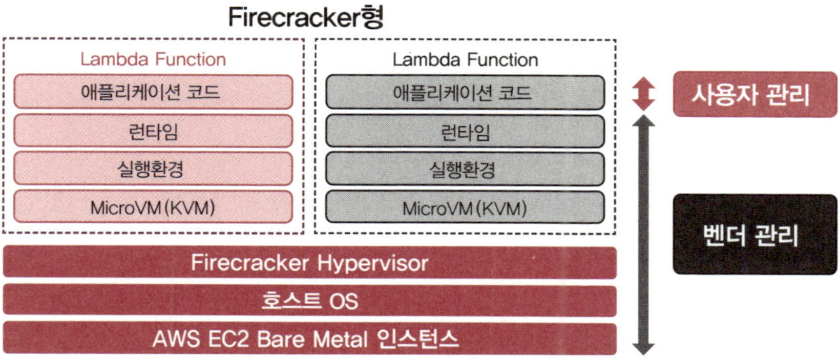

- 런타임과 실행 환경은 프로그램 실행에 필요한 요소로, 프로그램이 올바르게 작동하려면 적절한 런타임과 실행 환경이 제공되어야 한다
- 런타임은 라이브러리와 같은 소프트웨어 컴포넌트를 가리킨다
- 프로그램(애플리케이션 코드)이 실행될 때는 컴파일 및 빌드 등을 통해 생성된 실행 가능한 바이너리 코드가 특정 실행 환경에서 동작한다

그림 6-12 서버리스 환경이 작동하기까지

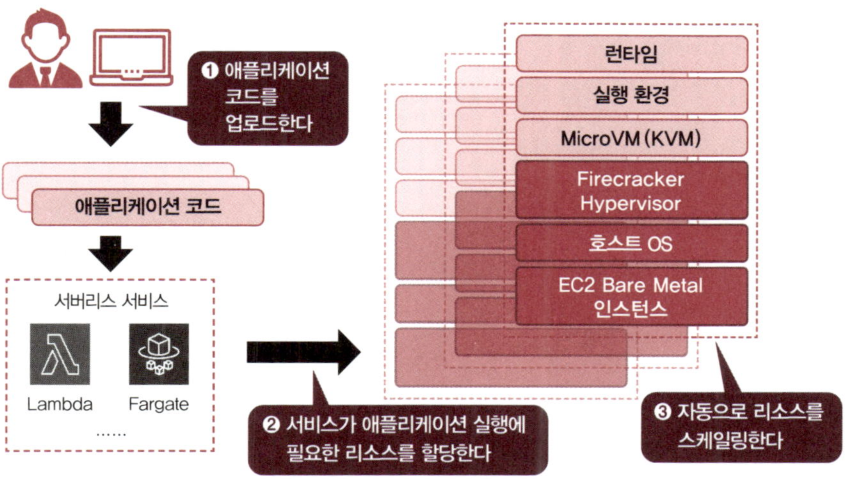

Point

- ✔ Firecracker는 KVM 가상화 기능을 기반으로 하여, 가상 머신을 시작할 때 리소스를 최소한으로 줄일 수 있다.
- ✔ 서버리스 서비스를 이용하면, 사용자는 서버 관리가 필요 없어진다.
- ✔ 각 클라우드 벤더에서 AWS Lambda, Azure Functions, Google Cloud Functions와 같은 관리형 서비스가 제공되고 있다.

» 클라우드의 데스크톱 가상화

클라우드에서 제공되는 데스크톱 가상화 서비스

5장에서는 PC 환경을 가상화하는 **데스크톱 가상화**에 대해 설명했습니다. **데스크톱 가상화는 클라우드 환경에서 그 장점을 효과적으로 누릴 수 있습니다**(그림 6-13).

첫 번째 장점은 관리 부담의 경감입니다. 하드웨어와 소프트웨어 도입, 운영, 자산 관리는 클라우드 서비스 벤더 측에서 전담하므로, 사용자는 이러한 관리 업무 부담으로부터 자유로워질 수 있습니다.

두 번째는 비용 측면의 장점입니다. 하드웨어나 소프트웨어를 구매하는 비용이나 관리를 위한 인건비를 절감할 수 있습니다. 다만, 클라우드를 이용할 경우에는 온프레미스 · 데이터센터의 경우와 비용을 비교 시뮬레이션해 볼 것을 권장합니다.

마지막으로, 클라우드형으로 전환할 때 얻을 수 있는 가장 큰 장점은 **보유한 물리 리소스의 제약으로부터 해방**된다는 점입니다. 데이터센터 서버의 물리 리소스 사용 상황에 따라 가상 데스크톱을 유연하게 늘리거나 줄일 수 있습니다.

라이선스 등을 유연하게 온디맨드 방식으로 이용할 수 있는 점 또한 소유하지 않고 이용하는 클라우드의 큰 장점입니다.

데스크톱 가상화를 제공하는 클라우드

각 클라우드 벤더가 제공하는 데스크톱 가상화에는 주로 다음과 같은 종류가 있습니다(그림 6-14).

- Amazon WorkSpaces(AWS)
- Microsoft Azure Virtual Desktop※(Microsoft)
- Google Cloud Virtual Desktop(Google)
- VMware Horizon Cloud(VMware)
- Citrix Virtual Apps and Desktops(Citrix)

※ Microsoft에서는 Windows 365도 제공하고 있다

그림 6-13 클라우드에서 데스크톱 가상화를 사용하는 장점

그림 6-14 주요 클라우드형 데스크톱 가상화 서비스

주요 서비스	특징
Amazon WorkSpaces	• AWS가 제공하는 데스크톱 가상화 서비스로, 클라우드상에서 가상 데스크톱 환경을 제공한다 • 사용자가 보유한 모든 디바이스에서 접속하여 이용할 수 있다 • 완전 관리형 서비스이기 때문에, 보안 및 성능 관리는 AWS가 담당한다
Microsot Azure Virtual Desktop	• Microsoft Azure에서 제공하는 데스크톱 가상화 서비스로, 윈도우 기반의 데스크톱 환경을 제공한다 • 사용자가 보유한 모든 디바이스에서 접속하여 이용할 수 있다 • 멀티 세션 기능을 갖추고 있어, 여러 사용자가 동일한 가상 머신을 공유할 수 있다
Google Cloud Virtual Desktop	• Google Cloud가 제공하는 데스크톱 가상화 서비스 • 완전 관리형 서비스로 제공되며, 구글이 보안 패치 및 업데이트 관리, 백업, 모니터링 등의 관리 작업을 대신하므로 사용자는 번거로운 관리 작업에서 벗어날 수 있다
VMware Horizon Cloud	• VMware가 제공하는 데스크톱 가상화 서비스로, VMware의 가상화 기술을 활용하여 가상 데스크톱 환경을 제공한다 • 동일한 VMware를 이용하여 온프레미스 데이터센터와 클라우드를 통합하는 하이브리드 클라우드 환경을 구축할 수 있다
Citrix Virtual Apps and Desktops	• Citrix가 제공하는 데스크톱 가상화 및 애플리케이션 가상화 솔루션

Point

✔ 데스크톱 가상화를 클라우드 환경에서 이용하면, 물리 리소스의 제약에서 벗어나는 등 일반적인 클라우드의 장점을 누릴 수 있다.

✔ 주요 대형 클라우드 벤더에서 데스크톱 가상화 기능을 제공하고 있다.

클라우드의 애플리케이션 가상화

클라우드에서 제공되는 애플리케이션 가상화 서비스

애플리케이션 가상화도 클라우드를 이용하면 다음과 같은 장점을 얻을 수 있습니다.

데스크톱 가상화에서 클라우드를 사용할 때 물리 리소스로부터의 독립이 주요 장점이었던 것처럼, 애플리케이션 가상화 역시 이 점이 가장 큰 장점입니다. 필요에 따라 물리 리소스를 추가하여 쉽게 확장할 수 있으므로, 사용자 수가 갑자기 늘어나는 상황에도 **유연하게 대처**할 수 있습니다. 또한, 애플리케이션을 추가하거나 삭제할 때 유연성도 향상되며, 필요한 리소스를 필요할 때 늘리거나 줄일 수 있어, 비용도 최적화(절감)할 수 있습니다.

어디서든 접속할 수 있는 클라우드 서비스를 이용하면(물론 철저한 보안 설계를 통해 접근을 제한하는 것은 필수), **사용자는 장소에 구애받지 않고 애플리케이션을 이용할 수 있습니다**. 코로나 사태로 인해 급증한 재택근무나 야외에서의 접속, 최근 트렌드가 되고 있는 **워케이션** 등에 대응할 수 있습니다(그림 6-15).

애플리케이션 가상화를 제공하는 클라우드 소개

애플리케이션 가상화도 각 클라우드 벤더에서 제공하고 있습니다. 주로 다음과 같은 서비스가 있습니다(그림 6-16).

- VMware ThinApp(VMware)
- Citrix Virtual Apps and Desktops(Citrix)
- Cameyo(Cameyo)
- Turbo.net(Turbo.net)

그림 6-15 클라우드형 서비스는 원격 근무나 워케이션에도 적합하다

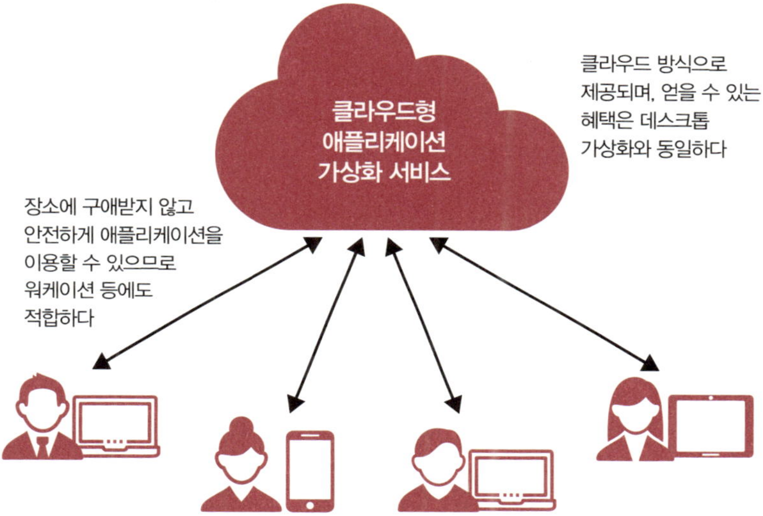

그림 6-16 주요 클라우드형 애플리케이션 가상화 서비스

주요 서비스	특징
VMware ThinApp	• VMware가 제공하는 애플리케이션 가상화 서비스로, 애플리케이션을 가상화하여 클라우드에서 배포 및 실행할 수 있다 • 애플리케이션의 종속성과 충돌 문제를 피해 다양한 환경에서의 호환성을 보장한다
Citrix Virtual Apps and Desktops	Citrix가 제공하는 데스크톱 가상화 및 애플리케이션 가상화 솔루션
Cameyo	• Cameyo가 제공하는 클라우드 기반의 애플리케이션 가상화 서비스 • 간단한 인터페이스와 사용 편의성이 특징이며, 개발자와 기업에 유연한 애플리케이션 배포 솔루션을 제공한다
Turbo.net	• Turbo.net이 제공하는 애플리케이션 가상화 서비스 • 애플리케이션의 원활한 배포 및 관리를 지원하며, 애플리케이션의 호환성과 보안을 확보할 수 있다

Point

✔ 애플리케이션 가상화를 클라우드로 이용하면 물리 리소스를 더욱 유연하게 운영하고, 비용을 최적화하며, 접근성 또한 높일 수 있다.

✔ 애플리케이션의 가상화 서비스를 제공하는 벤더는 다양하다.

해보자 ● 시스템 요구 사항에 맞는 최적의 AWS 서비스를 선택해 보자 ●

2장부터 5장까지는 온프레미스 환경의 가상화 방식과 이를 구현하는 제품을 소개했습니다. 6장에서는 클라우드 환경에서 제공되는 가상화 서비스의 종류, 특징, 이용 시 주의할 점을 중심으로 소개했습니다. 사용자는 시스템 요구 사항에 따라 적합한 클라우드 서비스를 선택하여 시스템을 구성해야 합니다.

아래에 몇 가지 시스템 요구 사항의 예를 들었습니다. 어떤 서비스가 최적인지 생각해 봅시다.

[요구 사항]

❶ 데이터베이스에 이용할 서버 OS 설정을 직접 관리한다.

❷ 데이터베이스에 매우 중요한 데이터를 보존한다.

❸ 데이터베이스 서버의 대용량 백업 데이터를 AWS에 2년간 보관한다.

[실현 방식(AWS 서비스 이용)]

❶ 데이터베이스 서버는 [   ]로 구축한다.

선택지: EC2 인스턴스, RDS 인스턴스, Aurora 인스턴스

❷ 데이터베이스 서버는 [   ] 네트워크로 구축한다.

선택지: 퍼블릭 네트워크, 프라이빗 네트워크

❸ 데이터베이스 서버의 백업 데이터를 [   ]에 보관한다.

선택지: 인스턴스, EBS, S3

※ 각 퍼블릭 클라우드 벤더는 자체 자격 시험을 실시합니다(예: AWS Certified Solutions Architect – Associate). 자격증 공부를 통해 클라우드 서비스에 대해 더욱 깊게 이해할 수 있습니다.

Chapter 7

가상화와 DX

가상화는 이렇게 DX에 활용된다

virtualization

» 유연성과 민첩성의 이점을 살린다 ① 확장하기·폐기하기

미니멈에서 시작하는 MVP

MVP(Minimum Viable Product, 최소 기능 제품)는 실용 가능한 최소한의 기능을 갖춘 제품을 의미합니다. 최소한의 기능으로 제품이나 서비스를 공개하고, 사용자의 반응을 확인하면서 **애자일 방식으로 개발**됩니다. 비유하자면, 처음에는 자전거를 만들고 점차 기능과 성능을 향상시켜 나가는 접근 방식입니다(그림 7-1).

이러한 방식으로 시스템을 개발할 경우, 처음에는 최소한으로 시작하므로 동작에 필요한 CPU와 메모리의 리소스 필요량도 적습니다. 하지만 사용자의 반응이 좋아 계속 기능을 추가하게 되면, 그에 맞춰 시스템의 리소스도 신속하게 늘려야 합니다. 이때 물리 서버라면 CPU나 메모리가 부족해질 때마다 구매 절차를 밟고 납품될 때까지 기다렸다가 증설하는 프로세스가 필요합니다. 상황에 따라서는 몇 주에서 몇 개월이 소요될 수 있습니다. 반면, 가상화 환경이라면 파라미터 설정값을 변경하는 것만으로 CPU나 메모리 용량을 늘릴 수 있습니다(예상했던 리소스가 불필요하면 줄일 수도 있습니다).

이러한 점에서, **MVP에서 출발해 점진적으로 확장하거나 애자일 개발 방식처럼 시스템을 지속적으로 발전시키는 방법은 가상화와 높은 친화성**을 보입니다.

변경하지 않는 불변 인프라 환경

불변 인프라 환경(Immutable Infrastructure Environment)을 이용한 운영에도 가상화 환경은 적합합니다. 일반 시스템 환경은 만든 후에 업데이트나 변경을 통해 새로운 상태로 변화하지만, 불변 인프라의 개념에서는 한 번 만든 환경은 변경되지 않습니다. 시스템에 변경 사항이 생기면 새로운 리소스를 만들고, 필요한 동작 확인이 완료되면 새로운 환경으로 실제 운영 환경을 전환합니다. 그리고 기존 환경은 더 이상 사용하지 않게 된 시점에 폐기합니다(그림 7-2).

이처럼 **새로운 머신을 만들고 오래된 머신을 폐기하는 작업을 자주 반복하는 운영 방식에서는 가상화 환경이 매우 적합**하다고 할 수 있습니다.

그림 7-1 MVP를 탈것에 비유하면…

그림 7-2 불변 인프라 환경을 이용한 시스템 운영

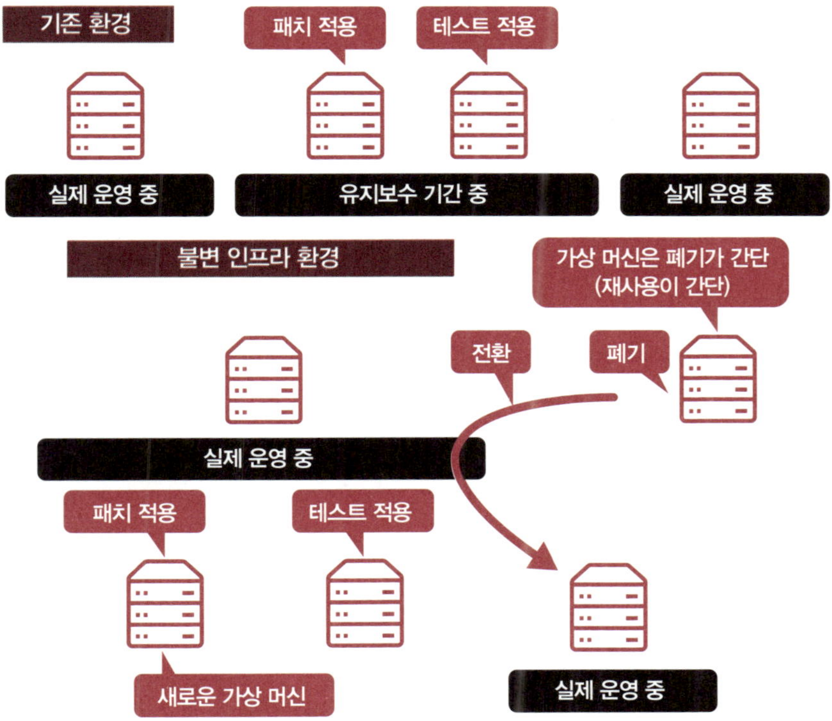

Point

- ✔ 작게 만들어서 성장시키는 MVP나 애자일 방식 개발 기법은 가상화 환경과 친화성이 높다.
- ✔ 생성과 폐기를 반복하는 불변 인프라도 가상화 환경과 친화성이 높다.

유연성과 민첩성의 이점을 살린다 ② DX에 효과적인 가상화

DX란 무엇인가?

DX는 디지털 트랜스포메이션(Digital Transformation)의 줄임말입니다. 디지털 트랜스포메이션은 무엇을 의미할까요?

그동안 IT를 활용해 기업이나 조직의 업무를 효율화하는 것을 가리켜 'IT화'나 '**디지털화**'라는 용어를 사용해 왔습니다. 그러나 DX는 이들과는 다른 의미를 가집니다. DX와 비슷한 개념으로 '**디지털라이제이션**'이 있는데, DX는 거기서 더 나아가 **IT를 활용해 비즈니스 모델이나 기업 및 조직의 프로세스(때로는 조직 문화까지)를 혁신(트랜스포메이션)하는 것**을 의미합니다(그림 7-3).

구체적으로 말하자면, IoT, 블록체인, 그리고 최근 활발해지고 있는 AI와 같은 기술을 활용하여 고객 경험(Customer Experience)을 향상시키거나 새로운 사업을 창출하는 것입니다. 치열한 경쟁에서 살아남기 위한 혁신을 실행하고 새로운 가치를 창조하기 위해서 DX는 빼놓을 수 없는 중요한 과제가 되고 있습니다.

왜 가상화 기술이 DX에 효과적일까?

DX는 디지털 기술을 통해 새로운 가치를 창출하고, 기존의 틀을 넘어선 변화와 시스템 혁신을 추구하는 활동입니다. 하지만 이러한 혁신적인 시도들은 **명확한 성공 공식을 찾기 어렵습니다**. 많은 노력을 기울였음에도 불구하고, 사용자에게 외면받거나 실질적인 효과를 내지 못하는 시스템으로 끝나는 사례가 적지 않습니다. 반대로 상상 이상의 수요가 발생하여 당초 생각했던 시스템으로는 감당하지 못하는 상황이 생기기도 합니다.

이러한 시스템을 구축할 때에는 **유연성과 민첩성이 높은 가상화 기술을 활용한 환경이 효과적**입니다. DX를 위한 시스템에도 가상화 환경(클라우드 환경 포함)은 적합합니다(그림 7-4).

그림 7-3 디지털 활용 수준의 단계

명칭	일반적인 의미
IT화	PC와 연결하는 네트워크를 도입하여 업무 효율화와 정보 공유를 촉진한다
디지털화	아날로그 데이터를 디지털 데이터로 변환하여, IT상에서 업무를 수행할 수 있도록 한다
디지털라이제이션	• IT를 활용하여 새로운 비즈니스와 서비스를 창출하는 것 • 모바일 단말기를 이용한 애플리케이션 및 빅데이터를 활용한 서비스 제공 등
DX	• IT를 활용하여 비즈니스 모델과 기업-조직의 프로세스(경우에 따라서는 문화까지)를 변화시키는 것(트랜스포메이션) • IT화, 디지털화, 디지털라이제이션을 전제로 한 더욱 발전적인 접근이 될 수 있다

그림 7-4 가상화 환경이 DX에 최적인 이유

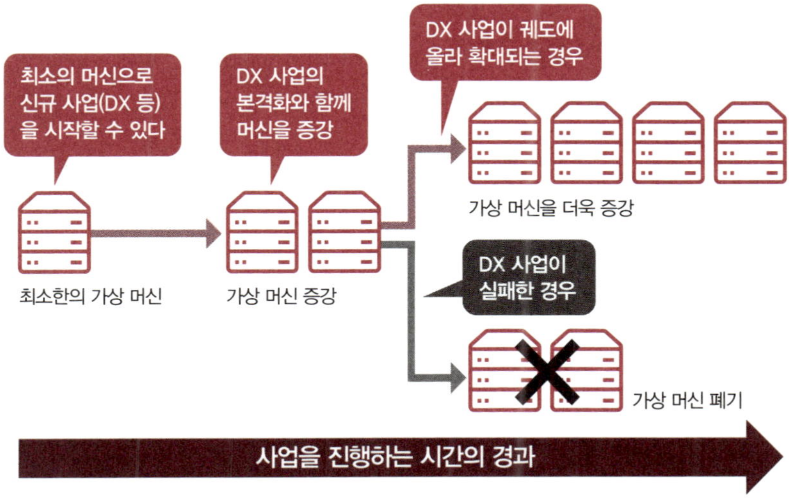

Point

- ✔ DX는 기존 업무의 효율화 및 디지털화에 그치지 않고, 기업 및 조직의 비즈니스 모델을 새롭게 창조하거나 혁신하는 것을 의미한다.
- ✔ DX를 추진할 때는 예측하기 어려운 환경에서 시스템을 구축해야 하므로, 높은 유연성과 신속성을 갖춘 가상화 환경이 적합하다.

DX에 사용하기 ① 버스트에도 대응할 수 있다

서버 가상화로 시스템의 유연성을 높인다

서버를 가상화하면 시스템의 **유연성**을 높일 수 있습니다. 하나의 물리 서버에서 여러 가상 머신을 운영하는 가상화 기술을 통해 물리 서버에 탑재된 자원의 낭비를 최소화하고 효율적으로 활용할 수 있기 때문입니다.

가상 머신에는 각각 독립된 OS가 설치되어 있기 때문에, 시스템의 기능 개선이나 추가, 업데이트를 다른 가상 머신과 분리하여 수행할 수 있습니다(그림 7-5). 이런 특성은 **마이크로서비스 아키텍처(MSA) 등 DX 계열 시스템에서 많이 사용되는 아키텍처와 특히 궁합이 잘 맞습니다**. 각 업무 기능과 가상 서버를 마이크로서비스로 분리함으로써, 일부 업무 기능만을 대상으로 유지보수를 할 수 있게 됩니다. 또한, 해당 기능에 대해서만 할당 리소스를 증감하는 것도 가능합니다.

가상화의 장점 중 하나로 백업의 용이성도 들 수 있습니다. 시스템을 변경하는 경우에는 변경 전후의 상태를 확보하기 위한 백업이 필수입니다(불변 인프라 방식을 사용하는 경우는 제외).

또한, 가동하는 물리 호스트 서버를 변경할 수 있는(이동할 수 있는) 특성도 있습니다. 이런 특성은 시스템 마이그레이션이나 재해 발생 시 백업 사이트로 전환해야 하는 상황에서 그 위력을 발휘합니다.

버스트 대응

가상화 기술로 구축된 인프라는 리소스를 여러 가상 머신이 공유하여 사용하기 때문에, 유연한 분배 제어를 통해 갑작스러운 고부하(**버스트**, Burst) 상황에도 비교적 강한 특성을 보입니다. 다만, **버스트 발생 시에는 충분한 리소스가 준비되어 있고 여유가 있어야 합니다.** 그렇지 않으면 버스트가 발생했을 때 다른 가상 머신에도 악영향을 미칠 수 있습니다(그림 7-6).

그림 7-5 서버 가상화로 유연성이 높아지는 이유

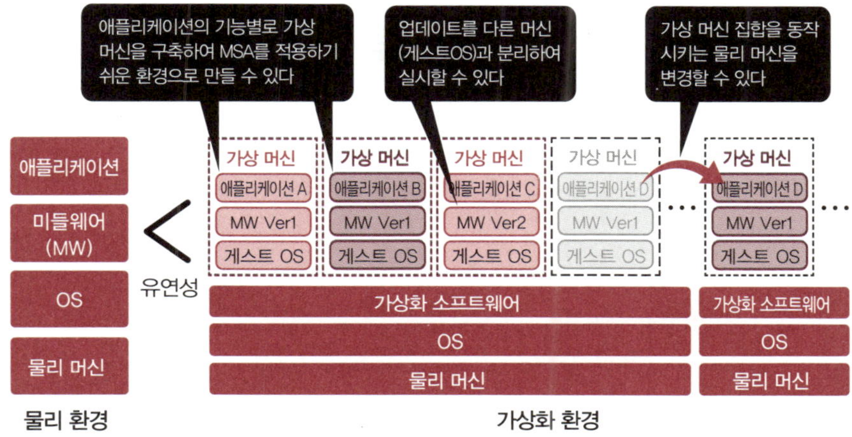

그림 7-6 버스트 대응 구조

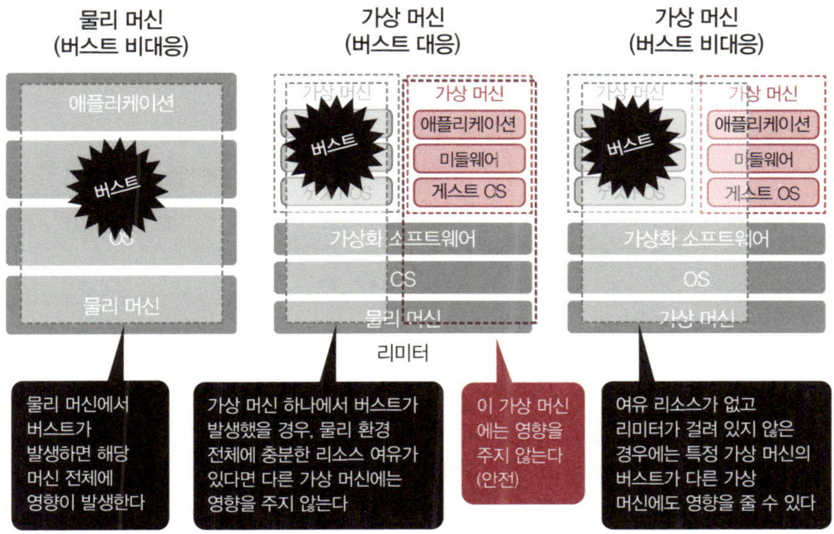

Point

- ✔ 가상화를 도입하면 운영 방식이나 시스템을 변경할 때 유연하게 대응할 수 있다.
- ✔ 가상화는 마이크로서비스 아키텍처와 잘 어울린다.
- ✔ 버스트에 대응하기 위해서는 여유를 두고 리소스를 확보할 필요가 있다.

» DX에 사용하기 ② 애자일 방식으로 필요할 때 할당한다

필요 없으면 버린다

VUCA 시대에 위험을 줄이면서 치열한 경쟁을 이어가기 위해서는 지금까지 정석으로 여겨졌던 **워터폴 방식** 개발 프로세스로 방대한 시스템을 구축하는 것은 바람직하지 않습니다. 현재는 작게 시작하여 빠르게 릴리스한 뒤, 사용자 반응을 확인하면서 진행하는 **애자일 방식**(7-8절) 개발 프로세스가 트렌드입니다(그림 7-7).

작게 시작해 점차 키워 나가는 방식에는 시스템(서버)의 사양을 유연하게 조정할 수 있는 가상화 기술이 적합하다는 점은 앞에서 이미 설명했습니다.

여기서는 또 다른 장점에 대해 말해 보겠습니다. 치열한 경쟁하에서는 다른 시스템에 밀리거나, 성급하게 만들어져 수요가 거의 없는(사용되지 않는 시스템을 만들어 버린) 상황도 충분히 발생할 수 있습니다. 그러한 경우에 물리 환경의 시스템이라면 장비를 이미 구매했기 때문에, 일정 기간 동안 계속 사용하거나 다른 시스템으로 전용해야 합니다. 하지만 필요한 사양과 남은 물리 서버 사양이 일치할 가능성은 높지 않기 때문에, 결과적으로 유휴 자산이 되어 버리는 경우가 있습니다.

7-1절과 7-2절에서 설명한 바와 같이 **가상화 환경에서 생성한 가상 머신은 필요 없어지면 간단한 조작으로 삭제할 수 있습니다**. 간편하게 버릴 수 있다는 것은 가상화 인프라의 큰 장점이라 할 수 있습니다.

서버 풀을 만들어 두고 신청하면 바로 사용할 수 있는 머신

풀(pool)이란 가상화 기술 분야에서 물리 호스트 서버에 탑재된 CPU, 메모리 등의 시스템 리소스를 하나의 큰 자원 그룹으로 묶은 것을 의미합니다. 풀을 사용할 수 있는 멤버는 풀에서 필요한 리소스를 할당받아 사용할 수 있습니다. 이때, **리소스 할당을 워크플로 신청 방식으로 운영하거나 할당 작업 자체는 자동화하는 것이 일반적**입니다.

그림 7-7 워터폴 방식 개발과 애자일 방식 개발

그림 7-8 서버 풀에서 가상 머신을 할당받는 흐름

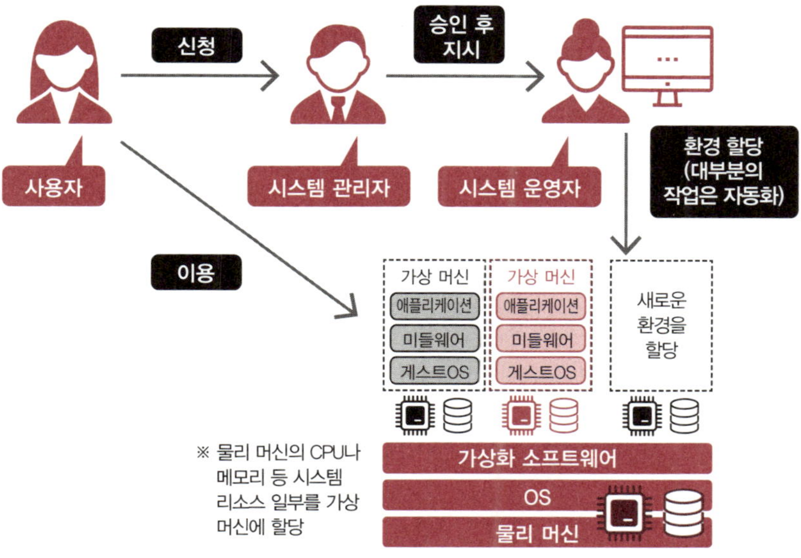

Point

- ✔ 가상 머신은 쉽게 삭제할 수 있으므로, 개발 위험성과 유휴자산을 줄일 수 있다.
- ✔ 가상 서버 할당은 워크플로 신청 방식을 통해 자동화하는 것이 일반적이다.

» DX에 사용하기 ③ 빅데이터를 다룬다

데이터는 미래의 석유

'데이터는 새로운 석유가 될 것이다'라는 말은 이미 오래된 이야기입니다. 이는 데이터가 앞으로 새로운 가치를 창출하는 핵심 자원이 될 것임을 뜻합니다. 실제로 데이터는 다음과 같은 분야에서 활용되고 있습니다(그림 7-9).

- AI 학습 데이터
- 경영 분석 및 비즈니스 인텔리전스
- 고객 관리(구매 동향 분석 등)
- 일기 예보 및 재해 예측

빅데이터라고 불리는 방대한 데이터를 축적할수록 더 정확하고 유용한 정보를 만들어 낼 가능성이 높아집니다. 하지만, **데이터를 단순히 쌓아 놓기만 해서는 도움이 되지 않습니다. 축적한 데이터를 가공하고 분석해야 비로소 활용할 수 있는 상태가 됩니다**. 데이터를 어떻게 가공하고 활용할지를 연구하는 '데이터 사이언티스트'의 역할이 주목받는 것도 바로 이 때문입니다.

데이터를 축적해서 활용하기 위한 데이터 활용 인프라

위에서 설명한 바와 같이, 다양한 서비스 제공이나 경영 분석 등에서 데이터 활용이 매우 중요해지고 있습니다. 이에 따라, **데이터를 축적하고 분석하기 위한 IT 시스템에 대한 수요도 증가하고 있습니다**. 이러한 IT 시스템은 일반적으로 '**데이터 활용 인프라**'로 불리며, 이를 통해 조직이나 기업이 데이터를 수집 · 축적 · 가공 · 분석 · 시각화합니다. 데이터 활용 인프라가 이러한 기능들을 구현하지만, 최근에는 AWS와 같은 클라우드 서비스를 이용하는 사례도 점점 증가하고 있습니다(그림 7-10).

데이터는 계속해서 축적되고 시간이 지남에 따라 규모도 커지기 때문에, 리소스를 유연하게 확장할 수 있는 가상화 인프라나 클라우드 인프라가 적합합니다.

그림 7-9 빅데이터는 어떻게 수집되고 어떻게 활용되는가?

그림 7-10 데이터 활용 인프라의 기능과 데이터의 흐름

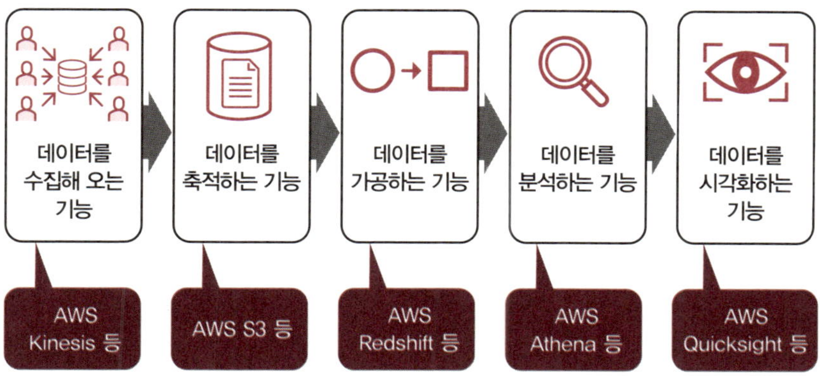

Point

- ✔ 데이터는 단순한 축적만으로는 의미가 없으며, 활용 기술이 뒷받침되어야 한다.
- ✔ 조직이나 기업에서 업무 개선에 필요한 데이터를 축적하고 분석하는 데이터 활용 인프라가 중요한 IT 시스템이 되고 있다.

DX에서의 활용 포인트 ① 인프라 관리 자동화

어떤 일을 자동화할 수 있을까?

DX 시대에는 '업무'가 곧 '시스템'이 되면서, 시스템의 수가 급격히 증가하고 있습니다(그림 7-11). 이러한 상황에서 전통적인 방식으로 **사람의 손을 거쳐 시스템을 구축하고 운영하는 것은 비효율적**이며, 시장이 요구하는 속도를 따라가기도 어렵습니다. 또한, IT 업계의 복잡성과 규모는 점점 커지고 있는 반면, 국내 엔지니어 인력은 감소하고 있어 인력 부족 문제가 심화되고 있습니다.

이러한 문제를 해결하기 위해서는, 운영을 자동화하여 기계에 맡기는 것이 효과적입니다. 자동화를 하려면 작업을 프로그래밍하여 소프트웨어로 실행해야 하는데, 리소스를 소프트웨어로 정의하는 가상화 인프라는 **자동화**와 친화성이 높습니다.

일반적으로 이루어지는 자동화 작업 몇 가지를 예로 들겠습니다.

- 서버 구축(서버 할당이나 OS 및 미들웨어 설정을 포함)
- 애플리케이션 테스트
- 구성 변경(애플리케이션 공개를 포함)
- 시스템 운영(모니터링이나 알림, 작업 실행 등)

자동화의 장점

자동화에는 다음과 같은 많은 장점이 있습니다(그림 7-12).

- **품질 향상**: 사람의 실수가 줄고, 품질을 확보하는 데 드는 시간과 노력이 줄어들 것으로 기대할 수 있다.
- **속도 향상(생산성 향상과 비용 절감)**: 대량 작업 실현과 인건비 절감으로 비용을 절약할 수 있다.
- **시간의 효율적인 활용**: 야간이나 24시간 작업을 계속하는 등 효율적으로 시간을 쓸 수 있다.
- **재현성 확보**: 프로그램을 이용하면, 누가 언제 실행하더라도 동일한 결과를 낼 수 있다.

그림 7-11 IT가 비즈니스 자체가 된다

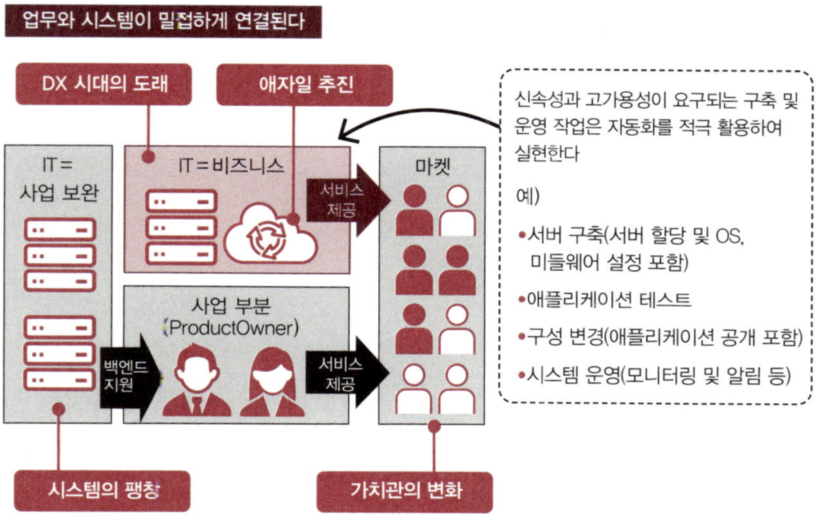

그림 7-12 자동화로 얻을 수 있는 장점은 많다

	수동으로 실시하는 경우	자동화한 경우
품질	두 사람이 함께 확인하는 체제로 작업을 진행하는 등 많은 노력을 투입해야 품질을 보장할 수 있다	자동화한 부분은 사람이 실수할 걱정이 없어 품질 확보에 투입되는 시간과 인력을 절감할 수 있다
속도	사람이 오퍼레이션이나 처리를 수행하는 속도에 의존한다	• 컴퓨터 처리 속도에 의존한다 • 대량의 작업을 인건비를 절감하면서 처리할 수 있다
시간제약	• 업무 시간대가 제한된다 • 글로벌 거점이 있는 경우에는 시차를 이용한 24시간 체제도 가능하다	컴퓨터는 잠을 잘 필요가 없기 때문에 시간적 제약이 없다
재현성	특정인에게 의존하는 작업이나 사람의 개입으로 인해 매번 동일한 처리가 보장되지 않는다	동일 프로그램, 동일 데이터라면 언제 누가 실행해도 같은 결과를 얻을 수 있다

Point

- ✔ 시스템이 복잡화 및 대규모화되어 인력에만 의존하기에는 한계가 있다.
- ✔ 자동화에는 품질, 속도 향상, 시간의 효율적 활용, 재현성 확보와 같은 다양한 장점이 있다.

DX에서의 활용 포인트 ② 클라우드로 전환하기

클라우드 이전 친화성

온프레미스(데이터센터형 포함)에서 운영하던 시스템을 클라우드로 이전할 때는 **사전에 온프레미스 환경에서 가상화해 두는 것이 편리합니다**. 클라우드로 이전하는 방법으로는 다음과 같은 방식이 있습니다(그림 7-13).

클라우드 리프트

온프레미스에서 채택했던 아키텍처 그대로 클라우드 인프라로 이전하는 방법입니다. 온프레미스에서 사용하던 가상 머신 이미지를 클라우드 인프라에 업로드해서 시작합니다.

클라우드 시프트

PaaS나 SaaS와 같은 클라우드 벤더가 제공하는 관리형 서비스를 아키텍처에 도입하여 이전하는 방식입니다. 클라우드 네이티브 설계 사상을 바탕으로 재구축하며, 애플리케이션은 클라우드 서비스를 이용한다는 전제하에 일부 새로 만들어야 합니다. 클라우드 리프트에 비해 초기 애플리케이션 수정 비용은 증가하지만, 가동 후에는 클라우드의 장점을 더 많이 누릴 수 있습니다.

온프레미스와 클라우드 간의 이식성 향상

온프레미스와 클라우드 간의 **이식성**을 더욱 높이는 운영 기법으로, **온프레미스와 클라우드에서 동일한 가상화 기술(제품)을 사용하는 방법이 있습니다**. 예를 들어, 하이브리드 클라우드 서비스인 'VMware Cloud on AWS'를 이용하면 온프레미스와 클라우드 모두에서 동일한 가상화 인프라인 VMware를 운영할 수 있어, 통합 관리가 가능해집니다(그림 7-14).

그림 7-13 클라우드 이전 패턴

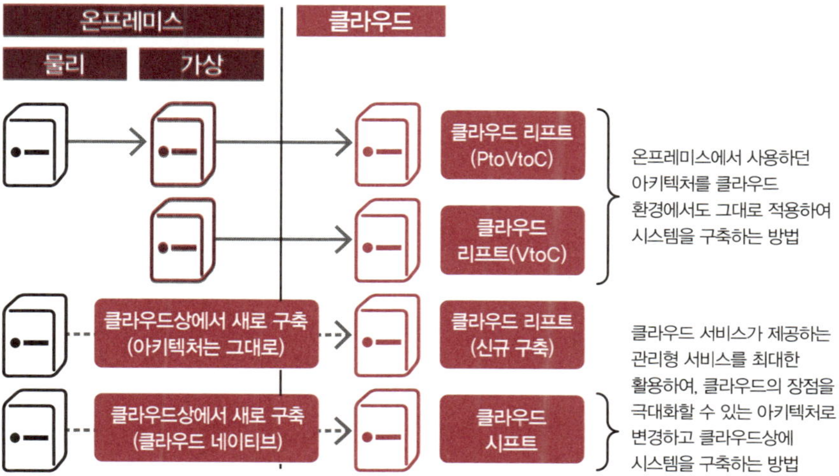

그림 7-14 VMware Cloud on AWS의 기본적인 구성

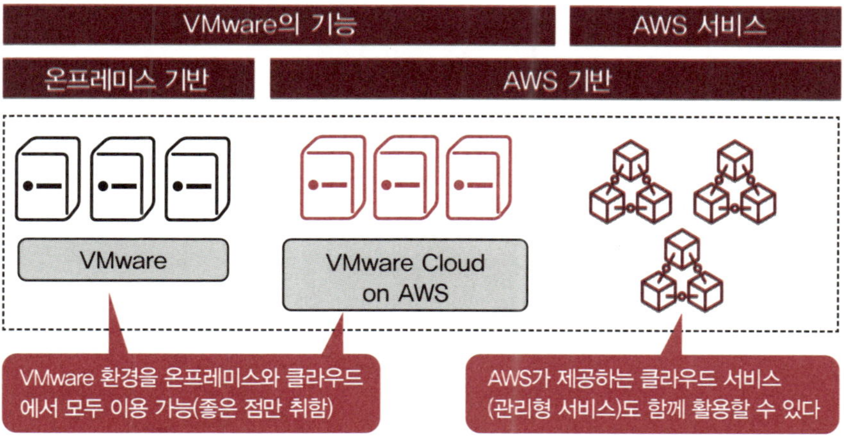

Point

- ✔ 가상화 환경은 클라우드 환경으로 전환하기 쉽다.
- ✔ 클라우드로 전환하는 방법은 크게 클라우드 리프트와 클라우트 시프트로 나눌 수 있다.
- ✔ 온프레미스와 클라우드에서 같은 가상화 기술을 사용해 통합 관리할 수 있다.

DX에서의 활용 포인트 ③ 개발 방법

PoC 환경으로 가상화 기반 활용하기

PoC는 Proof of Concept의 줄임말로, 개념 검증이라는 뜻입니다. 앞으로 만들고자 하는 것, 아이디어, 또는 도입하려는 기술 등이 실현 가능한지 사전에 검증해 보는 것을 가리킵니다(그림 7-15). 기술적 실현 가능성을 확인하는 것뿐만 아니라 시장에서 받아들여질지 여부를 조사할 때도 이 방법이 사용되는 경우가 있습니다.

PoC에 사용하는 IT 시스템 시험 환경은 간편하게 구축할 수 있고 필요 없어지면 쉽게 폐기할 수 있는 가상화 기반이 적합합니다. 가상화 기반으로 운영하면 PoC를 진행하는 기간 동안만 가상 머신을 할당하고, 검증이 끝나면 반납할 수 있습니다. 검증 기간 동안 항상 켜둘 필요가 없는 경우, 예를 들어 낮 시간대만 가동하는 것도 가능합니다. 이는 PoC 환경뿐만 아니라, **다른 검증 환경이나 개발 환경에서도 적용할 수 있는 운영 방법**입니다.

애자일 개발 시 가상 환경 활용하기

애자일 개발은 소프트웨어 개발 방법론 중 하나입니다. 기존의 워터폴 개발과는 달리, 짧은 기간 동안 작은 결과물을 반복적으로 만들고(개발하고), 고객이나 이해관계자의 피드백을 반영하면서 이후의 개발을 진행해 나가는 방법입니다(그림 7-16).

궤도 수정이 용이하다는 점에서 **유연성이 높고** 변경에 대응하기 쉽다는 것이 특징이며, 이러한 특징 덕분에 **가상화 환경과의 친화성이 매우 높습니다**.

애자일 개발에서는 다수의 개발 및 테스트 환경이 필요하거나, 새로운 환경이 갑작스럽게 추가로 요구되는 일이 잦습니다. 이때 가상화 환경은 새로운 환경을 손쉽게 구축하고 불필요해진 환경을 간편하게 삭제할 수 있어, 애자일 개발에서 중요한 역할을 담당합니다.

그림 7-15 PoC로 콘셉트를 검증한다

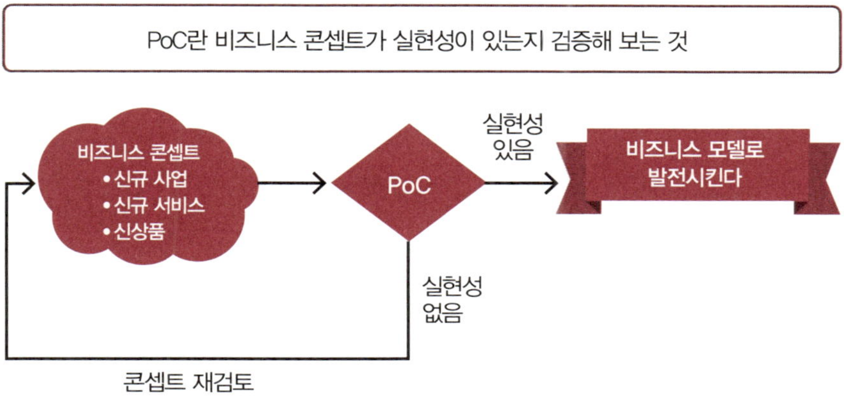

그림 7-16 애자일 개발은 단기간에 개발을 반복한다

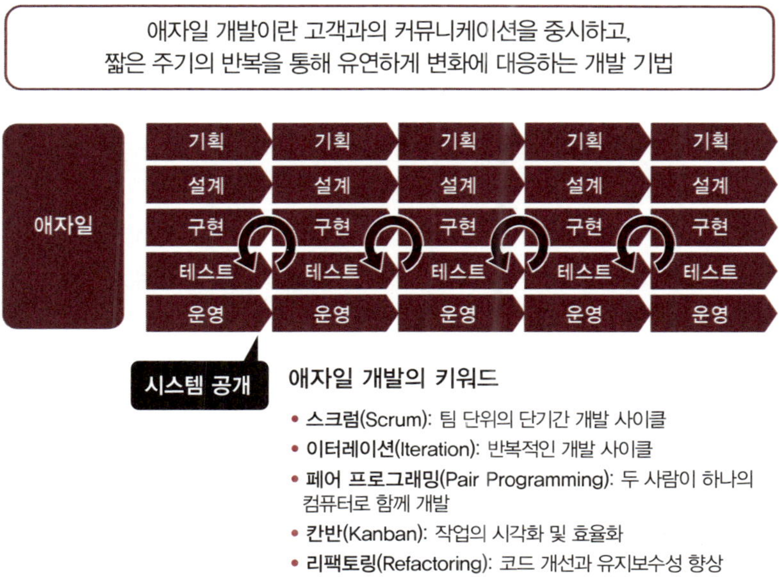

Point

- ✔ PoC나 검증 및 개발 환경으로는 가상화 기반이 적합하다.
- ✔ 애자일 개발은 워터폴 개발을 대신하는 유연성이 뛰어난 개발 기법으로, 그 유연성을 살릴 수 있는 가상화 환경과의 친화성이 높다.

해보자 ● 주변에서 볼 수 있는 서비스는 어떻게 동작할까?

7장에서는 가상화와 클라우드 기술이 DX(디지털 트랜스포메이션)를 위한 시스템과 잘 맞는다는 점을 설명했습니다. 우리 주변에서 볼 수 있는 DX의 예는 다음과 같습니다.

- **AI 어시스턴트**: AI를 활용한 챗봇이 매장 내 문의나 온라인 쇼핑 시 어시스턴트로 활용됩니다.
- **스마트 시티**: 도시 전체를 IoT 디바이스 등으로 디지털 관리하고 에너지 효율화와 교통 혼잡 해소를 실현합니다.

디지털 트랜스포메이션(DX)을 실현하기 위한 시스템은 어떻게 사용되고 있는지, 구체적인 예시를 아래에 제시합니다.

- **클라우드 기반**: 클라우드 기반 시스템은 유연성과 확장성이 뛰어나 DX 요구 사항에 적합합니다. 클라우드에 애플리케이션과 데이터를 배치하면 리소스를 효율적으로 이용하고 편리하게 접근할 수 있습니다.
- **빅데이터 기반**: 빅데이터 분석 및 활용을 위한 플랫폼은 DX의 중요한 요소이며, 비즈니스 의사 결정이나 고객 행동 예측에 활용할 수 있습니다. 이러한 시스템은 대량의 데이터를 수집, 가공, 처리하고 시각화하는 도구를 제공합니다.
- **IoT 기반**: IoT 기기의 보급으로 IoT 기기의 센서로부터 수집되는 데이터를 활용한 새로운 비즈니스 모델이 만들어지고 있으며, DX에 IoT 시스템이 활용되는 사례가 늘고 있습니다.

여러분 주변에서 생겨난 새로운 서비스 이면에도 이와 같은 시스템이 작동하고 있을 것입니다. 거리 곳곳이나 인터넷에 있는 서비스가 어떤 시스템에 의해 지원되고 있는지 꼭 상상해 보시기 바랍니다.

Chapter 8

가상화 환경 다루기

구성 파일로 가상화 환경을 제어한다

virtualization

» 소프트웨어로 정의한다

소프트웨어 정의의 개념

소프트웨어 정의(Software Defined)는 서버, 네트워크, 스토리지 등 **하드웨어의 기능을 소프트웨어로 제어하고 관리하는 개념**입니다. 기존에는 하드웨어와 소프트웨어가 밀접하게 연관되어 있어 인프라에서 구현할 수 있는 기능이 하드웨어의 제약을 받았지만, 소프트웨어 정의 기술이 도입되면서 두 요소를 분리해 관리할 수 있게 되었고, 더욱 유연하고 신속하게 대응할 수 있게 되었습니다.

소프트웨어 정의와 IaC

IaC(Infrastructure as Code)란 **인프라를 코드(스크립트나 설정 파일)로 취급하여, 자동화 도구와 프로세스를 활용해 인프라 환경을 프로비저닝하고 구축 및 관리하는 방법입니다**. 소프트웨어 정의 네트워크(SDN)나 스토리지 등의 리소스를 IaC 코드로 관리하고 제어함으로써, 필요 시 자동으로 인프라를 구축할 수 있습니다(그림 8-1). 코드 기반이므로 인프라의 상태를 추적하고 관리하기 용이하며, 재사용 가능한 템플릿을 활용해 작업 효율성을 높일 수 있습니다.

클라우드 환경에서는 리소스의 가변성이 높고, 대규모 시스템을 신속하게 구축하고 운영해야 하므로 소프트웨어로 정의하고 자동화하는 것이 특히 중요해졌습니다.

소프트웨어 정의를 활용할 때 주의할 점

소프트웨어 정의를 활용할 때는 보안 대책과 접근 제어, 네트워크의 적절한 설정, 성능에 병목이 발생하지 않도록 리소스를 적절히 배치하는 등의 고려가 필요합니다(그림 8-2).

그림 8-1 소프트웨어 정의 리소스를 IaC로 관리 및 제어한다

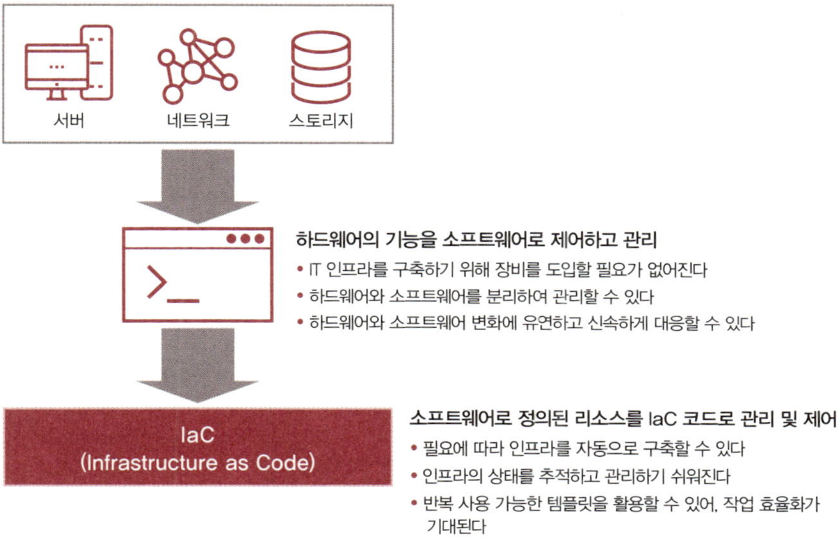

그림 8-2 소프트웨어 정의를 활용할 때 주의할 점

클라우드 환경에서는 리소스의 가변성이 높고, 대규모 시스템을 신속하게 구축하고 운영해야 하므로, 소프트웨어 정의와 자동화가 특히 중요!

※보안 대책 및 접근 제어, 네트워크의 적절한 설정, 성능에 병목이 발생하지 않도록 리소스를 배치한다

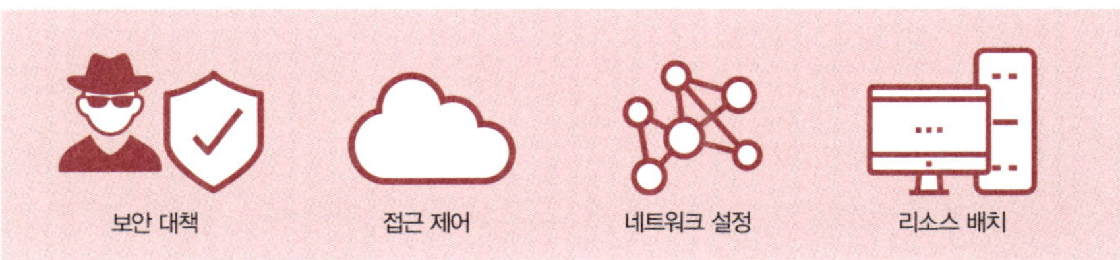

Point

- ✔ 소프트웨어 정의란 하드웨어의 기능을 소프트웨어로 제어하고 관리하는 개념이다.
- ✔ IaC란 인프라 환경을 코드로 프로비저닝, 구축, 관리하는 방법이다.
- ✔ 소프트웨어 정의 리소스를 IaC 코드로 관리, 제어함으로써 클라우드 환경에 유연하게 대응할 수 있다.

가상화된 인프라를 제어한다

IaC 원칙

IaC(코드형 인프라)에는 몇 가지 원칙이 있습니다(그림 8-3).

첫 번째는 코드를 이용해 **인프라 구축의 자동화와 재현성을 실현하는 것**입니다. 두 번째는 명확한 명명 규칙 등을 통해 **코드의 가독성과 인프라의 유지보수성을 확보하는 것**입니다. 세 번째는 코드를 모듈화함으로써 **코드의 재사용성을 향상시키는 것**입니다. 네 번째는 코드의 변경 이력이나 버전을 관리함으로써 **문제를 조기에 발견하고 수정하기 쉽게 만드는 것**입니다.

IaC의 리소스 정의와 구성

IaC의 리소스 정의와 구성 절차는 다음과 같습니다(그림 8-4). 먼저, 구축할 리소스를 결정하고 IaC 템플릿에 해당 리소스의 종류, 이름, 속성 등을 기술합니다. 다음으로, 템플릿에서 사용할 파라미터와 변수를 정의하고, 리소스의 프로비저닝 및 구성을 템플릿에 기술합니다.

리소스를 정의하고 구성할 때에는 리소스 간 의존성를 정의해야 하므로 이에 주의해야 합니다. 예를 들어, AWS 환경의 서브넷과 라우팅 테이블을 연결하는 부분은 코드로 정의해야 할 필요가 있습니다.

IaC 테스트 전략

IaC 코드의 품질 향상과 문제 조기 발견 등을 실현하기 위해서는 적절한 테스트 전략이 중요합니다. 각 리소스가 의도대로 설정되었는지 확인하는 단위 테스트 외에도, 리소스 간의 동작을 확인하는 결합 테스트, 시뮬레이션 환경에서 수행하는 배포 테스트, 보안 테스트 등이 필요합니다. 테스트 외에도 배포 시 문제가 발생할 경우를 대비해 롤백 계획을 수립하고, 구축한 인프라를 모니터링하는 것도 중요합니다(그림 8-5).

그림 8-3 IaC의 네 가지 원칙

그림 8-4 IaC의 리소스 정의 및 구성 절차

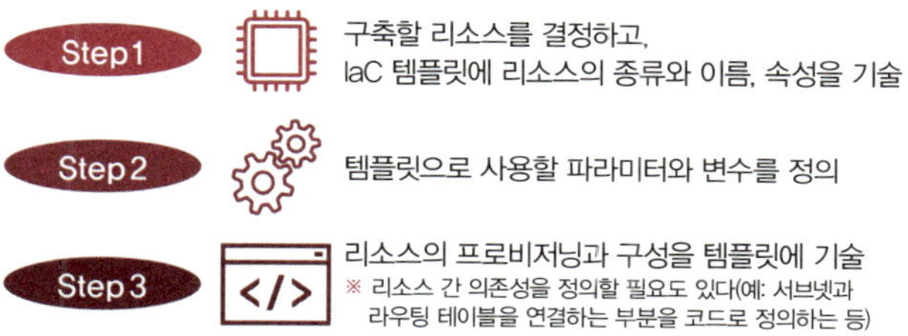

그림 8-5 IaC의 테스트 전략

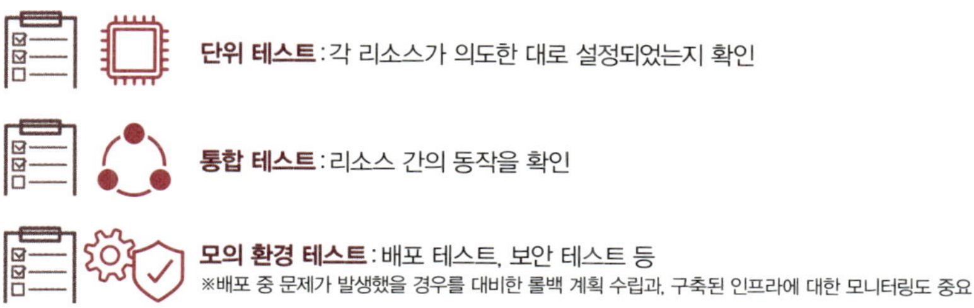

Point

- ✔ IaC 활용 시 자동화와 재현성, 가독성과 유지보수성, 재사용성, 문제 조기 발견과 수정이라는 4가지 원칙이 있다.
- ✔ 리소스 정의 및 구성 시 리소스 간 의존성을 정의할 필요가 있다.
- ✔ IaC 코드의 품질 향상, 문제 조기 발견 등을 실현하기 위해 적절한 테스트 전략이 필요하다.

» 필요할 때 만들고 필요 없어지면 버린다

온디맨드 가치관

기존의 온프레미스 환경에서는 모든 인프라 장비가 기업에 매우 중요한 존재입니다. 인프라 장비에 장애가 발생해 시스템이 중단되면 큰 사고로 이어지기 때문에, 기업은 많은 인력을 투입하여 관리와 유지보수를 해야만 했습니다(그림 8-6).

하지만 클라우드 환경에서는 개별 인프라 장비의 중요성보다는 시스템 전체의 가용성 유지가 우선시됩니다. 인프라 장비가 고장 나더라도 그 장비를 조사하고 복구하기보다는, 고장 난 장비를 폐기하는 등 전체를 효율적으로 관리하는 방향으로 진행합니다.

이처럼 사고방식이 변화한 이유는 **장비의 단가가 저렴해졌고, 수량도 많아졌으며, 고장 났을 때 즉시 다른 장비로 전환할 수 있게 되었기 때문**입니다. 여기서 탄생한 것이 **온디맨드** 가치관입니다. 클라우드 환경에서는 수요에 맞춰 리소스를 유연하게 확장하거나 축소할 수 있기 때문에, 피크 시간대의 리소스 낭비를 피하고 비용을 최적화할 수 있습니다. 온디맨드의 특성으로 인해 **필요할 때 필요한 만큼의 리소스를 이용**할 수 있어, 기업은 비즈니스 변동에 원활하게 대응할 수 있습니다.

온디맨드와 IaC

온디맨드로 이용할 수 있는 클라우드 환경에서는 하루에 수백 개의 애플리케이션을 배포할 수도 있습니다. 하지만, 클라우드 콘솔에서 인프라나 애플리케이션을 수동으로 구성하는 방식은 시간이 오래 걸리므로, 대량으로 구축하고 개발해야 할 때는 IaC를 이용합니다.

IaC를 이용하면 단 몇 분 만에 인프라를 설정할 수 있을 뿐만 아니라 **모든 설정 파일에 대한 버전을 관리할 수 있으므로 IT 환경 전체의 일관성을 확보할 수 있습니다**. 그렇게 절감한 비용을 비즈니스에 재투자할 수도 있고, 인력을 다른 중요한 작업으로 재배치할 수도 있습니다(그림 8-7).

그림 8-6 온디맨드 가치관의 배경

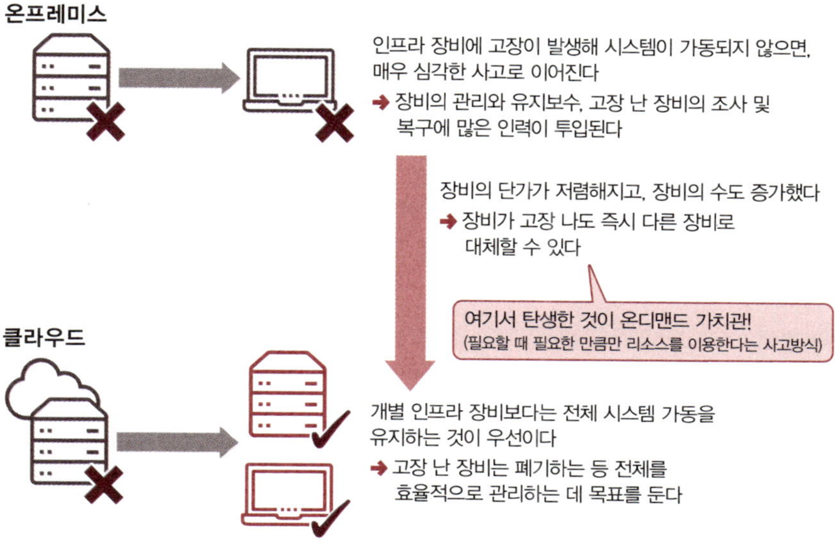

그림 8-7 IaC 이용의 장점

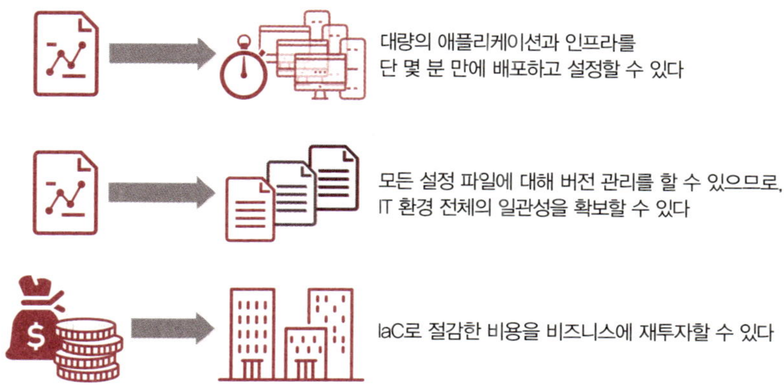

Point

- ✔ 인프라 장비의 단가가 내려가고 수량도 많아지면서, 필요한 시점에 필요한 리소스를 사용하는 온디맨드 가치관이 생겨났다.
- ✔ IaC를 이용하면 모든 설정 파일의 버전을 관리할 수 있어, IT 환경 전체의 일관성을 확보할 수 있다.

» Immutable의 효용

가변(Mutable) IaC와 불변(Immutable) IaC

가변 IaC는 인프라를 변경할 때 **기존 리소스를 유지한 채 직접 변경하고 업데이트**하는 방식입니다. 리소스 설정을 수동으로 변경하고 업데이트하므로, 동일한 환경에서 인프라 버전 관리가 필요합니다.

반면 **불변 IaC**는 인프라를 변경할 때 **새로운 리소스를 생성해 교체한 뒤 기존 리소스를 삭제**하는 방식입니다. 이 방식은 **일관성을 유지하고 변경의 영향을 최소화하며, 인프라 버전 관리도 필요 없어집니다**(그림 8-8).

불변 IaC의 사례

Log4j(Application Programming Interface)는 전 세계 Java 애플리케이션에서 널리 사용되는 오픈소스 로깅 API입니다. 하지만 2021년 12월, 심각한 보안 취약점이 발견되면서 Minecraft나 애플의 iCloud 등 대중적으로 잘 알려진 서비스에도 영향을 미쳤습니다(그림 8-9). 이와 같은 Log4j의 취약점에 대응하기 위한 패치를 적용하는 경우, 패치 제공 시기뿐 아니라 인프라의 복잡성, 애플리케이션의 의존성, 테스트 및 검증 과정 등 다양한 요인에 따라 소요 시간이 달라집니다.

이때 기존 리소스를 조사하고 패치를 적용하려면 너무 많은 시간이 소요되므로, 새로운 버전의 애플리케이션 이미지를 빌드하여 컨테이너화하거나 가상 머신 이미지를 업데이트하고, 이 새로운 이미지에 보안 조치가 완료된 Log4j를 포함하는 편이 더 효율적입니다.

또한, 배포 과정에서 컨테이너 오케스트레이션 도구(쿠버네티스, ECS 등)를 사용하여, 롤백 가능한 배포 전략을 적용하고 단계적으로 릴리스를 전환합니다. 문제가 발생할 경우를 대비해 롤백 계획을 마련해 두면 원래 상태로 즉시 복구할 수 있어, 문제가 발생하더라도 최소한의 다운타임으로 대응할 수 있습니다.

그림 8-8 가변(Mutablel) IaC와 불변(Immutable) IaC의 차이

가변IaC

- 같은 환경에서 인프라의 버전 관리가 필요
- 인프라를 변경하면 기존 리소스 변경 및 갱신이 뒤따른다

불변IaC

- 일관성을 유지하고, 변경의 영향을 최소화한다
- 환경 버전 관리도 필요 없다

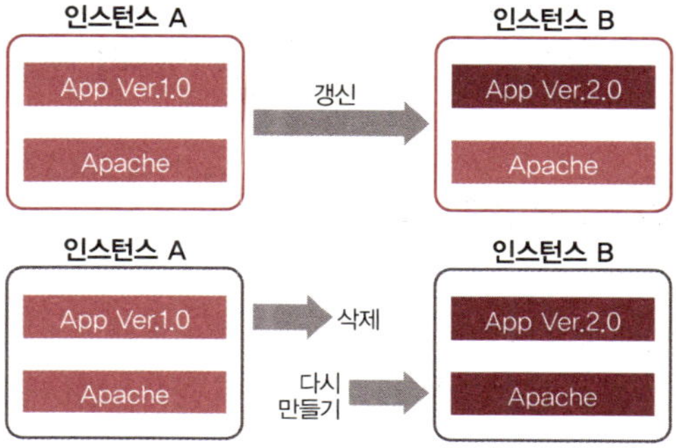

그림 8-9 불변 IaC 사례(Log4j 취약점 사례)

Log4j(Application Programming Interface)

오픈소스 로깅 API

배경

2021년 12월에 Log4j의 심각한 취약점이 발견되었고, 일상적인 서비스에 미치는 영향도 확인되었다

해결을 위한 과제

취약점을 해결하기 위한 패치 적용은 패치의 제공 시점, 인프라의 복잡성, 애플리케이션의 종속성, 테스트 및 검증 등 다양한 요인에 따라 소요 시간이 달라진다

변경할 수 없는 Log4j에 대한 패치 적용은 다음과 같은 대책을 고려할 수 있다

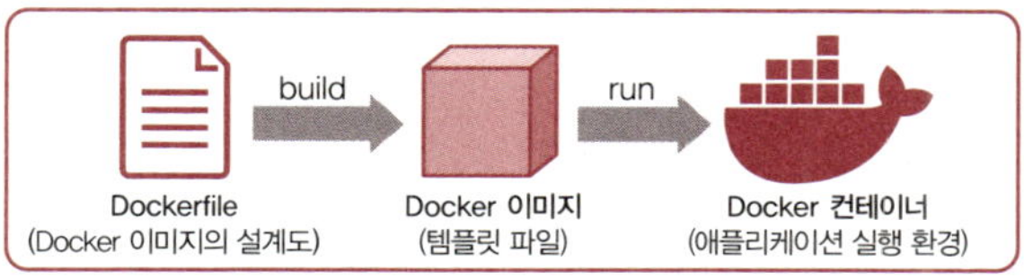

방법 1:
새로운 버전의 애플리케이션 이미지를 빌드하고 컨테이너화

방법 2:
수정된 Log4j를 넣어 가상 머신 이미지를 업데이트

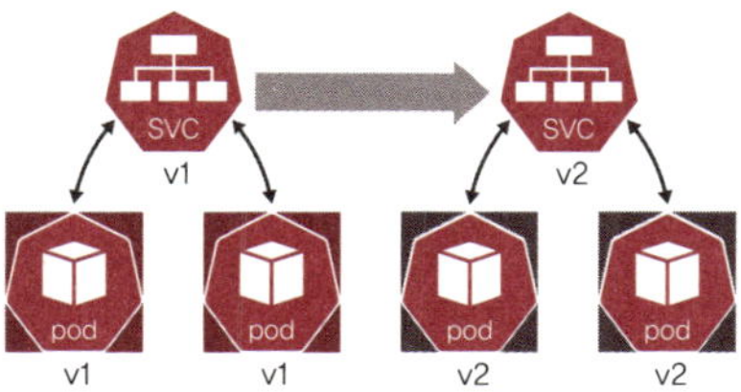

패치 후 쿠버네티스 등의 도구를 이용하여 배포한다
※ 문제가 발생할 경우를 대비해 롤백 계획을 마련함으로써 최소한의 다운타임으로 원래대로 복구할 수 있다

Point

✔ 가변 IaC는 기존 리소스를 수정하고 업데이트할 수 있지만, 불변 IaC는 리소스를 새로 생성하고 기존 리소스를 삭제한다.

✔ 불변 IaC 접근 방식을 사용하면 일관성을 유지할 수 있고, 변경의 영향을 최소화하여 환경 버전 관리가 필요 없어진다.

Vagrant와 Docker를 사용한 IaC 기반 가상 서버 제어

Vagrant와 Docker

IaC 도구로는 **Vagrant**와 **Docker**가 널리 사용됩니다. Vagrant는 **가상 서버를 간편하게 구축하고 관리하는 도구**이고, Docker는 **애플리케이션과 그 의존성을 컨테이너로 감싸는 플랫폼**입니다. 두 가지 모두 **재현 가능한 환경을 구축할 수 있다**는 공통점을 갖습니다(그림 8-10).

로컬 검증 환경(가상 서버)을 Vagrant로 구축한다

가상 서버를 Vagrant로 구축하는 절차는 다음과 같습니다(그림 8-11).

❶ 프로젝트 루트 디렉터리에 Vagrantfile을 만든다.
❷ Vagrantfile로 프로바이더와 베이스박스를 정의한다.
❸ 프로비저닝 스크립트를 지정한다.
❹ 루트 디렉터리로 이동해 'vagrant up' 커맨드를 실행하면, 가상 서버가 자동으로 시작되고 프로비저닝된다.

로컬 검증 환경(가상 서버)을 Docker로 구축한다

가상 서버를 Docker로 구축하는 절차는 다음과 같습니다(그림 8-12).

❶ 루트 디렉터리에 Dockerfile을 만들고, 컨테이너 빌드 절차를 정의한다.
❷ 애플리케이션 설정이나 의존하는 라이브러리 설치 절차를 Dockerfile에 기술한다.
❸ 루트 디렉터리로 이동해 아래 커맨드를 실행하면 Docker 이미지가 빌드되고 컨테이너가 실행된다.

```
docker build -t {생성할 이미지 이름}
docker run -d —name {컨테이너 이름} -it {이미지 이름}
```

그림 8-10 Vagrant를 이용해 가상 서버 구축하기

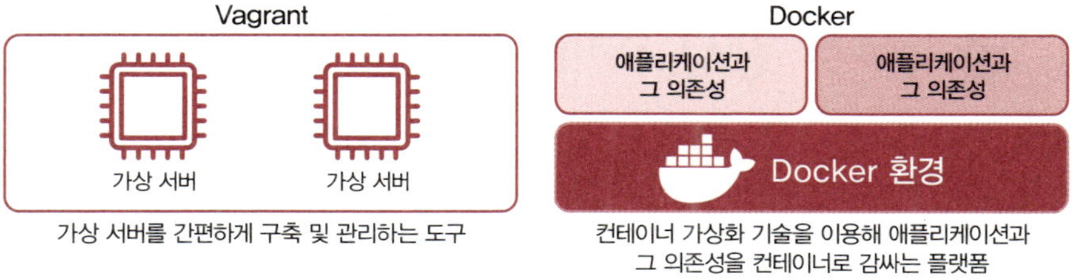

공통점 사전에 설정 파일을 준비해야 하며, 재현성이 있는 환경을 구축할 수 있다

그림 8-11 Vagrant를 이용해 가상 서버 구축하기

- Step1 프로젝트의 루트 디렉터리에 Vagrantfile을 만든다
- Step2 프로바이더나 베이스박스를 Vagrantfile에 정의한다
- Step3 애플리케이션 설정을 정의한 프로비저닝 스크립트를 지정한다
- Step4 커맨드라인에서 루트 디렉터리로 이동하여 'vagrant up' 커맨드를 실행한다
  ※ 가상 서버가 자동으로 실행되며 프로비저닝된다

그림 8-12 Docker를 이용해 가상 서버 구축하기

- Step1 프로젝트 디렉터리에 Dockerfile을 만들고, 컨테이너 빌드 절차를 정의한다
- Step2 애플리케이션 설정 및 의존 라이브러리 설치 절차를 Dockerfile에 기술한다
- Step3 커맨드라인에서 루트 디렉터리로 이동하여, 아래 커맨드로 Docker 이미지를 빌드하고 컨테이너를 실행한다
  docker build –t {생성할 이미지 이름}
  docker run –d –name {컨테이너 이름} –it {이미지 이름}

Point

- ✔ Vagrant는 가상 서버를 쉽게 구축하고 관리할 수 있는 도구이며, Docker는 애플리케이션과 그 의존성을 컨테이너로 감싸는 플랫폼이다.
- ✔ Vagrant와 Docker를 이용함으로써 재현성 있는 환경을 구축할 수 있다.

Terraform을 사용한 IaC 기반 클라우드 환경 제어

IaC 도구 Terraform의 개요

Terraform은 HashiCorp에서 개발한 IaC 도구로, **선언형 언어를 사용하여 인프라의 상태를 정의하기만 하면 인프라를 구축할 수 있습니다**. Terraform을 사용하면 클라우드 공급자(AWS, Azure, Google Cloud 등)와 온프레미스 환경을 일관된 방식으로 정의, 생성, 변경, 삭제할 수 있습니다(그림 8-13).

Terraform으로 클라우드 환경을 구축한다

Terraform으로 **클라우드 환경**을 구축하는 절차는 다음과 같습니다(그림 8-14).

❶ 프로젝트 디렉터리로 이동하여 'terraform init' 커맨드로 Terraform을 초기화한다.

❷ 루트 디렉터리에 Terraform 정의 파일(*.tf)을 만든다.

❸ 클라우드 프로바이더, 인증 정보 및 연결 설정을 정의 파일에 기술한다. 아래는 프로바이더를 지정하는 예다.

```
provider "aws" {
 region = "us-west-2"
}
```

❹ 리소스 설정을 정의 파일에 기술한다. 아래는 EC2의 예다.

```
resource "aws_instance" "example" {
 ami          = "ami-0000000000000000"
 instance_type = "t2.micro"
}
```

❺ 'terraform plan' 커맨드로 리소스 구축 계획에 의도하지 않은 영향이나 문제가 없는지 확인한다.

❻ 리소스 구축 계획이 계획대로임을 확인한 후, 'terraform apply' 커맨드로 클라우드 환경을 구축한다.

그림 8-13 IaC 도구인 Terraform의 구조

- **선언형 언어**
  (인프라 상태를 정의하는 것만으로 인프라 구축 가능)

- 클라우드 공급자(AWS, Azure, Google Cloud 등) 및 온프레미스 환경을 일관성 있는 방법으로 정의, 생성, 변경, 삭제

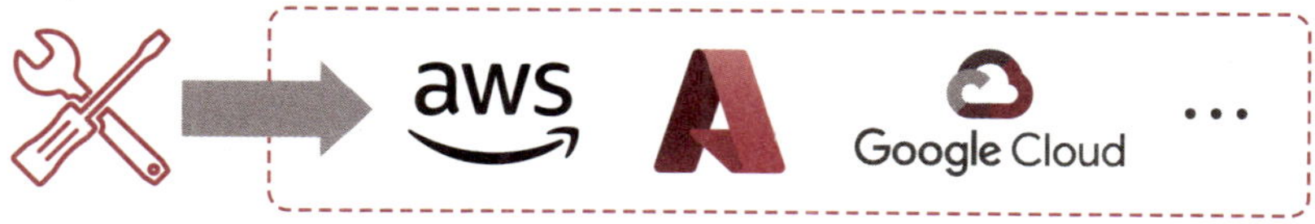

그림 8-14 Terraform으로 클라우드 환경 구축하기

Step 1 (init) 프로젝트 디렉터리로 이동하여 'terraform init' 커맨드로 Terraform을 초기화

Step 2 루트 디렉터리에 Terraform 정의 파일(*.tf) 생성

Step 3 클라우드 프로바이더, 인증 정보 및 연결 설정을 정의 파일에 기술

※프로바이더 지정의 예:

```
provider "aws" {
  region = "us-west-2"
}
```

Step 4 리소스 설정을 정의 파일에 기술

※EC2 기술의 예:

```
resource "aws_instance" "example" {
  ami           = "ami-0000000000000000"
  instance_type = "t2.micro"
}
```

Step 5 (plan) 'terraform plan' 커맨드로 리소스 구축 계획에 의도하지 않은 영향이나 문제가 없는지 확인

Step 6 (apply) 리소스 구축 계획이 계획대로 진행되었음을 확인한 후, 'terraform apply' 커맨드로 클라우드 환경을 구축

Point

- ✔ 선언형 언어 Terraform을 이용하면, 인프라의 상태를 정의하고 커맨드만으로 인프라를 구축할 수 있다.
- ✔ 'terraform plan' 커맨드로 리소스 구축 플랜에 의도하지 않은 영향이나 문제를 확인할 수 있고, 리소스의 일관성을 유지할 수 있다.

» Ansible을 사용한 IaC 기반 OS와 미들웨어 제어

IaC 도구 Ansible

Ansible은 오픈소스 구성 관리 도구로, **서버 설정, 구성 관리, 애플리케이션 배포, 네트워크 장비 설정, 보안 패치 적용 등 다양한 용도로 사용할 수 있습니다**. 많은 경우, Ansible과 Terraform을 함께 사용함으로써 효과적인 인프라 관리와 자동화를 실현합니다(그림 8-15).

Ansible은 서버나 네트워크 장비를 원격으로 조작하지만, 키 관리와 접근 제어를 통해 인증 정보나 기밀 정보를 적절하게 관리해야 합니다.

Ansible로 OS와 미들웨어를 구축한다

Ansible에서 OS 및 미들웨어를 구축하는 절차는 다음과 같습니다(그림 8-16).

❶ 프로젝트 디렉터리에 Ansible Playbook 파일을 만든다.

❷ Ansible Playbook 내에서 사용할 인벤토리를 지정한다.

❸ **Playbook 내에서 설정하고 싶은 작업을 Ansible 모듈을 사용하여 정의한다**. 모듈은 OS 설정, 미들웨어 설치 등 특정 작업을 실행한다. 다음은 작성 예시이다.

```
- name: Install Apache
  hosts: web_servers
  tasks:
   - name: Install Apache
    apt:
     name: apache2
     state: present
```

❹ ansible-playbook {playbook 파일명} 커맨드를 실행하여 **대상 서버에 OS와 미들웨어를 자동 설정한다**.

그림 8-15 IaC 도구 'Ansible'의 용도와 이용 시 주의할 점

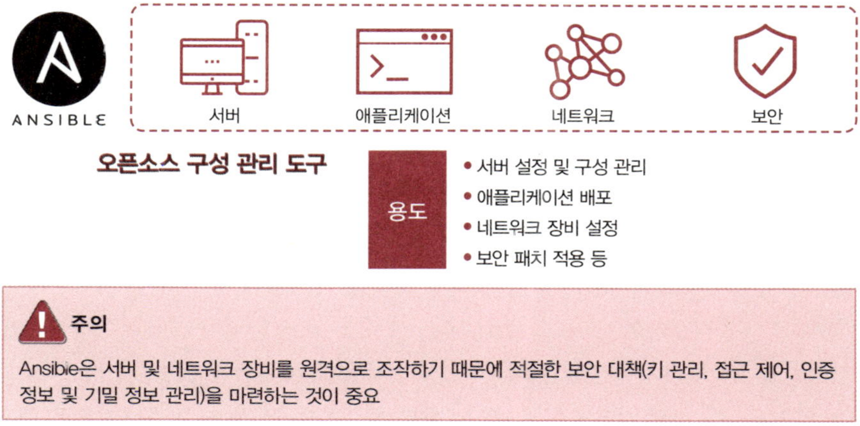

그림 8-16 Ansible로 OS와 미들웨어 구축하기

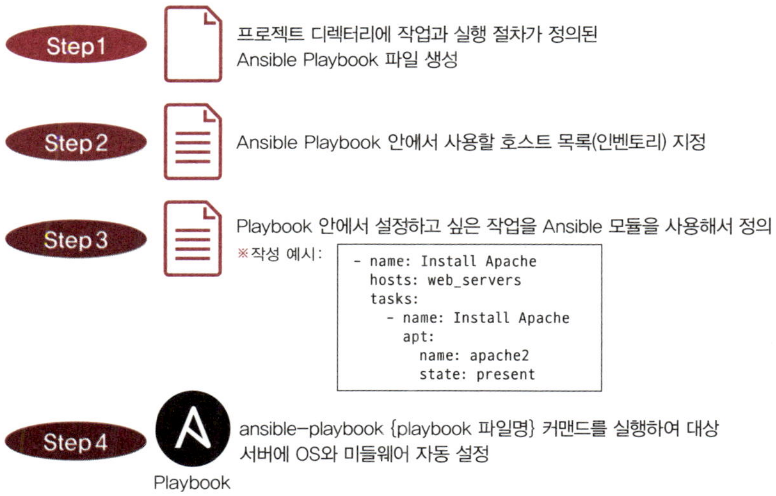

Point

- ✔ Ansible은 서버 설정이나 구성 관리뿐만 아니라, 애플리케이션 배포, 네트워크 장비 설정, 보안 패치 적용 등 다양한 용도로 사용할 수 있다.
- ✔ Ansible Playbook에 작업과 절차를 기술하면, 대상 서버에 OS와 미들웨어를 자동으로 설정할 수 있다.

» 쿠버네티스, Helm을 활용한 IaC 기반 컨테이너 제어

쿠버네티스와 Helm

쿠버네티스(K8s)는 **컨테이너화된 애플리케이션의 배포, 확장, 관리 및 오케스트레이션을 수행하는 오픈소스 플랫폼**입니다.

Helm은 **K8s 애플리케이션의 패키징, 배포, 관리를 간소화해 주는 도구**입니다. 이를 사용하면 애플리케이션의 리소스(**컨테이너**, 서비스, 파드 등)를 커스터마이징 가능한 템플릿 형태로 패키징하여 효율적으로 반복 배포할 수 있습니다.

K8s와 Helm을 함께 사용하면 컨테이너화된 애플리케이션을 더욱 효율적으로 배포하고 운영할 수 있습니다(그림 8-17).

K8s와 Helm을 활용한 IaC 기반 OS 및 미들웨어 제어

K8s와 Helm을 사용한 OS 및 미들웨어 제어 절차는 다음과 같습니다(그림 8-18).

❶ 배포 매니페스트를 작성한다.
❷ 컨테이너에 접근하기 위한 서비스를 정의한다.
❸ 적절한 네임스페이스에 리소스를 배포한다.
❹ 'kubectl apply -f' 커맨드를 실행하여 K8s 클러스터에 리소스를 적용한다.
❺ Helm 템플릿 내에서 컨테이너 배포, 서비스, ConfigMap 등을 정의한다.
❻ Helm 차트 내 파라미터를 커스터마이징한다.
❼ 'helm install' 커맨드를 사용하여 Helm 차트를 K8s 클러스터 내에 리소스로 배포한다.

그림 8-17 K8s와 Helm의 용도

K8s의 용도	컨테이너화된 애플리케이션의 배포, 스케일링, 관리 및 오케스트레이션을 수행한다
Helm의 용도	• K8s 애플리케이션의 패키징, 배포, 관리를 간소화 • 애플리케이션의 리소스(컨테이너, 서비스, 파드 등)를 커스터마이징 가능한 템플릿으로 패키징하고 효율적으로 반복 배포할 수 있다

K8s와 Helm을 조합하면 컨테이너화된 애플리케이션을 효율적으로 배포하고 운영할 수 있다

그림 8-18 K8s와 Helm을 사용해 IaC에서 OS와 미들웨어 제어하기

Step1 배포 매니페스트를 작성

Step2 컨테이너에 접근하는 서비스를 정의
※설정 정보와 기밀 정보를 매니페스트 파일 외부에 저장하고 컨테이너에 전달할 수 있다

Step3 리소스를 적절한 네임스페이스에 배포

Step4 apply 'kubectl apply –f' 커맨드를 사용해 매니페스트 파일을 적용하고, K8s 클러스터 내에 리소스를 반영

Step5 Helm 템플릿 내에서 컨테이너의 배포 및 서비스, ConfigMap 등을 정의

Step6 Helm 차트 내 파라미터를 커스터마이징

Step7 HELM install 'helm install' 커맨드를 사용해 Helm 차트를 리소스로서 설치하고, K8s 클러스터 내에 리소스를 배포

Point

✔ K8s는 컨테이너화된 애플리케이션의 배포, 스케일링, 관리 및 오케스트레이션을 수행하는 오픈소스 플랫폼이다.

✔ Helm은 K8s 애플리케이션의 패키징, 배포, 관리를 간소화하는 도구이다.

✔ K8s와 Helm를 조합하면, 컨테이너화된 애플리케이션을 효율적으로 배포하고 운영할 수 있다.

해보자 ● 시스템 요구 사항에 가장 잘 맞는 IaC 도구를 골라 보자

8장에서는 IaC(Infrastructure as Code)의 개요와 인프라 환경의 자동화 구축 및 관리를 위한 몇 가지 IaC 도구를 소개했습니다.

IaC란 인프라를 코드로 다루고, 자동화 도구와 프로세스를 이용해 인프라 환경을 프로비저닝, 구축, 관리하는 방법입니다. IaC를 활용할 때는 자동화와 재현성, 가독성과 유지보수성, 재사용성, 문제의 조기 발견과 수정이라는 네 가지 원칙이 있습니다. IaC를 이용함으로써 대량의 애플리케이션과 인프라를 빠르게 배포하고, IT 환경 전체의 일관성을 확보하며, 비용을 절감하여 비즈니스에 재투자할 수 있습니다.

그러나 먼저 시스템 요구 사항에 맞는 적절한 IaC 도구를 선택하고 실현 방식을 생각할 필요가 있습니다. 아래에 몇 가지 시스템 요구 사항을 예로 들었으니, 8장에서 설명한 내용을 떠올리며 어떤 IaC 도구가 가장 적합한지 생각해 보세요.

[요구 사항]

❶ 컨테이너 가상화 기술을 이용해 로컬 검증 환경을 구축한다.
❷ 인프라 상태를 정의하여 인프라를 자동으로 구축한다.
❸ 서버의 구성과 애플리케이션 배포를 자동화한다.
❹ 컨테이너화된 애플리케이션의 오케스트레이션을 수행한다.

[실행 방식]

Docker ...... 요구 사항 [ ]의 구현에 최적
Terraform ...... 요구 사항 [ ]의 구현에 최적
Ansible ...... 요구 사항 [ ]의 구현에 최적
K8s(Kubernetes) ...... 요구 사항 [ ]의 구현에 최적

Chapter 9

가상화 환경 사용 방법

클라우드 환경에서 가상화 서비스를 사용하는 방법

virtualization

» 기존 구성의 재현 – IaaS

기존 Web 3계층 구조의 구현 방법

Web 3계층이란 **클라이언트의 요청을 사용자 인터페이스를 담당하는 프레젠테이션 계층(웹 서버), 처리를 실행하는 애플리케이션 계층(AP 서버), 데이터를 관리하는 데이터베이스 계층(DB 서버)의 세 계층으로 나누어 처리하는 구조**를 말합니다(그림 9-1).

웹 서버와 DB 서버로 구성된 기존 2계층 구조에 비해, Web 3계층 구조는 프론트엔드와 백엔드를 별도로 구현함으로써 클라이언트로부터의 처리를 분산시키고 유지보수 효율을 향상시킵니다.

기존 구조에서는 서버 장애에 대비한 백업 서버, 부하 분산을 위한 로드 밸런서, 보안 대책을 위한 방화벽 등을 설치해야 하며, 시스템 규모가 클수록 설치가 복잡해지고 설치 및 유지보수 비용이 크게 발생합니다.

Web 3계층을 IaaS로 구현해 본다

Web 3계층을 **IaaS**로 구축하면 **유연하고 효율적인 인프라 구조를 실현하여 유지보수 작업을 경감**할 수 있습니다. 여기서는 AWS의 IaaS 구성 예를 소개합니다(그림 9-2).

먼저 프레젠테이션 계층부터 설명하겠습니다. 클라이언트의 요청은 ELB(Elastic Load Balancer)를 통해 부하가 분산되며, 여러 대의 EC2 웹 서버로 전달됩니다. 다음으로 애플리케이션 계층에서는 여러 대의 AP 서버를 구축하고 그 앞에 ELB를 두어 부하를 분산합니다. 웹 서버와의 차이점은 AP 서버가 프라이빗 서브넷에 배치되므로 인터넷으로부터의 공격을 방지할 수 있다는 점입니다. 마지막으로 데이터베이스 계층에서는 멀티 AZ 구성의 RDS(9-5절 참조)를 사용합니다. AP 서버와 마찬가지로 프라이빗 서브넷에 배치되므로 데이터의 안전성을 유지할 수 있습니다. 서버 및 RDS가 이중화 구성으로 되어 있기 때문에, 한쪽 AZ에서 장애가 발생해도 다른 쪽 AZ에서 시스템이 계속 작동합니다.

그림 9-1 Web 2계층 구조와 Web 3계층 구조

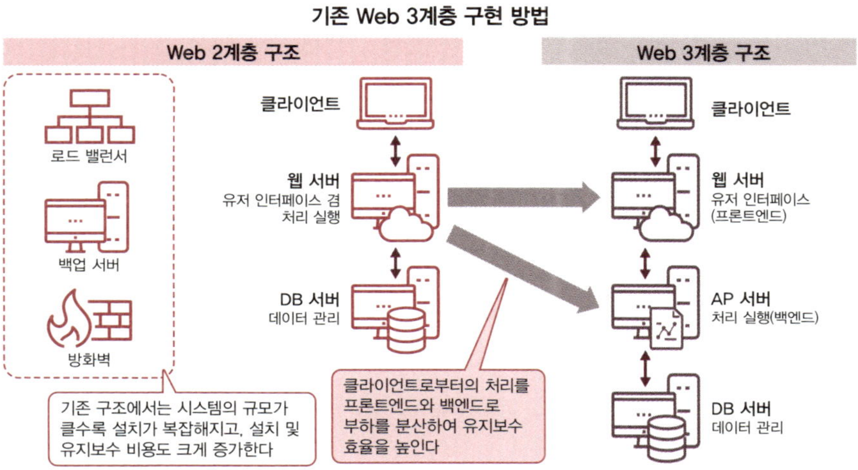

그림 9-2 Web 3계층의 IaaS 구성 예시

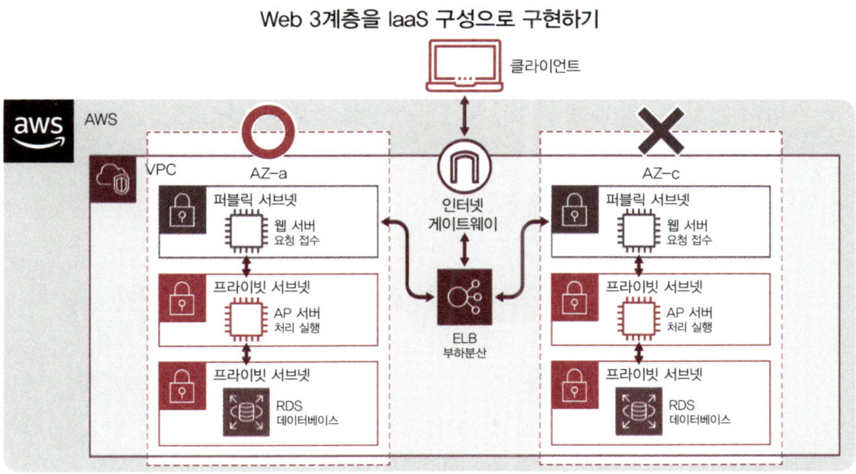

Point

- ✔ 클라이언트로부터의 요청을 프레젠테이션 계층, 애플리케이션 계층, 데이터베이스 계층으로 나누어 처리하는 구조가 Web 3 계층 구조이다.
- ✔ Web 3 계층 구조를 IaaS로 구축하면 유연하고 효율적인 인프라 구조를 만들 수 있으며, 유지보수 작업을 줄일 수 있다.

» IaaS를 사용해 본다 ① 네트워크

가상 데이터센터(VPC)

VPC(Virtual Private Cloud)는 AWS 계정 내에서 생성할 수 있는 **프라이빗 가상 네트워크 공간**입니다. **여러 VPC를 생성하고 VPC Peering 등을 통해 VPC끼리 연결할 수도 있습니다**. CIDR이 정해지면 몇 분 안에 VPC를 구축할 수 있습니다. 인터넷에서 접근할 수 있게 해 주는 인터넷 게이트웨이, 인터넷과 통신하는 NAT 게이트웨이, 통신을 제어하는 네트워크 ACL 등의 VPC 기능이 있습니다(그림 9-3).

퍼블릭 서브넷과 프라이빗 서브넷

서브넷은 VPC의 CIDR을 분할한 것으로, **네트워크 요구 사항에 맞게 서브넷 단위로 관리할 수 있습니다**(그림 9-4). 일반적인 사용 사례로는 인터넷에서 접근할 수 있는 서브넷에 웹 서버를 구축하고, 인터넷에서 직접 접근할 수 없는 서브넷에 AP 서버와 DB 서버를 배치하는 것입니다.

서브넷이 인터넷 게이트웨이를 통한 인터넷 통신을 허용하는지 여부가 퍼블릭 서브넷과 프라이빗 서브넷의 차이점입니다.

IaaS 네트워크의 기본 구성

AWS IaaS의 일반적인 네트워크 구성은 다음과 같습니다(그림 9-4).

VPC 내에서 서브넷을 퍼블릭과 프라이빗으로 나누고, 퍼블릭 서브넷에는 웹 서버, 프라이빗 서브넷에는 AP 서버와 DB 서버를 배치합니다. 퍼블릭 서브넷에서는 인터넷 게이트웨이를 통한 접근을 허용합니다. AP 서버와 DB 서버에 패치를 적용해야 하므로, 퍼블릭 서브넷에 NAT 게이트웨이를 배치하고, 라우팅 테이블에서 NAT 게이트웨이로 향하는 아웃바운드 통신을 허용합니다.

그림 9-3 알아 두어야 할 AWS 네트워크의 요소

	설명
CIDR	클래스를 사용하지 않고 IP 주소 할당과 경로 정보를 효율적으로 요약하는 기술 ※기재 예시: 10.0.0.0/16
인터넷 게이트웨이	인터넷에서 들어오는 통신을 가능하게 한다
NAT 게이트웨이	인터넷으로 나가는 통신을 가능하게 한다
네트워크 ACL	네트워크 접근 제어 리스트라고 불리며, 서브넷 수준에서 특정 인바운드 또는 아웃바운드 트래픽을 허용하거나 거부한다

그림 9-4 AWS의 IaaS 네트워크 구성 예시

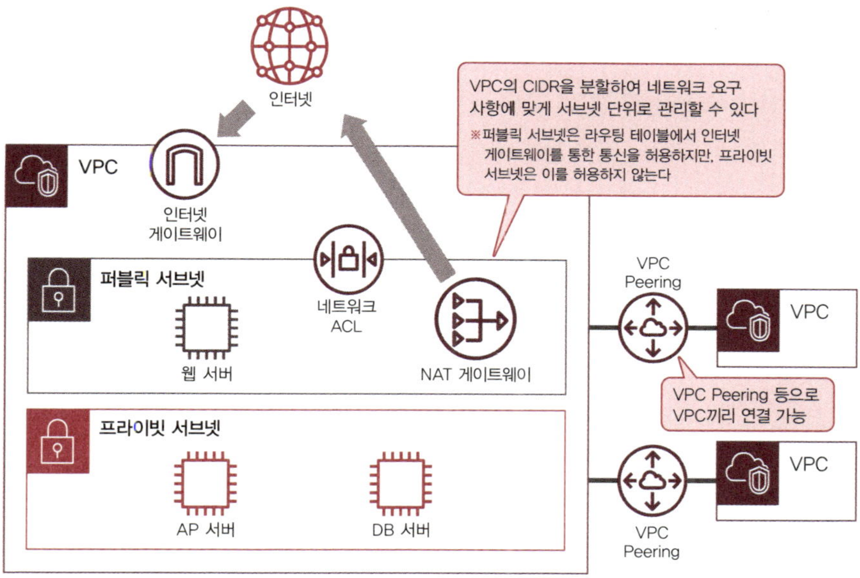

Point

- ✔ VPC를 통해 프라이빗 가상 네트워크 공간을 구성하고, 여러 VPC를 서로 연결하여 통합적으로 관리할 수 있다.
- ✔ 네트워크 요구 사항에 맞춰 VPC를 서브넷으로 분할하고 서브넷 단위로 관리할 수 있다.

Chapter 9 가상화 환경 사용 방법

IaaS를 사용해 본다 ② 서버

가상 서버(Amazon EC2)의 특징

EC2(Elastic Compute Cloud)는 AWS가 제공하는 가상 서버 서비스입니다. 온프레미스와는 달리 물리 서버를 구축할 필요가 없으며, AWS 콘솔에서 조작하는 것만으로 간편하게 가상 서버를 구축할 수 있습니다.

EC2의 특징으로는 **인스턴스 수와 크기를 수시로 조정할 수 있는 유연성, 간단하게 인스턴스를 조작할 수 있는 효율성, 글로벌한 가용성과 이중화**가 있습니다. 웹사이트 호스팅, 애플리케이션 실행, 데이터베이스 관리 등 다양한 용도를 지원합니다(그림 9-5).

가상 서버(Amazon EC2)의 종류

EC2에는 3가지 구매 옵션이 있습니다(그림 9-6). 초기 비용 없이 사용량에 따라 과금하는 온디맨드형, 1년 또는 3년 사용을 예약하는 예약형, 남는 EC2 용량을 할인 가격에 경매로 제공하는 스팟형입니다. 흔히 구축 시에는 스몰스타트로 온디맨드형을 이용하고, 성능 테스트 결과에 따라 적절한 예약형으로 변경하는 경우가 많습니다. 하지만 예약형에서 온디맨드형으로는 변경할 수 없으며, 스팟형을 선택할 경우 여유 리소스가 없어 인스턴스를 사용할 수 없게 될 위험이 있습니다.

가상 서버(Amazon EC2)를 이용하는 방법

EC2를 이용하는 방법을 소개합니다(그림 9-7). EC2 시작 화면에서 인스턴스 시작하기를 누르고, **AWS Marketplace에서 필요한 OS 머신 이미지(AMI)를 선택**하면 소프트웨어 구성을 기록한 템플릿이 적용됩니다. AMI를 선택할 때는 인스턴스 유형과의 호환성, 제공처 및 벤더 평판, 이용 조건과 라이선스를 확인해야 합니다. 다음으로 인스턴스 유형을 선택합니다. **EC2의 인스턴스 패밀리, 세대 수, 인스턴스 크기를 선택하여 EC2를 간편하게 시작할 수 있습니다.**

그림 9-5 가상 서버(Amazon EC2)의 장점

그림 9-6 가상 서버(Amazon EC2) 구매 옵션

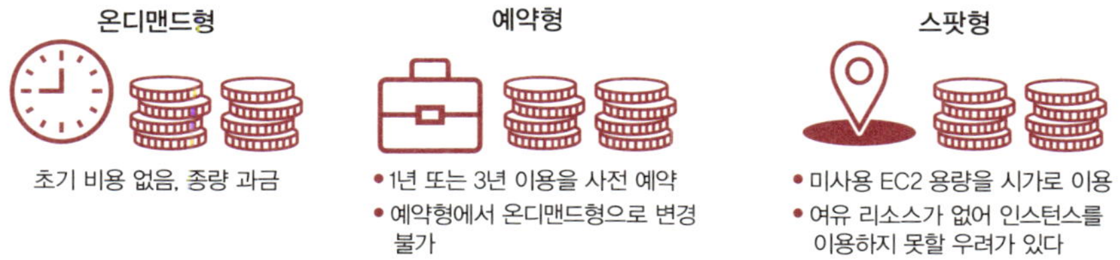

그림 9-7 AWS Marketplace의 AMI를 이용한 Amazon EC2 시작하기

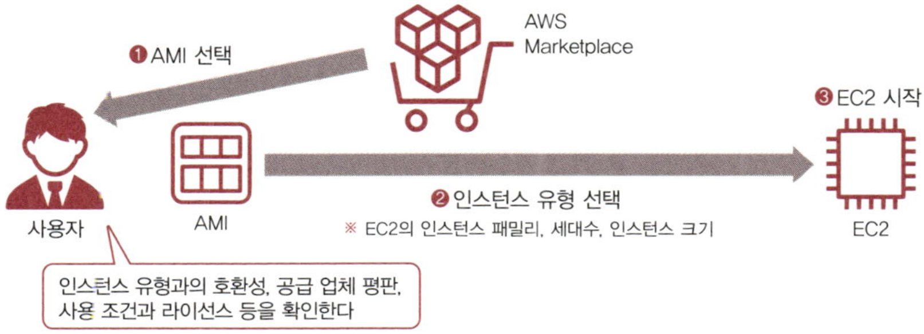

Point

- ✔ 가상 서버는 인스턴스 수와 크기를 수시로 조정할 수 있으며, 인스턴스를 쉽게 조작할 수 있고, 글로벌한 가용성과 이중화를 실현할 수 있는 특징이 있다.
- ✔ AWS Marketplace에서 EC2 생성을 위해 필요한 AMI를 활용하고, 요구 사항에 맞게 인스턴스 유형과 크기를 선택할 수 있다.

» IaaS를 사용해 본다 ③ 스토리지

서버 블록 스토리지(Amazon EBS)의 특징

IaaS의 스토리지는 주로 블록형, 오브젝트형, 파일형의 세 가지로 나뉩니다(그림 9-8). 각 방식에 대해 살펴보겠습니다. **EBS**(Elastic Block Store)는 **EC2 인스턴스에 연결되는 영구적인 블록 스토리지 서비스**입니다. 인스턴스를 정지하거나 재시작해도 데이터가 유지되며, 고성능형 등 다양한 유형이 있습니다(그림 9-9).

오브젝트 스토리지(Amazon S3)의 특징

S3(Simple Storage Service)는 AWS에서 제공하는 **오브젝트 스토리지 서비스로, 대용량 데이터를 처리하는 데 최적화**되어 있습니다. 데이터의 접근 빈도와 비용 요구 사항에 맞춰 S3 스토리지 클래스와 라이프사이클을 설정할 수 있습니다(그림 9-10).

파일 스토리지(Amazon EFS와 Amazon FSx)의 특징

EFS(Elastic File System)는 여러 개의 EC2 인스턴스에서 동시에 접근할 수 있는 **공유 파일 시스템**으로, 자동 확장성과 높은 내구성이 특징입니다. **FSx**는 고성능 및 고신뢰성을 갖춘 **완전 관리형 파일 시스템**이며, Windows 기반 파일 공유나 고성능 컴퓨팅 환경에 최적입니다.

스토리지 서버를 이용할 때 주의할 점

스토리지 서비스를 선택할 때, 먼저 애플리케이션의 스토리지 요구 사항(데이터 용량, 성능, 가용성, 내결함성 등)을 확인해야 합니다. 그런 다음, **요구 사항에 맞는 스토리지 유형을 결정하고, 성능 및 가용성 측면에서 최적의 스토리지 서비스를 선택합니다**.

그림 9-8 클라우드의 스토리지 서비스 종류와 특징

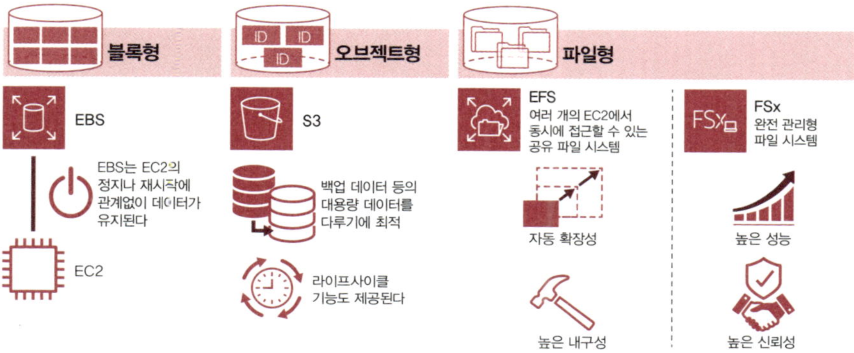

그림 9-9 EBS의 종류

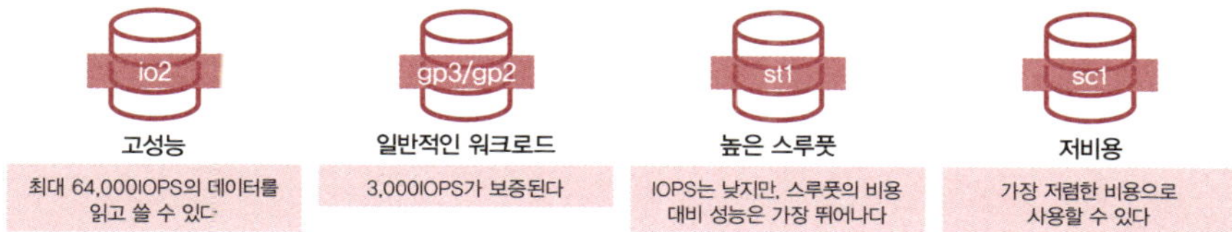

그림 9-10 S3 스토리지 클래스의 종류

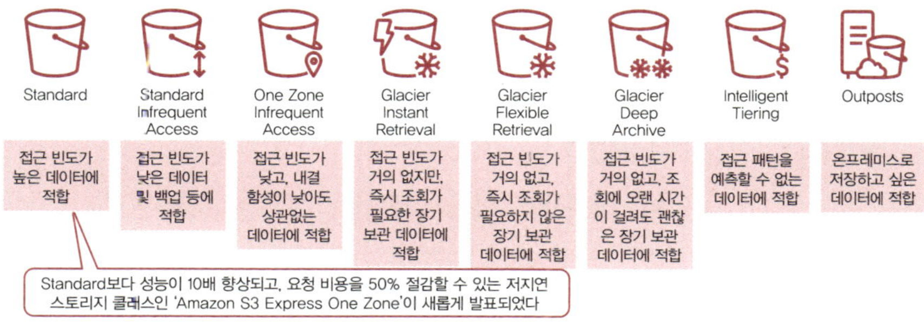

Point

- ✔ AWS에서는 EC2에 연결하는 블록 스토리지(EBS), 대용량 데이터를 보관하는 오브젝트 스토리지(S3), 공유 파일 시스템(EFS)과 완전 관리형 파일 시스템(FSx)을 이용할 수 있다.
- ✔ 데이터 용량, 성능, 가용성, 내결함성 등의 요구 사항에 맞는 스토리지 서비스를 선택해야 한다.

» 클라우드 네이티브 ① 데이터베이스

관리형 데이터베이스 개요(AWS 서비스를 예시로)

클라우드 벤더는 관계형, NoSQL형, 데이터 웨어하우스형, 그래프형, 인메모리형 등 다양한 **관리형 데이터베이스** 서비스를 제공하고 있습니다(그림 9-11). 관리형 서비스이므로 **사용자는 상황에 맞춰 서비스를 이용**할 수 있어, 관리 비용과 작업 시간을 크게 절약할 수 있습니다.

RDS(Relational Database Service)는 MySQL, PostgreSQL 등의 엔진을 지원하는 관리형 관계형 데이터베이스로, 데이터의 정확성이나 일관성을 보장하는 트랜잭션 처리나 관계 데이터 유지에 적합합니다. **NoSQL 데이터베이스**는 관계형 이외의 모든 데이터베이스의 총칭입니다. 대량의 데이터를 고속으로 읽고 쓸 수 있어 실시간 입찰이나 재고 추적에 자주 사용됩니다. DynamoDB는 AWS가 제공하는 NoSQL 데이터베이스 중 하나로, 서버리스 서비스와의 통합이 용이하여 AWS Lambda 등 다른 AWS 서비스와 함께 사용되는 경우가 많습니다.

위에 언급된 것 외에도, 페타바이트 규모의 데이터 분석 및 리포트 작성을 위한 데이터 웨어하우스 서비스인 Redshift, 그래프 데이터 저장 및 쿼리를 위한 그래프 데이터베이스인 Neptune, 데이터에 빠르게 접근하기 위한 인메모리 데이터베이스인 ElastiCache 등이 있습니다.

데이터베이스 서비스에 접속하기

AWS의 서비스에 접속하기 위해서는, 서비스 엔드포인트 URL 정보가 필요합니다. 그림 9-12는 RDS 엔드포인트 URL의 예입니다. 데이터베이스마다 다르지만, 일반적으로는 엔드포인트 외에도 **접속할 때 사용할 포트 번호나 인증 정보가 필요합니다.**

그림 9-11 클라우드의 데이터베이스 종류와 특징

서비스	종류	특징 / 용도
RDS	관계형	데이터의 정확성과 일관성을 보장하며, 트랜잭션 처리나 데이터 간의 관계 유지에 적합하다 ※지원 엔진: MySQL, PostgreSQL 등
DynamoDB	비관계형	데이터를 대량으로 빠르게 저장하고 읽을 수 있기 때문에, 실시간 입찰이나 재고 추적에 자주 활용된다
Redshift	데이터 웨어하우스형	페타바이트 규모의 데이터 분석이나 리포트 작성에 적합하다
Neptune	그래프형	그래프 데이터의 저장 및 쿼리에 적합하다
ElastiCache	인메모리형	데이터에 대한 고속 접근에 적합하다

그림 9-12 RDS 데이터베이스 엔드포인트의 예

데이터베이스 엔드포인트의 예

database-1-인스턴스
-1.123456789012.us-east-1.rds.amazonaws.com

DB식별자:database-1-인스턴스-1
리전:us-east-1
DB서비스:rds

AWS 서비스에 접속하려면 서비스 엔드포인트 URL 정보가 필요
※데이터베이스마다 다르지만, 일반적으로 엔드포인트 외에도 접속용 포트 번호와 인증 정보가 필요하다

Point

- ✔ 클라우드 벤더가 관계형, NoSQL형 등 다양한 관리형 데이터베이스 서비스를 제공하므로, 사용자는 상황에 맞춰 이용할 수 있다.
- ✔ AWS 서비스에 접속할 때, 엔드포인트와 포트 번호, 인증 정보가 필요하다.

» 클라우드 네이티브 ② 함수

함수 실행 서버리스 서비스(AWS Lambda)의 특징

Lambda는 **이벤트 발생 시에만 함수를 실행**하는 AWS의 서버리스 컴퓨팅 서비스입니다. OS 등의 인프라 관리는 AWS가 담당하므로, 사용자는 **함수 코드를 등록하기만 하면 실행할 수 있습니다**. 함수 처리 시간에 대해서만 요금이 부과되기 때문에 인프라 운영 비용을 절감할 수 있습니다.

AWS Lambda 이용하기

Lambda는 Java, Ruby, Python, Node.js, .NET, Go 등의 런타임을 지원하고, 외부 라이브러리를 공유할 수 있는 기능을 갖춘 **이벤트 기반 함수 실행 서비스입니다**. 이벤트를 실행하려면 **트리거를 설정**해야 하며, 트리거는 Lambda를 호출하는 방식에 따라 동기 호출과 비동기 호출로 나눌 수 있습니다. API 게이트웨이나 수동 실행은 동기 호출 방식에 해당합니다. 한 번 실행하는 동기 호출과는 달리, 비동기 호출은 Lambda 측에서 정기적으로 폴링하여 이벤트가 발생할 때마다 자동으로 처리가 실행됩니다. S3를 트리거로 사용한 비동기 호출의 예는 그림 9-14와 같습니다.

AWS Lambda를 이용할 때 주의할 점

Lambda 함수가 다른 AWS 서비스를 조작하려면, 적절한 권한(필요 최소한의 권한)이 있는 IAM 역할을 Lambda 함수에 연결해야 합니다.

Lambda 함수는 한 번 실행할 때 15분이라는 **실행 시간 제한**이 있어, 장시간 처리는 실행을 분할하는 등의 설계를 해야 합니다. 또한, 함수 호출 횟수가 동일 계정의 동일 리전 내에서 1,000회로 제한되는 **동시 실행 수 제한**도 있습니다. 이는 완화 신청 등으로 해결할 수 있습니다(그림 9-14).

그림 9-13 AWS Lambda의 특징

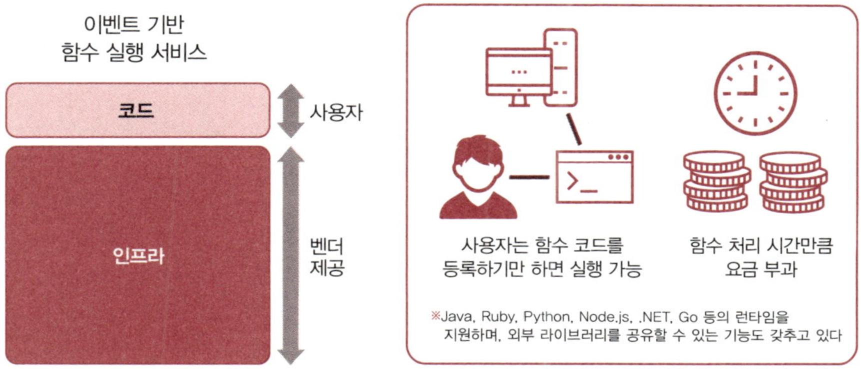

그림 9-14 AWS Lambda 사용하기(동기 호출과 비동기 호출)

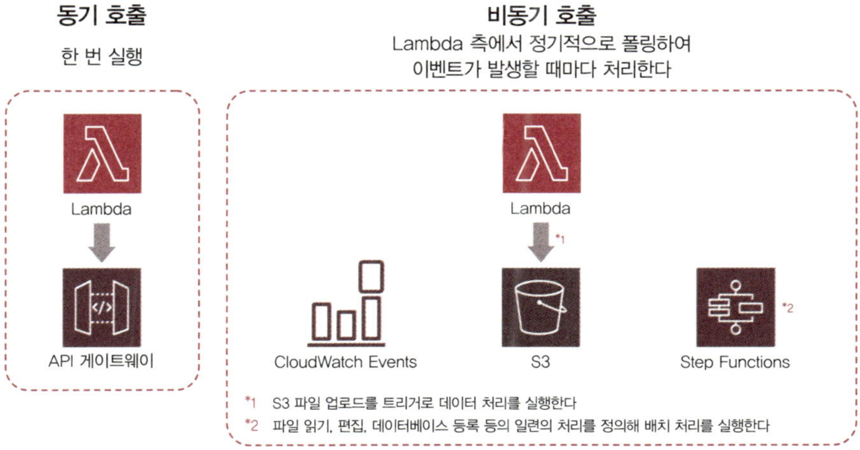

주의

- 적절한 IAM 권한을 설정할 필요가 있다
- 이용 제한을 확인한다(예: 함수 실행 시간 제한, 동시 실행 수 제한 등)

Point

- ✔ Lambda는 함수 실행 서버리스 컴퓨팅 서비스로, 함수 코드를 정의해 두기만 하면 함수를 실행할 수 있다.
- ✔ Lambda는 이벤트 기반 서비스이므로 트리거를 설정해야 한다.
- ✔ Lambda에는 실행 시간과 동시 실행 수 제한이 있다.

클라우드 네이티브 ③ 작업

AWS Step Functions 서비스

Step Functions는 **AWS가 제공하는 관리형 워크플로 서비스**입니다. AWS의 고유 언어인 ASL(Amazon States Language)로 **워크플로를 정의하면 일련의 처리를 시각화하고 실행을 제어할 수 있습니다**. 분기 처리나 반복 처리로 애플리케이션을 분리할 수 있어 애플리케이션 수정이 더욱 간편해집니다(그림 9-15).

Step Functions는 Lambda, Batch, S3 등 수많은 AWS 서비스와의 연동을 지원합니다. 기존 AWS 서비스가 있는 경우에도 Step Functions를 도입할 수 있습니다. 배치 처리와 같이 정해진 시간에 일괄 처리하거나, 기계 학습과 같이 데이터를 일련의 흐름으로 가공하는 것이 Step Functions의 일반적인 사용 사례입니다.

AWS Step Functions를 이용할 때 주의할 점

Step Functions를 실행할 때 워크플로 각 단계에 사용되는 컴퓨팅 환경은 AWS가 제공하며, **각 단계의 처리 부하에 맞춰 단계 실행 환경도 자동으로 스케일링됩니다**. 하지만 Step Functions는 종량제이므로, 워크플로 설계를 잘못하면 실행 시간이 길어지고 막대한 요금이 발생할 수 있습니다.

하나의 Step Functions 정의 전체를 스테이트 머신이라고 부르는데, **스테이트 머신을 최적화하여 비용을 관리할 필요가 있습니다**(그림 9-16). 구체적으로는 워크플로 실행 시간을 단축하고, 다른 AWS 서비스의 이벤트를 트리거로 설정하여 실행을 최소화하며, 로그 및 실행 기록을 모니터링하여 문제를 신속하게 해결하는 것입니다.

Step Functions의 가용성은 AWS가 99.9%로 보장합니다. 하지만 이는 AWS가 Step Functions 서비스 자체의 이용 가능 상태를 보장하는 것일 뿐이므로, 워크플로의 가용성은 사용자가 확보해야 합니다.

그림 9-15 AWS Step Functions의 구조

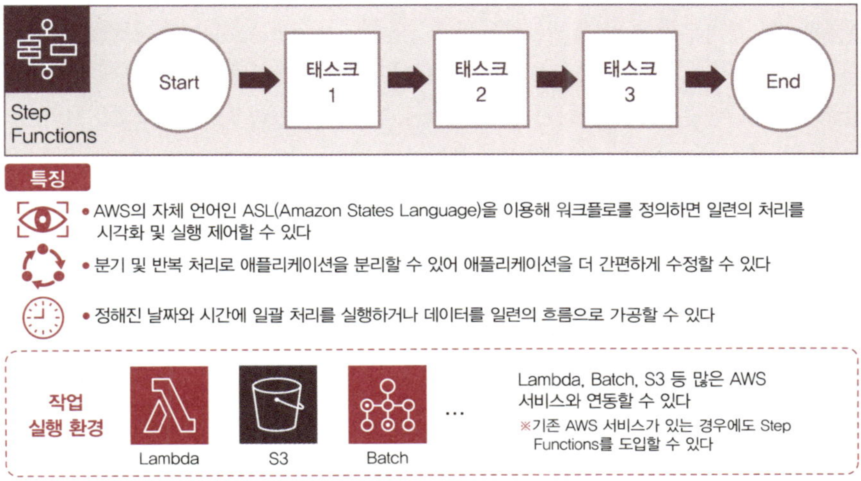

그림 9-16 AWS Step Functions 이용 시 주의할 점

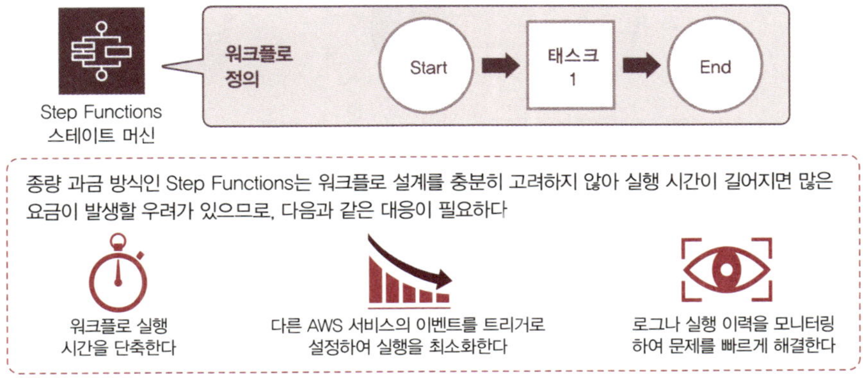

Point

- ✔ Step Functions는 AWS가 제공하는 관리형 워크플로 서비스로, 정의한 조건을 바탕으로 작업을 시각화하고 실행을 제어한다.
- ✔ Step Functions 실행 시 워크플로 각 단계의 처리 부하에 맞게 실행 환경도 자동으로 스케일링된다.
- ✔ Step Functions를 이용할 때, 스테이트 머신을 최적화해서 비용을 관리할 필요가 있다.

해보자 AWS 환경에서 Web 3계층을 구현해 보자

9장에서는 클라우드 벤더가 제공하는 IaaS(Infrastructure as a Service) 서비스와 클라우드 네이티브 서비스를 소개했습니다. 아래는 클라우드 환경에서 Web 3계층을 구현하는 구성 예시입니다. 어떤 IaaS 서비스와 클라우드 네이티브 서비스가 활용되고 있는지, 각각의 사용 목적을 생각해 보세요.

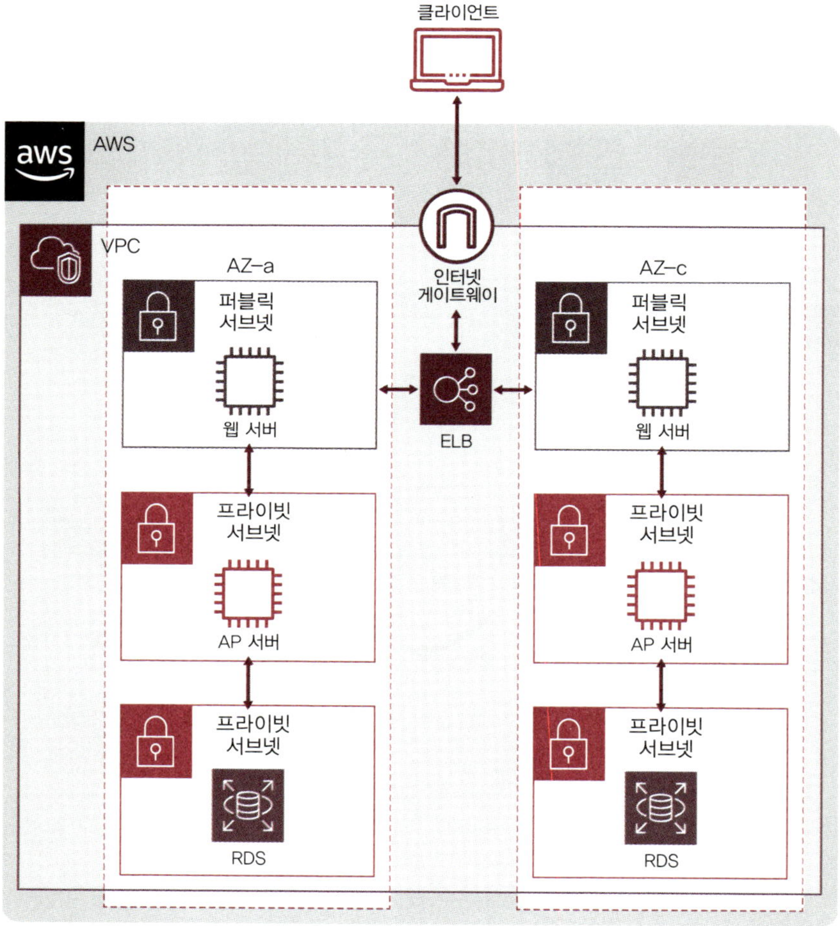

Chapter

10

설계 및 이전 방법과 주의 사항

함정, 문제 해결, 주의사항과 이전 방법

virtualization

가상화의 함정

가상화할 때는 이웃에 주의하자

가상화 환경은 **하나의 물리 머신을 여러 가상 머신이 공유하여 사용합니다**. 이러한 가상화 환경을 이용할 때 주의해야만 하는 것이 **노이즈 네이버**(시끄러운 이웃)입니다.

가상화 환경에서 노이즈 네이버란 동일한 물리 머신상에서 리소스를 함께 사용하는 가상 머신 중, 과도하게 자원을 소비하는 가상 머신을 의미합니다(그림 10-1). 동일한 물리 머신상에 노이즈 네이버가 있으면, 필요한 리소스를 사용할 수 없어 처리 속도 저하 등의 문제를 일으킬 수 있습니다.

이러한 상황을 사전에 방지하기 위해, 가상화 환경에서 미리 사용 가능한 리소스의 상한을 설정할 수 있습니다. 이를 일반적으로 **서비스 할당량**이라고 부릅니다. 서비스 할당량을 적절히 설정함으로써, 일부 노이즈 네이버가 다른 가상 머신에 끼치는 영향을 방지할 수 있습니다. 또한, 가상 머신의 리소스 사용 상황 등을 모니터링하면, 이상 상황을 신속하게 감지하고 대응할 수 있습니다.

가상화할 때는 라이선스에 주의하자

가상화 환경에서는 **라이선스**의 종류나 구매 수량에 주의해야 합니다(그림 10-2). 물리 환경에서 사용하던 소프트웨어를 가상화 환경으로 이전할 때, 라이선스의 종류를 변경하거나 수량을 늘려야 하는 경우가 있습니다. 이를 충분히 확인하지 않아 **라이선스 위반 상태가 되면 큰 문제가 생길 수 있으므로 주의가 필요합니다**. 예를 들어, Windows 서버의 경우 라이선스 종류에 따라 하나의 라이선스로 실행할 수 있는 가상 머신 수가 달라집니다. 따라서 여러 개의 가상 머신을 실행하려면 그에 맞춰 라이선스를 추가로 구매해야 합니다. 라이선스 구매 방식은 복잡하므로, **명확하지 않은 경우에는 반드시 라이선스 제공 업체에 확인하기를 바랍니다**.

그림 10-1 가상화 환경의 노이즈 네이버 현상

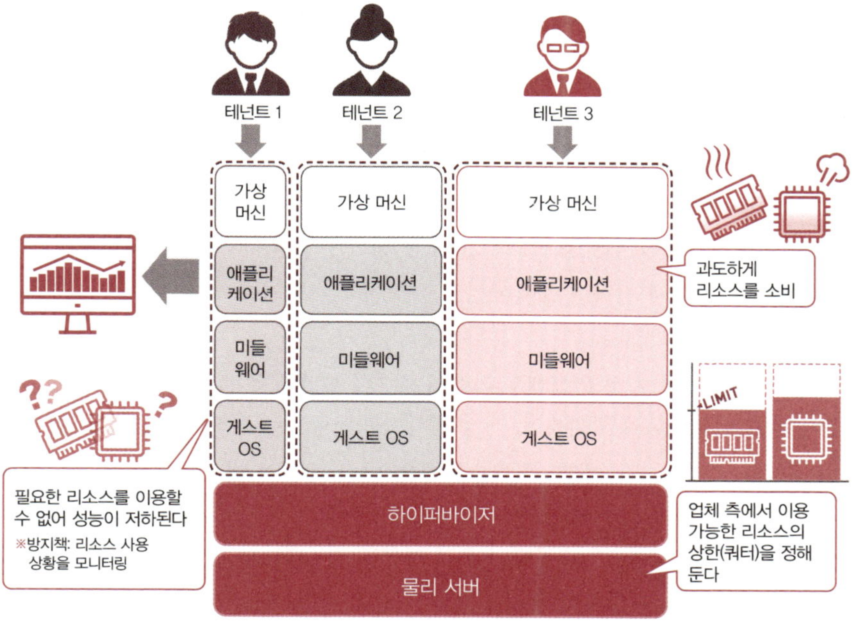

그림 10-2 온프레미스에서 가상화 환경으로 전환할 때 라이선스에 주의하자

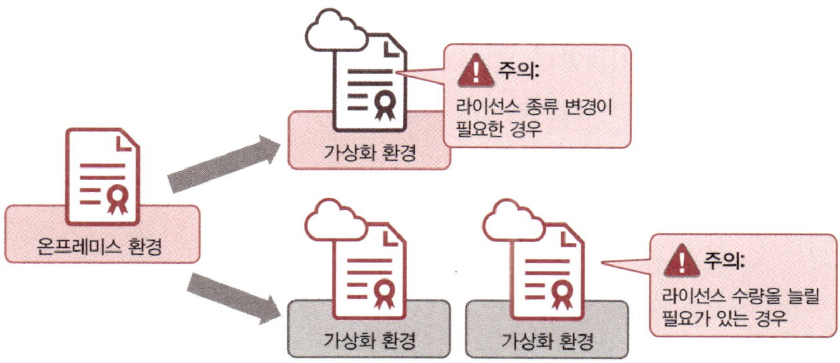

Point

- ✔ 가상화 환경은 하나의 물리 머신을 여러 가상 머신이 함께 사용하므로, 물리 환경과 달리 노이즈 네이버 등에 대한 대책도 유의해야 한다.
- ✔ 라이선스 위반은 문제가 될 수 있으므로, 명확하지 않을 경우 벤더에게 확인할 필요가 있다.

가상화 환경의 문제 해결 방법

가상화 환경에서 문제 원인을 파악하는 방법

가상화 환경에서 문제가 발생한 경우, 어디서부터 조사를 시작해야 할지 고민될 수 있습니다. 여기서는 가상화 환경에서 문제의 **원인을 파악**하는 과정을 설명하겠습니다. 각 시스템에 맞게 최적의 방법으로 조정할 필요는 있지만, 기본적인 흐름은 다음과 같습니다(그림 10-3).

먼저, 문제가 발생한 가상 머신에서 **이벤트 로그나 애플리케이션 로그를 살펴보고 어떠한 문제가 발생했는지 확인**하여, 이상 메시지를 바탕으로 적절한 조치를 취합니다.

특별한 이상 메시지가 없다면, 문제가 발생한 가상 머신의 **리소스 상태를 점검합니다**. 가상 머신의 리소스 부족이 시스템의 정상적인 이용에 영향을 미치지 않는지 체크하고, 필요하다면 노이즈 네이버의 존재 여부도 검토합니다.

가상 머신의 리소스 상태에 별다른 이상이 없다면, 문제가 발생한 가상 머신이 실행되는 물리 머신의 리소스 상태를 확인합니다. **호스트 서버 또는 다른 노이즈 네이버가 해당 가상 머신에 나쁜 영향을 주지 않았는지도 확인합니다**.

가상화 환경의 문제 해결 방법

구체적으로 어떤 문제인가에 따라 달라지지만, 가상화 환경의 문제 해결 방법은 일반적으로 다음과 같습니다(그림 10-4).

- 제품 업데이트 및 패치 적용
- 가상 머신 설정 수정
- 가상 머신 또는 물리 머신의 재시작

이 방법들은 문제의 원인을 정확히 파악하고 최적의 해결책을 적용함으로써, 가상화 환경의 안정성과 성능을 유지하는 데 중요한 역할을 합니다.

그림 10-3 가상화 환경의 문제 원인 분석 과정

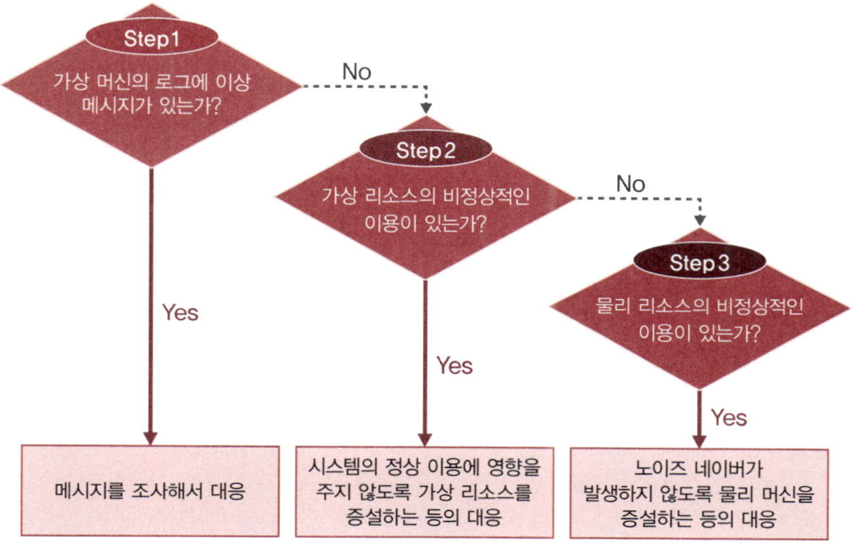

그림 10-4 가상화 환경에서 문제를 해결할 때 사용하는 방법

해결 방법	설명
제품 업데이트 및 패치 적용	제품에 버그 등 문제가 있는 경우, 최신 업데이트나 패치를 적용함으로써 해결되는 경우가 있다
가상 머신 설정 수정	설정에 오류가 있거나 필요한 리소스가 부족한 경우에는 조정을 통해 문제가 해결되는 경우가 있다
가상 머신 및 물리 머신 재시작	가상 머신이 응답하지 않거나 애플리케이션이 다운된 상태일 때, 재시작으로 해결되는 경우가 있다 ※ 물리 머신을 재시작할 경우 다른 가상 머신에도 영향을 미칠 수 있으므로, 가상 머신을 다른 물리 머신으로 이동시키는 등의 주의가 필요하다

Point

- ✔ 가상화 환경에서 문제가 발생한 경우, 우선 해당 가상 머신의 로그와 리소스 상태를 점검한다.
- ✔ 문제 해결 과정에서 호스트 서버나 다른 노이즈 네이버가 가상 머신에 부정적 영향을 끼치지 않았는지 확인한다.

» 물리 환경이 효율적인 경우

물리 환경이 더 적합한 경우

가상화 환경에서는 하나의 물리 머신에서 다수의 가상 머신을 효율적으로 운영할 수 있습니다. 물론, 그에 따른 주의 사항이 있다는 점도 앞서 설명했습니다. 여러 측면을 고려할 때, **이용 조건에 따라서는 물리 환경이 더 바람직한 경우도 있습니다**(그림 10-5).

❶ **특정 하드웨어 기능이 필요할 때** …… 특수한 네트워크 카드가 필요하거나 다른 머신과 공유하기 어려운 하드웨어를 사용해야 하는 경우

❷ **특정 소프트웨어 기능이 필요할 때** …… 호스트 서버에서만 실행되는 소프트웨어나 가상 머신에서의 이용이 보증되지 않은 소프트웨어를 사용하는 경우. 또한, 가상화 환경에서 물리 서버에 장착된 CPU 수만큼 라이선스 구매가 필요한 소프트웨어를 이용하는 경우에는 가상화 환경으로 전환하면 비용이 크게 증가할 가능성이 있다.

❸ **높은 성능을 요구할 때** …… 하나의 머신(OS)에서 높은 성능을 요구하는 시스템은 물리 환경이 효과적이다.

❹ **높은 보안이 요구될 때** …… 독립성과 높은 보안이 요구되는 경우, 다수의 가상 머신을 동일한 호스트 서버에서 실행하는 것은 적합하지 않다.

물리 시스템도 소유에서 이용으로 바뀔 수 있다

가상화 환경과 같은 클라우드형 서비스를 이용하는 장점은 **물리 장치를 소유**할 필요가 없다는 것입니다. **최근에는 물리 장치 자체를 서비스 형태로 제공하는 벤더도 있습니다**(그림 10-6). AWS Outposts와 같은 서비스는 AWS의 기능을 온프레미스(데이터센터형 포함) 환경에서 이용할 수 있도록 합니다.

그림 10-5 가상화 환경보다 물리 환경이 효율적인 경우

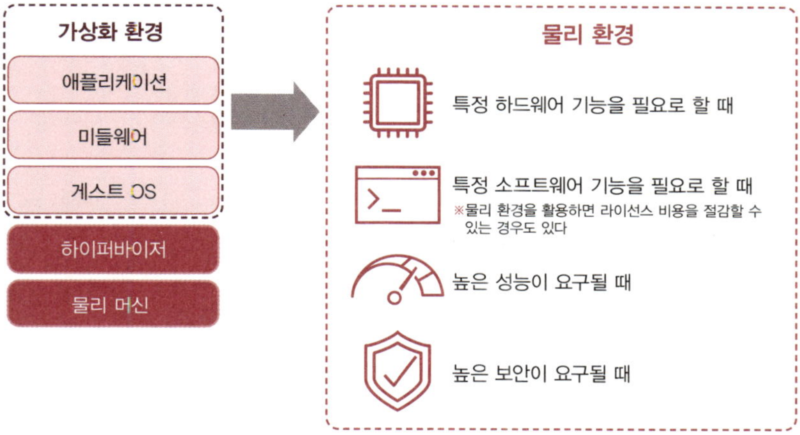

그림 10-6 물리 장치를 소유하지 않고도 이용할 수 있는 서비스

서비스 이름	개요
AWS Outposts	• 온프레미스 데이터센터에 AWS 인프라와 서비스를 확장할 수 있다 • 물리적인 랙 기반 인프라로 구성되어 있고, AWS 서비스를 실행할 수 있다 • 데이터 보안과 규제 요건을 충족하면서 클라우드의 유연성과 확장성을 활용할 수 있다
Azure Stack	• Microsoft Azure의 클라우드 서비스를 온프레미스 환경에서도 사용할 수 있도록 하는 서비스 • Azure Stack을 사용하면 데이터센터 내에서 Azure 서비스를 제공할 수 있다
Google Anthos	• Google Cloud 서비스를 온프레미스 환경에서 활용할 수 있도록 하는 서비스 • Google Anthos로 하이브리드 클라우드 환경을 구축하고, 애플리케이션을 원활하게 이전 및 실행할 수 있다

Point

✔ 이용 조건에 따라서는 가상화 환경보다 물리 환경이 더 나은 경우도 있다.

✔ 가상화 환경과 물리 환경의 이용 형태는 다양하며, 클라우드 벤더에서도 다양한 서비스(이용 방법)를 제공한다.

» 클라우드 이용 시 주의할 점

이용할 클라우드와 서비스를 선택한다

클라우드라고 해도, 선택하는 클라우드 벤더와 서비스에 따라 클라우드 벤더와 사용자의 **책임 범위**가 달라집니다(그림 10-7).

먼저, **시스템 특성에 따라 프라이빗 클라우드와 퍼블릭 클라우드 중에서 선택합니다**. 온프레미스처럼 사내에서만 사용하려는 경우 프라이빗 클라우드를, 여러 기업과 공유해도 되는 경우 퍼블릭 클라우드를 선택합니다. 또한, 컨설팅, 도입, 운영 지원 등 일련의 프로세스에 대한 서비스 제공 여부도 함께 확인합니다.

다음은 **이용할 서비스를 선택**합니다. 퍼블릭 클라우드에는 IaaS(Infrastructure as a Service), PaaS(Platform as a Service), SaaS(Software as a Service)의 세 가지 서비스 형태가 있습니다. 일반적으로 IaaS를 이용하는 경우에는 하드웨어와 가상화 인프라는 클라우드 벤더의 책임이며, 그 외의 모든 것은 사용자의 책임입니다. PaaS를 이용하는 경우에는 사용자가 데이터와 애플리케이션에 대해 책임지고, SaaS를 이용하는 경우에는 사용자가 데이터에 대해서만 책임을 집니다. 또한, 서비스를 이용하는 형태 외에도 **서비스 수준 협약(SLA**: Service Level Agreement, 10-7절 참조)을 고려하여 서비스를 선택해야 합니다. 서비스 수준을 측정하는 지표로 흔히 사용되는 것은 가동률, 지연 시간, 장애 복구 시간입니다(그림 10-8).

클라우드를 이용할 때 주의할 점

SLA를 위반한 모든 경우에 클라우드 벤더로부터 위약금을 받을 수 있는 것은 아닙니다. SLA에는 위약금 지급 대상이 되는 보장형과 위약금 지급 대상이 아닌 노력목표형, 그리고 이 둘이 혼합된 혼합형이 존재합니다.

또한 클라우드 서비스를 이용할 때는 **데이터의 지리적 위치와 가용성을 고려한 리전 및 존 선택, 필요한 최소한의 권한 및 통신을 위한 보안 수준 설정, 그리고 클라우드 이용에 따른 비용 관리도 중요합니다**(그림 10-8).

그림 10-7 퍼블릭 클라우드 서비스의 책임 범위

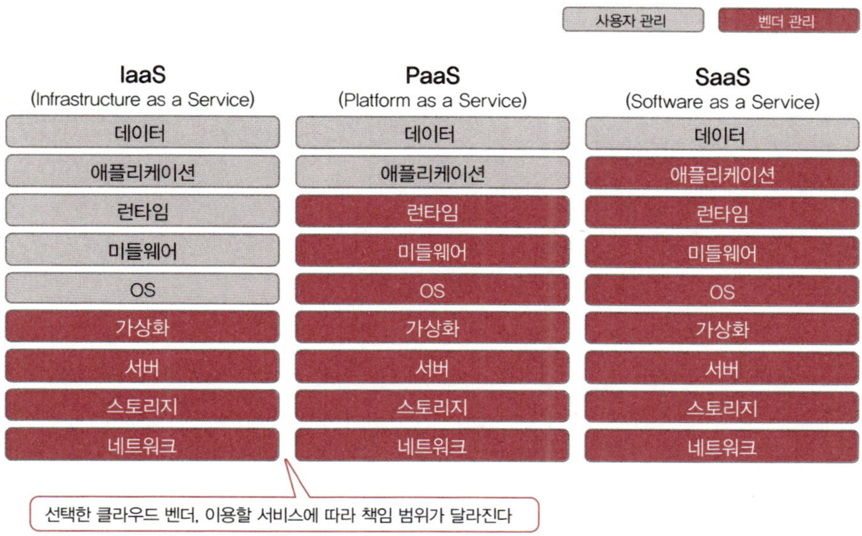

그림 10-8 SLA 지표와 그밖에 결정해야 할 것

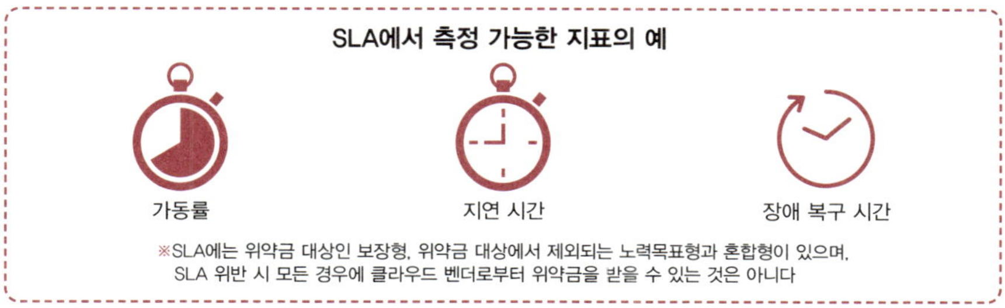

이용 서비스의 SLA 외에 클라우드 이용 시 결정할 사항

- 데이터의 지리적 위치와 가용성을 고려한 리전 및 존 선택
- 필요한 최소한의 권한 및 통신을 위한 보안 수준 설정
- 클라우드 이용에 따르는 비용 관리

Point

✔ 시스템 특성에 따라 클라우드 벤더, 이용할 서비스를 선택해야 한다.
✔ 서비스 수준(SLA), 리전 및 존, 보안 수준, 비용 관리에 대한 고려도 필요하다.

» 클라우드 설계 시 주의할 점 ① 서비스 할당량

클라우드 서비스 할당량이란?

퍼블릭 클라우드는 여러 기업이 공동으로 사용하는 서비스이므로, 의도치 않은 과도한 리소스 사용을 방지하고 리소스를 확보하기 위해 각 서비스에 할당량이 설정되어 있습니다. 이 제한된 할당량을 '쿼터'라고 하며, 이를 초과하면 리소스를 배포할 수 없게 됩니다(그림 10-9).

일반적으로 **서비스 할당량**은 **클라우드 콘솔에서 확인**할 수 있습니다. AWS의 경우는 'Service Quotas', Azure의 경우는 구독 항목에서 '사용량 및 할당량', Google Cloud의 경우는 '할당량 및 시스템 한도'에서 각 서비스의 할당량을 확인할 수 있습니다.

클라우드 서비스 할당량 변경하기

할당량 문제로 리소스를 배포할 수 없게 되는 사태를 피하려면 어떻게 해야 할까요? 우선, 이용할 서비스의 할당량을 사전에 확인해야 합니다. 다음으로, **서비스 이용에 필요한 리소스 값을 파악하여 사전에 할당량 증가를 요청합니다. 할당량 증가 요청은 콘솔에서 직접 하거나 클라우드 벤더의 지원 센터를 통해서 하는 두 가지 방법이 있습니다**. 요청한 할당량이 즉시 반영되는 리소스도 있으므로, 미리 계획을 세울 필요가 있습니다.

AWS의 EIP 할당량 증가 요청 절차를 소개하겠습니다(그림 10-10). AWS 콘솔의 'Service Quotas' 화면으로 이동한 후, 왼쪽 메뉴에 있는 'AWS 서비스'를 클릭하고 'EC2'를 검색합니다. 목록에서 'Amazon Elastic Compute Cloud(Amazon EC2)'를 선택하고, 표시된 화면에서 'Elastic IP'를 검색합니다. 검색 결과에 있는 'EC2-VPC Elastic IPs'를 클릭합니다. '적용된 계정 수준 할당량 값'에 표시된 값 5는 기본값입니다. [계정 수준에서 증가 요청] 버튼을 누르고, 할당량 값을 원하는 값으로 변경한 후 하단의 [요청] 버튼을 누릅니다. 요청이 승인되면 변경된 할당량 값이 표시됩니다.

그림 10-9 클라우드 서비스 할당량의 개요

클라우드의 서비스 쿼터(서비스 리소스 할당량 제한)

목적	의도치 않은 과도한 리소스 이용 방지와 리소스 확보
특징	설정된 할당량을 넘으면 리소스를 배포할 수 없게 된다 ➜ 리소스 배포 불가 사태를 방지하기 위해 다음과 같은 대책을 권장 • 이용 예정 서비스의 할당량을 사전에 확인 • 서비스 이용에 필요한 리소스 값을 파악하고 사전에 할당량 증가 신청 ※신청은 클라우드 콘솔에서 직접 신청하거나 지원 센터에 신청하는 두 가지 방법이 있다 ※할당량 증가 요청을 하면 바로 반영되는 리소스도 있지만, 시간이 경과해야 반영되는 리소스도 있다
확인 방법	• AWS : 'Service Quotas' 콘솔에서 확인 가능 • Azure : 구독 항목에서 '사용량 및 할당량' 콘솔에서 확인 가능 • Google Cloud : 'IAM 및 관리자 〉 할당량' 콘솔에서 확인 가능

그림 10-10 서비스 할당량 상한 증가 신청 절차 예시(AWS EIP)

Step1

'Service Quotas' 화면에서 'Amazon EC2'의 'EC2-VPC Elastic IPs'를 클릭한다

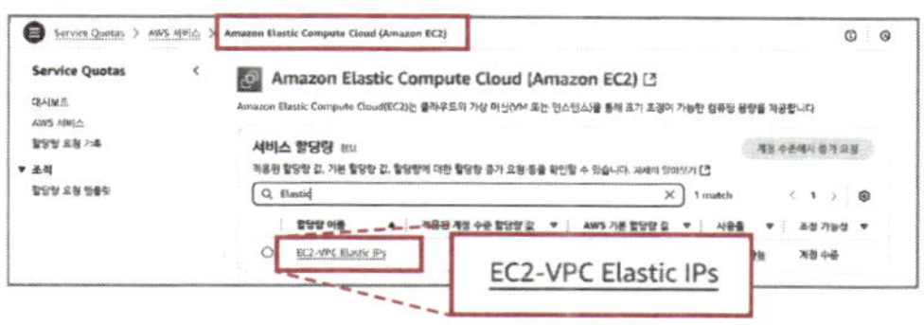

Step2

'EC2-VPC Elastic IPs' 화면에서 [계정 수준에서 증가 요청]을 클릭한다

Step3

적용하고 싶은 할당량을 입력하고 [요청]을 클릭한다

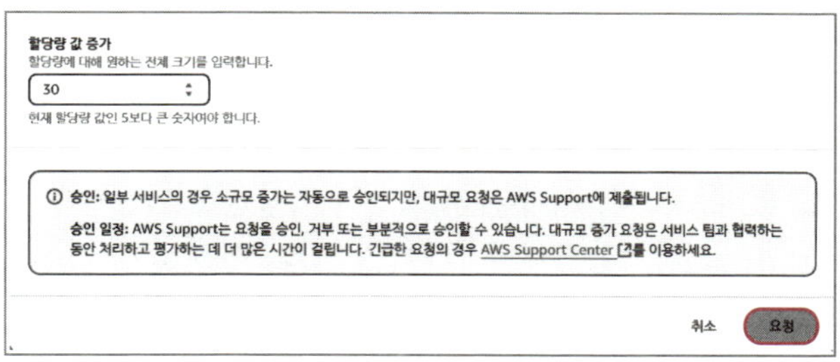

Point

- ✔ 일반적으로 서비스 할당량은 클라우드 콘솔에서 확인할 수 있다.
- ✔ 퍼블릭 클라우드 이용 시에 이용 서비스 할당량 값을 확인하고, 필요에 따라 할당량 증가를 요청해야 한다.
- ✔ 할당량 증가 요청은 콘솔에서 직접 하거나 지원 센터를 통해서 하는 두 가지 방법이 있다.

클라우드 설계 시 주의할 점 ② 통신·권한 제어

가상 데이터센터(AWS VPC) 내부의 통신 및 권한 제어

VPC(9-2절 참조) 내부 리소스에 접근하기 위해서는 최소한의 **통신 및 권한 제어**가 필요합니다.

VPC 내에서는 **보안 그룹(Security Group)을 사용하여 EC2 인스턴스 단위로 통신을 제어합니**다. 보안 그룹은 기본적으로 인바운드 통신은 모두 거부, 아웃바운드 통신은 모두 허용으로 설정되어 있습니다. **네트워크 접근 제어 리스트(NACL)는 서브넷 단위의 통신 제어에 사용됩니다**(그림 10-11). 보안 그룹과는 달리, NACL은 기본적으로 모든 통신이 허용되어 있으므로, 불필요한 통신을 차단하기 위한 규칙 설정이 필요합니다. 보안 그룹과 NACL을 모두 설정할 경우, 양쪽에서 모두 허용되지 않으면 통신이 거부됩니다.

가상 데이터센터(AWS VPC) 외부의 통신 및 권한 제어

VPC 외부의 서비스(AWS Lambda, S3 등)가 VPC 내부의 리소스에 접근하기 위해서는 해당 서비스에 필요 최소한의 권한을 가진 IAM 역할과 정책을 설정해야 합니다(그림 10-12).

VPC와 VPC 외부 서비스 간의 통신을 가능하게 해 주는 것이 VPC 엔드포인트입니다. VPC 엔드포인트에는 인터페이스형과 게이트웨이형이 있습니다. 인터넷을 거치지 않고 서비스와 연결하려면 게이트웨이형을 사용합니다.

온프레미스와 VPC 내부 리소스 간의 통신을 가능하게 하려면, VPN이나 Direct Connect를 사용합니다. **다른 VPC와 통신하기 위해서는 VPC Peering이나 Transit Gateway를 이용합니다**.

AWS에서는 액세스 키와 시크릿 키 정보가 있으면 어디에서든 VPC 내부 리소스에 접근할 수 있습니다. IAM 사용자를 생성할 때는 반드시 최소한의 권한만 부여해야 합니다. 또한 IaaS로 서버를 사용할 경우, RDP/SSH를 불필요하게 인터넷에 공개하지 않는 등의 주의도 필요합니다.

그림 10-11 AWS VPC 내부 리소스 간 통신 및 권한 제어

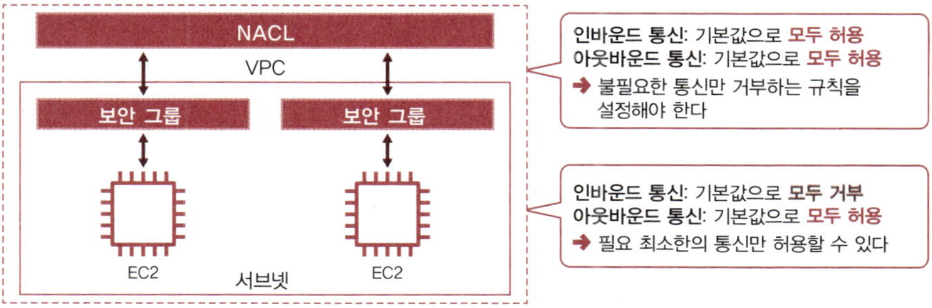

주의

- 필요 최소한의 권한으로 설계할 필요가 있다
- 보안 그룹과 NACL을 둘 다 설정한 경우, 양쪽 모두 허용되지 않으면 통신이 거부된다

그림 10-12 AWS VPC 외부의 통신 및 권한 제어

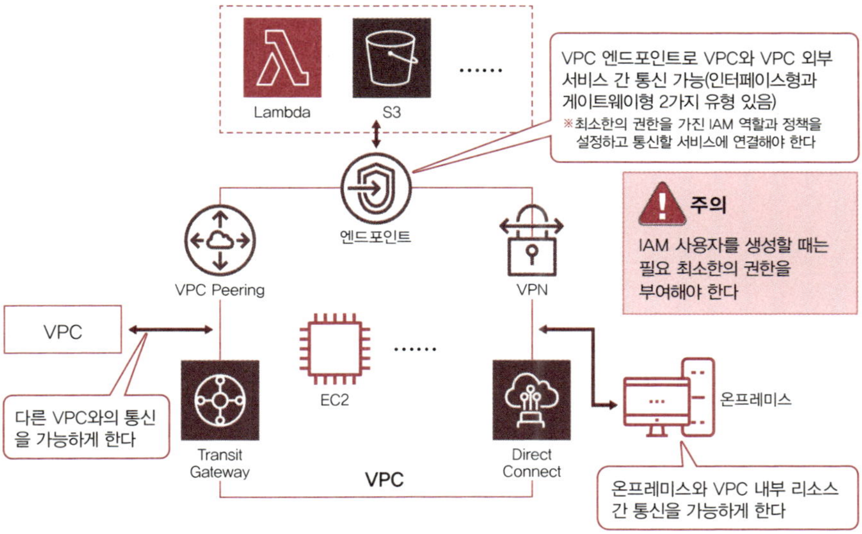

Point

- ✔ VPC 내부 리소스에 접근할 경우, 필요 최소한의 통신 제어(보안 그룹, NACL)와 권한 설계가 필요하다.
- ✔ VPC와 VPC 외부 서비스 간의 통신, 온프레미스와 VPC 내부 리소스 간의 통신, VPC 간의 통신을 가능하게 하는 서비스가 제공된다.

» 클라우드 설계 시 주의할 점 ③ 서비스 수준

클라우드 서비스의 SLA

SLA(Service Level Agreement)는 **클라우드 벤더와 사용자 간에 서비스의 품질, 가용성, 성능 등에 대해 명문화하고 계약상 합의한 것**을 의미합니다. 각 클라우드 벤더는 제공하는 서비스에 따라 서로 다른 SLA를 설정하고 있습니다. **SLA는 '서비스 정의', '서비스 수준', '서비스 수준에 대한 비용'으로 구성됩니다**(그림 10-13).

우선은 SLA 대상 서비스를 정의합니다. 모든 서비스가 SLA 대상이 되는 것은 아니므로 주의해야 합니다. 예를 들어, 단일 인스턴스 구성의 AWS RDS는 SLA 대상에서 제외됩니다.

다음으로 서비스 수준에 대해 제시된 SLA를 확인하고, 이용하려는 서비스가 구축하고자 하는 서비스의 가동률과 일치하는지 확인합니다. SLA 지표로는 가동률, 지연 시간, 장애 복구 시간이 자주 사용됩니다. 서비스 구성에 따라 SLA 기준은 달라집니다. 예를 들어 단일 EC2 인스턴스(단일 가용 영역)의 SLA는 99.5%이고, 다중 가용 영역에 배포된 EC2 인스턴스의 SLA는 99.99%입니다.

서비스 수준에 따른 비용은 일반적으로 SLA 수준이 높을수록 비용이 많이 듭니다. 따라서 시스템의 특성에 맞는 적절한 SLA를 가진 서비스를 선택할 필요가 있습니다.

클라우드 서비스의 SLA에서 주의할 점

SLA에서 보장한 가용성 기준을 충족하지 못더라도 사용자가 별도로 신고하지 않으면 환불이 이루어지지 않을 수 있으며, **환불 대상이 되지 않는 경우가 있을 수도 있고**, 장애 발생으로 인한 경제적 손실에 대해 청구할 수 없는 경우도 있습니다. 데이터 손실이나 시스템 정지로 인한 손실을 최소화하려면, **사용자는 장애 대비책을 고려하여 서비스 구성을 설계해야 합니다**. 예를 들어, 가용 영역의 장애를 고려하여 다중 가용 영역 구성으로 변경하거나, 리전 장애를 고려하여 멀티 리전 구성으로 변경할 수 있습니다(그림 10-14).

그림 10-13 클라우드 서비스 SLA의 구성

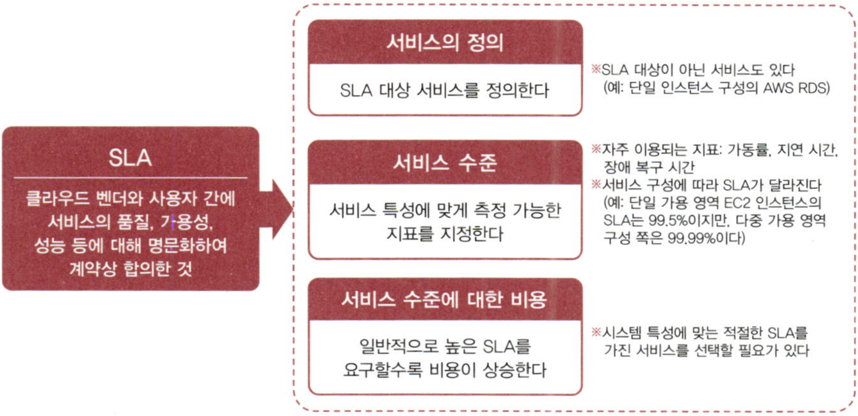

그림 10-14 클라우드 서비스 SLA에서 주의할 점

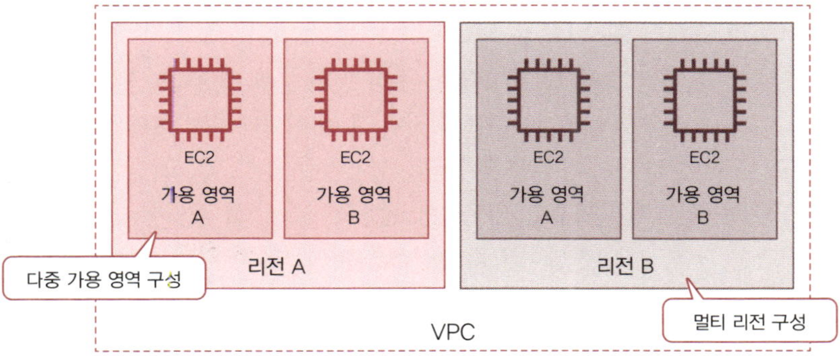

장애로 데이터를 잃거나 시스템이 정지되는 등의 손실을 최소화하기 위해,
사용자는 장애 대책을 고려하여 서비스 구성을 설계할 필요가 있다

Point

- ✔ SLA란 클라우드 벤더와 사용자 간 서비스 품질, 가용성, 성능 등에 관해 명문화하고 계약상 합의한 것이다.
- ✔ SLA는 '서비스 정의', '서비스 수준', '서비스 수준에 대한 비용'으로 구성된다.
- ✔ SLA 대상 서비스라도 경우에 따라서는 환불 대상이 되지 않는 경우가 있기 때문에, 사용자가 장애 대책을 마련할 필요가 있다.

» 물리 인프라에서 가상화 인프라로 이전하기

리프트 앤 시프트형 마이그레이션 방식

리프트 앤 시프트(Lift & Shift)란, 기존의 온프레미스 환경을 그대로 클라우드로 이전(리프트)하고, 새롭게 환경을 구축할 때 클라우드를 이용(시프트)하는 방식입니다(그림 10-15). 리프트 앤 시프트 이외에도 **7R**(Rehost, Replatform, Repurchase, Refactor/Rearchitect, Relocate, Retain, Retire)이라는 방식이 있습니다.

리프트 앤 시프트는 시스템 구성 변경을 최소로 하기 위해, 기존 리소스를 효율적으로 활용하고 단기간에 클라우드로 마이그레이션하여 초기 비용을 절감할 수 있는 방식입니다. 이를 통해 클라우드 환경에서의 시스템 운영 부담 감소, 이용 장소 무제한, 유연한 리소스 이용 등을 실현할 수 있습니다.

리프트의 흐름과 주의할 점

다음은 리프트의 흐름을 소개합니다(그림 10-16). 먼저 물리 인프라를 평가하고, 마이그레이션 대상 서버나 애플리케이션을 확정한 후 마이그레이션 계획을 수립합니다. 다음으로, 목적에 맞는 클라우드 플랫폼을 선정합니다. 그 후, 적절한 네트워크 및 리소스 크기를 설계하고 필요한 네트워크 설정과 리소스를 할당합니다. 시스템 인프라를 구축한 다음, 적절한 방식으로 데이터를 마이그레이션합니다. 마지막으로 마이그레이션 전에 충분한 테스트와 백업을 수행합니다.

리프트 마이그레이션 방식에도 위험은 도사리고 있습니다. 우선, 마이그레이션에 실패할 위험이 있습니다. 물리 환경과 가상화 환경이 다르기 때문에 **애플리케이션 등의 호환성** 문제로 인해 이전할 수 없는 경우가 생길 수 있습니다. 다음은 **성능 저하 위험**입니다. 리소스 할당이 적절하지 않으면, 원하는 성능을 달성할 수 없을 가능성이 있습니다. 그리고 **보안 위험**입니다. 보안 설정이 부적절하면 정보가 유출될 우려가 있습니다. 마지막으로, **비용 증가 위험**이 있습니다. 예를 들어, 물리 환경과 가상화 환경의 라이선스 체계가 달라 마이그레이션으로 인한 라이선스 비용이 크게 증가할 수 있습니다.

그림 10-15 물리 환경에서 가상화 인프라로 마이그레이션하는 방식

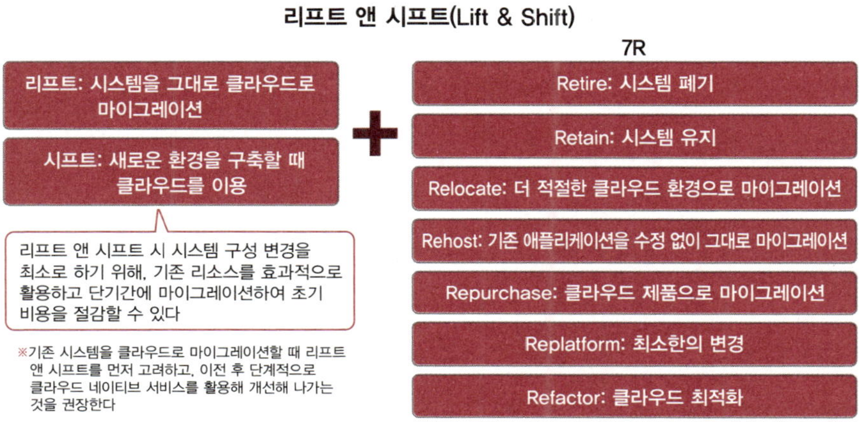

그림 10-16 물리 환경에서 가상화 인프라로 리프트하는 흐름과 주의할 점

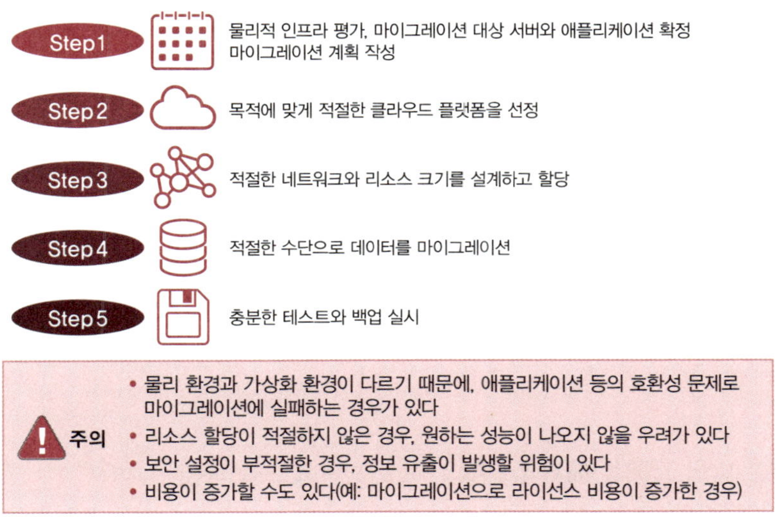

Point

- ✔ 물리 환경에서 가상화 인프라로 마이그레이션하는 방법으로 리프트 앤 시프트, 7R 기법이 있다.
- ✔ 물리 환경에서 가상화 인프라로 마이그레이션할 때 애플리케이션 호환성 문제, 성능 저하 위험, 보안 위험, 비용 증가 위험을 고려해야 한다.

가상화 인프라로 이전하는 방법

리프트 마이그레이션 사례

OS나 미들웨어의 EOL(기술 지원 종료)을 계기로 클라우드로의 리프트 마이그레이션을 검토하는 기업이 많을 것입니다(그림 10-17). 클라우드 벤더는 다양한 OS 버전 등을 제공하므로, 온프레미스에서 사용하던 미들웨어나 메인프레임 등의 실행 환경, 애플리케이션을 IaaS 가상 서버로 가져올 수 있습니다.

또한, 급속한 비즈니스 확장에 따른 성능 문제나 운영 비용 증가를 해결하기 위해 클라우드로 리프트를 검토하는 소규모 스타트업 기업들도 있습니다. 예를 들어, 온프레미스 웹 서버를 가상 서버로 마이그레이션한 뒤, 앞단에 로드 밸런서를 배치해 자동 스케일링을 활성화하는 등의 방법을 사용합니다.

리프트 마이그레이션의 장점으로는 '마이그레이션이 간편하다', '도입 비용을 최소화할 수 있다', '시스템 확장 및 축소가 용이하다' 등을 들 수 있습니다.

리프트 마이그레이션 서비스 이용

클라우드 벤더들은 온프레미스 환경에서 클라우드로 더욱 쉽게 마이그레이션할 수 있도록 마이그레이션 서비스를 제공하고 있습니다(그림 10-18). AWS Application Migration Service, Azure Migrate, Google Cloud Migrate for Compute Engine과 같은 **리프트 마이그레이션 서비스**가 그 예입니다. 사용하려는 클라우드에 맞춰 이러한 마이그레이션 서비스를 활용하면 클라우드로의 전환을 신속하게 완료할 수 있습니다.

리프트 마이그레이션에서 주의할 점

리프트 마이그레이션은 기본적으로 기존 시스템을 그대로 이전하기 때문에, 마이그레이션 후에도 시스템 유지보수 작업이나 시스템 개선 작업이 필요합니다. 즉, **리프트 마이그레이션이 영구적인 조치가 아님을 인식해야 합니다.** 클라우드의 이점을 최대한 끌어내려면, **클라우드 네이티브 구성으로 단계적으로 전환하고 업데이트나 운영을 자동화하는 등의 방안을 검토할 필요가 있습니다.**

그림 10-17 클라우드 리프트 마이그레이션을 검토하는 계기와 클라우드로 실현 가능한 것

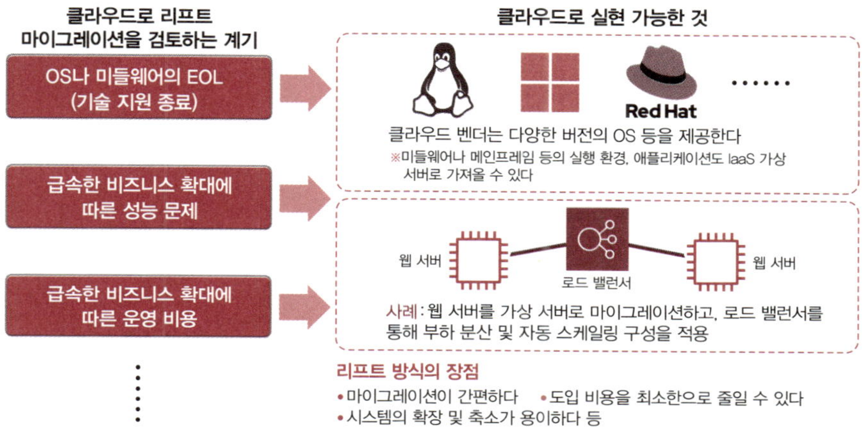

그림 10-18 주요 리프트 마이그레이션 서비스

서비스 이름	개요
AWS Application Migration Service	온프레미스 · 가상 · 퍼블릭 클라우드에서 AWS로 마이그레이션을 지원하며, 단순한 마이그레이션 프로세스로 서버를 리프트 앤 시프트할 수 있다
Azure Migrate	온프레미스의 물리 서버나 가상화 환경, 현재 이용하는 클라우드 서비스에서 가동 중인 머신의 Azrue 마이그레이션을 지원한다
Google Cloud Migrate for Compute Engine	• 온프레미스 또는 다른 클라우드에서 Google Compute Engine으로 VM을 마이그레이션 할 수 있다 • 지원하는 마이그레이션 대상으로 VMware vSphere, Amazon EC2(AWS), VM(Microsoft Azure) 환경이 있다

주의

- 마이그레이션 후에도 시스템 유지보수 운영 작업이나 시스템 개선 작업이 발생한다
- 영구적인 조치가 아니다

※클라우드의 장점을 최대한으로 끌어내기 위해 클라우드 네이티브 구성으로 단계적으로 시프트하고, 업데이트나 운영 자동화 등을 검토할 필요가 있다

Point

- ✔ '간편한 마이그레이션', '도입 비용 최소화', '간편한 시스템 확장 및 축소'를 리프트 마이그레이션의 장점으로 들 수 있다.
- ✔ 리프트 마이그레이션은 어디까지나 임시 조치로, 이후에 클라우드 네이티브 구성으로 전환해서 클라우드의 장점을 최대한 끌어내야 한다.

해보자 ● 시스템 요구 사항에 맞는 최적의 클라우드 서비스를 선택해 보자 ●

10장에서는 가상화 환경과 클라우드 환경에서의 주의사항과 가상화 인프라로 이전하는 방법 및 주의사항을 설명했습니다.

가상화 환경을 이용할 때는 '노이즈 네이버' 문제와 라이선스 위반을 방지하기 위해 리소스를 모니터링하고, 라이선스 이용 조건을 사전에 확인해야 합니다. 또한, 가상화 환경에서 문제가 발생하면 10-2절에서 소개한 문제 해결 절차를 시스템 특성에 맞게 조정하여 진행하는 것이 좋습니다.

클라우드 환경을 사용할 때는 이용하는 서비스의 책임 범위, 서비스 할당량, 통신 및 권한 제어, 서비스 수준 등을 확인해야 합니다. 구체적으로는 10-4절부터 10-7절까지의 내용을 참고하기 바랍니다.

가상화 인프라로 이전하는 방법으로 리프트를 중심으로 소개했습니다. 아래에 몇 가지 시스템 요구 사항의 예를 들었습니다. 퍼블릭 클라우드 서비스의 책임 범위를 염두에 두고 어떤 서비스 이용 형태가 최적인지 생각해 봅시다.

[요구 사항]

❶ 서버 OS 설정을 직접 관리한다.

❷ 시스템 개발 영역을 타깃으로 한다.

❸ 클라우드 서비스를 그대로 이용한다.

[실행 방식]

IaaS(Infrastructure as a Service) ...... 요구 사항 [ ] 실현에 최적

PaaS(Platform as a Service) ...... 요구 사항 [ ] 실현에 최적

SaaS(Software as a Service) ...... 요구 사항 [ ] 실현에 최적

※ 서비스 이용 형태 이외에 SLA(Service Level Agreement)를 고려하여 서비스를 선정해야 한다

Chapter

11

가상화 운영

가상화 환경 이용 시 고려할 사항

virtualization

» 서비스 카탈로그 관리

가상화 자유도와 가이드라인

지금까지 살펴본 바와 같이 가상화 기술(클라우드 포함)을 도입하면, 사용자는 좀 더 활용하기 쉬운 형태로 리소스를 제공받을 수 있고 자유도도 크게 향상됩니다. 그러나 **이 높은 자유도가 오히려 혼란을 초래하는 경우도 있습니다**. 예를 들어, 어느 정도 리소스를 할당해야 하는지, 보안 대책을 어디까지 시행해야 하는지, 요구 사항에 따라 어떤 방식으로 리소스를 조합해야 하는지 등 사용자가 적절한 운영 방법을 판단하기가 어려워집니다.

이러한 혼란을 방지하기 위해 가상화 환경 운영에는 **가이드라인**이 필요합니다(그림 11-1). 가이드라인이란 가용성, 성능, 보안, 운영 등의 관점에서 가상화 환경 이용 시 고려해야 할 점, 방침, 권장 방식을 정리한 것입니다. 이를 이용하면 효율적이고 안전하게 가상화 환경을 운영할 수 있습니다.

사용자에게 빠르게 환경을 제공하는 서비스 카탈로그

가이드라인에서 정책을 정했더라도, 사용자가 가상화 환경을 구축하는 경우(또는 구축을 요청하는 경우), 사용자의 이해도에 따라 가이드라인에서 정한 정책만으로는 부족할 수 있습니다. 또한, 가이드라인 해석의 차이로 다양한 가상화 환경이 만들어져 운영을 통일하기 어려워질 가능성이 있습니다.

이러한 문제를 해결하기 위해 서비스 카탈로그가 필요합니다. **서비스 카탈로그**는 그림 11-2와 같이 이용 시나리오를 상정해 구현 패턴을 정리한 후, 가상화 환경에서 제공되는 리소스와 그 사양을 명확히 합니다. **서비스 카탈로그를 준비해 두면, 사용자는 필요한 서비스를 쉽게 찾을 수 있고 가상화 환경을 제공하는 쪽에서는 이를 관리하기가 더 쉬워진다는 장점이 있습니다**. 또한, 서비스 카탈로그로 사양을 명확히 함으로써 사용자로부터 피드백을 받아 서비스를 지속적으로 개선하고 사용을 촉진하는 효과도 기대할 수 있습니다.

그림 11-1 가이드라인에 의한 이용 정책 책정

가상화 환경(클라우드) 이용 가이드라인

가상화 환경(클라우드)을 이용할 때 고려해야 할 사항과 권장 사항이 기재된 문서

가이드라인 목차(예)

1장 가용성
지속성, 내결함성 등

2장 성능 및 확장성
배치 및 온라인 처리량, 리소스 확장성 등

3장 운영 및 유지보수
백업, 모니터링, 시간 동기화, 지원 체제 등

4장 마이그레이션
마이그레이션 방법, 마이그레이션 시 분담 등

5장 보안
위험 분석, 접근 제어, 부정 추적, 암호화 등

성능 및 확장성(예)
사용자 데이터 보유 여부에 따라 확장성 정책을 결정한다. 웹 서버와 AP(애플리케이션 서버)의 경우 사용자 데이터를 저장하지 않으므로 처리량을 향상하려면 스케일 아웃을 권장한다. DB 서버는 사용자 데이터를 보유하므로 여러 가상 서버가 동일한 사용자 데이터를 참조할 수 있도록 해야 한다. 운영 및 구성의 변경 리드 타임을 고려하여 스케일 업을 최우선으로 검토한다. DB 접근 특성에 따라 DB 기능을 활용한 다중 클러스터 기반 스케일 아웃 구성을 검토한다.

네트워크 관련 위험과 대책(예)
클라우드 서비스 이용 시 네트워크 관련 위험 요소로는 주로 데이터 유출, 사칭 공격, 서비스 중단 등이 있으며, 다음과 같은 요인을 생각할 수 있다.

- 사용자와의 통신, 서버 간 통신, 리전 간 통신에서의 위협
  - 통신 도청
  - 중간자 공격
  - 사칭 공격

그림 11-2 서비스 카탈로그를 통한 신속한 환경 제공

가상화 환경(클라우드) 이용 가이드라인

- 가이드라인은 다양한 상황에 대응할 수 있도록 작성되었기 때문에 추상적인 부분이 있다
- 구현하기 위해서는 설계 스킬이 요구된다

- 가이드라인에 따라 이용 시나리오를 예상한 후 서비스 사양을 결정하여 제공한다
- 가상화의 자유도는 낮아지지만, 선택의 용이성으로 인해 도입 속도가 빨라지고 효율적인 운영이 기대된다

서비스 카탈로그

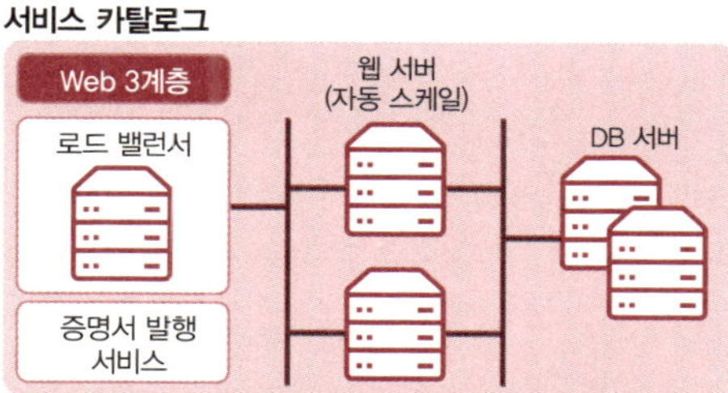

서비스	사양
가상 서버	S : 1vCPU/2G메모리, M : 2vCPU/4G메모리
자동 스케일	CPU 사용률이 ○% 이상이 되면 자동으로 스케일 아웃하고, ○% 이하가 되면 자동으로 스케일 인한다
증명서 발행	로드 밸런서에 적용 가능한 유효기간 ○년짜리 인증서를 발급한다. 키 알고리즘은 RSA

Point

✔ 가상화 환경은 자유도가 높기 때문에, 가상화 환경을 구현하고 운영하려면 가이드라인이 필요하다.

✔ 서비스 카탈로그를 준비하면, 이용 시작까지 걸리는 리드 타임을 줄이고 가상화 환경을 관리하기 쉬워지는 효과가 있다.

클라우드 구성 관리

클라우드의 인프라 구성 관리

클라우드에서는 다양한 서비스를 유연하게 조합하여 사용할 수 있지만, 때로는 그 유연성 때문에 **용도가 불분명한 리소스가 혼재될 가능성이 있습니다**. 예를 들어, 프로젝트를 위해 생성한 리소스를 프로젝트 종료 후 삭제하지 않아 불필요한 비용이 발생한 경우에는 보안이나 비용 측면을 고려하여 구축한 리소스 전체에 대한 **구성 관리**가 필요합니다. 또한, AWS CloudFormation이나 IaC(Infrastructure as Code) 등의 도구로 작성한 **코드**로 인프라를 구축한 경우, 코드를 이용해 인프라 구성을 관리할 수 있습니다(그림 11-3).

코드를 이용한 구성 관리 노하우

우선, 용도를 알 수 없는 리소스를 없애기 위해, 구축 시점에 리소스의 용도를 알 수 있도록 적절한 태그를 붙입니다. 태그를 붙여 두면, 나중에 불필요한 리소스를 쉽게 파악하고 접근을 제한할 수 있습니다. 또한, AWS Config와 같은 구성 관리 도구를 이용하면 리소스 설정을 자동으로 수집하고 리소스 간의 의존성을 콘솔에서 확인할 수 있으므로, 수동으로 구성을 관리할 필요가 없어집니다.

코드만으로는 설계 의도를 파악하기 어려워, 보안이나 비용 최적화 관점에서 문제가 발생하기도 합니다. 이러한 문제를 해결하기 위해 코드에 설계 의도 등을 주석으로 달아 문서화합니다. 이렇게 해 두면, 다른 팀원이나 후속 개발자가 내용을 더 쉽게 이해할 수 있습니다. 그 밖에도 인프라 구성 변경을 효과적으로 관리하기 위해서는 코드의 버전 관리가 필수입니다. Git 등의 버전 관리 도구를 이용해서 적절한 브랜치와 코드 리뷰 및 배포 흐름을 설정합니다(그림 11-4).

클라우드의 유연성을 활용하는 동시에, 용도 불명의 리소스나 코드를 피하기 위해서는 적절한 관리와 문서화가 중요합니다. **태그 지정, 정책 설정, 감사, 문서 작성 등의 방식을 도입함으로써 인프라의 보안과 비용 최적화를 실현할 수 있습니다**.

그림 11-3 클라우드의 인프라 구성 관리 도구

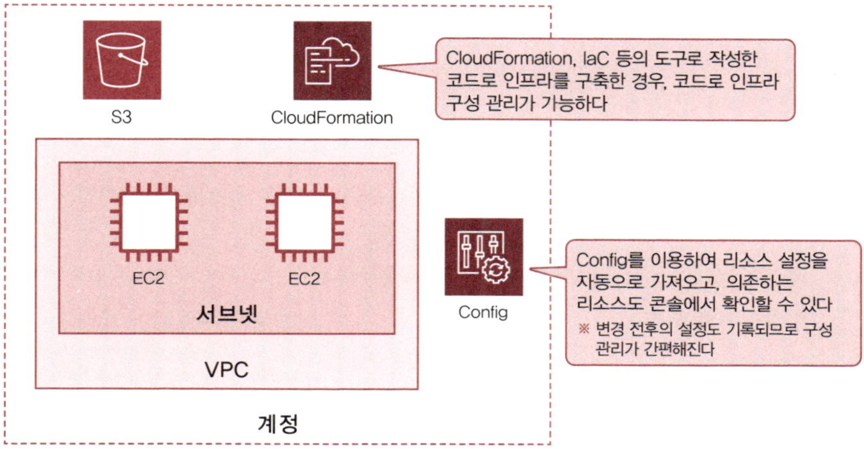

그림 11-4 코드를 이용한 구성 관리 노하우

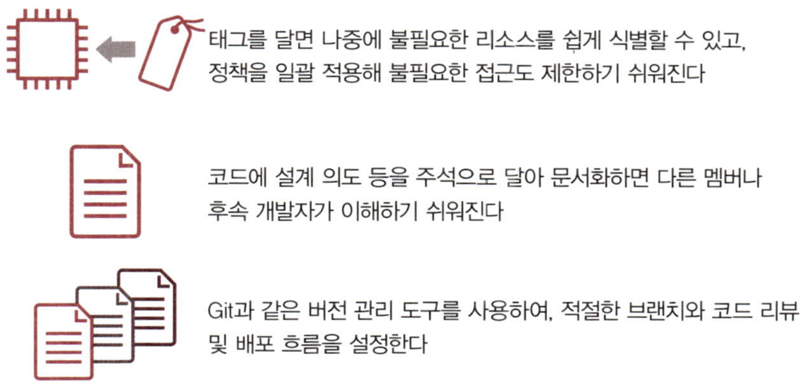

Point

- ✔ 용도가 명확하지 않은 리소스가 섞이는 걸 피하기 위해, AWS CloudFormation이나 IaC 등의 도구를 이용하여 적절하게 구성을 관리하는 것이 중요하다.
- ✔ 태그 지정, 정책 설정, 감사, 문서화 등의 방법을 도입하면 인프라 보안 강화와 비용 효율화를 달성할 수 있다.

» 가상화 인프라 유지보수

유지보수 종류 및 담당자

가상화 인프라 리소스나 시스템을 지속적으로 사용자에게 제공하려면, 시간 경과에 따라 발생하는 다양한 상황에 대응할 수 있어야 합니다. 예를 들어, 취약점 해소를 위한 패치 적용, 리소스 최적화를 위한 불필요한 리소스 조사 및 삭제, 소프트웨어나 하드웨어의 **수명 주기**에 따른 인프라 교체 작업 등이 적절히 이루어져야 합니다.

이러한 작업을 누가 담당할 것인지 1-12절에서 설명한 **책임 공유 모델을 참조하여 가이드라인으로 명확하게 정의**해 두면, 가상화 환경의 유지보수가 편해집니다(그림 11-5). 일반적으로는 기존의 정보시스템 부서가 유지보수 업무를 담당합니다. 하지만 최근에는 변화에 신속히 대응하기 위해 CCoE(Cloud Center of Excellence) 팀이 표준화된 지식이나 플랫폼을 비즈니스 부문에 제공하고, 비즈니스 부문이 직접 유지보수하는 형태도 볼 수 있습니다.

클라우드 환경의 유지보수에서 주의할 점

클라우드에서 PaaS를 사용하는 경우에는 **클라우드 측 수명 주기에 대응하기 위해 소프트웨어 버전 업이 필요한 경우가 있습니다**. 예를 들어, AWS의 데이터베이스 서비스인 RDS에서는 마이너 버전 지원 종료가 공지된 후 3개월이 지나면 자동으로 업데이트됩니다. **이러한 작업을 별도의 이벤트로 구성하여 실시**할 것인지, 아니면 11-2절에서 설명한 것처럼 코드화하고 테스트를 자동화해 일상적인 **운영 중 상시 이벤트로 업데이트할 것인지** 사전에 결정해 두어야 합니다.

또한, 비용 측면에서도 고려가 필요합니다. 평소에 예상한 비용 수준을 유지하고 있는지 확인하여, 가상 머신의 인스턴스 크기뿐 아니라 요청 횟수나 데이터 양의 증가로 인해 **예상치 못한 비용이 발생하지 않았는지 점검**해야 합니다. 비용을 절감하기 위해 애플리케이션의 로직을 재검토해야 하는 경우도 있습니다(그림 11-6).

그림 11-5 책임 공유 모델을 이용한 역할 분담의 예

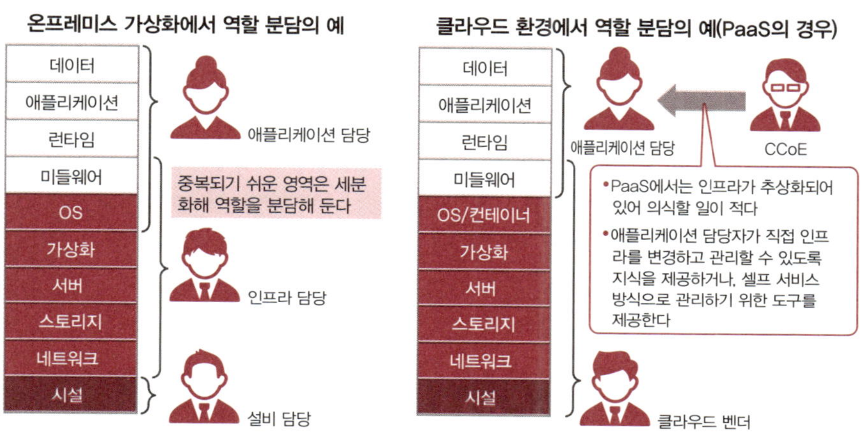

그림 11-6 클라우드에 특화된 유지보수 고려사항의 예

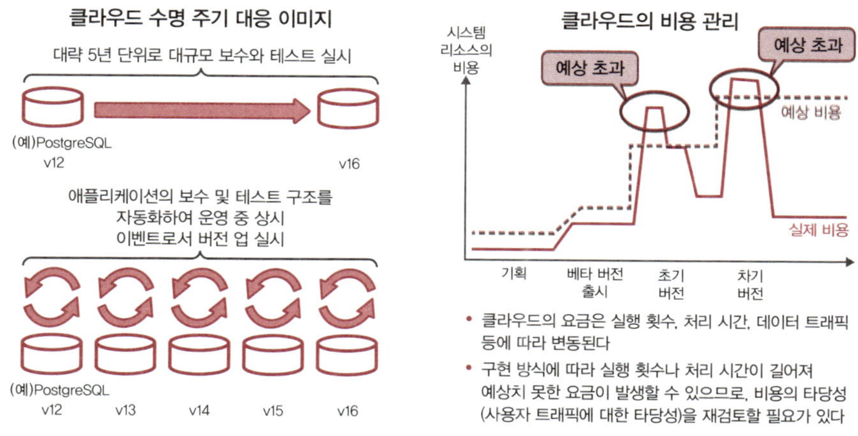

Point

- ✔ 가상화 환경에서는 담당이 모호해지기 쉬우므로, 책임 공유 모델을 참고하여 가상화 환경의 유지보수 담당을 정의해 둔다.
- ✔ 클라우드 환경에서는 클라우드 측 수명 주기에 맞춰 버전 업하는 등 환경 변경에 대응해야 하므로, 환경 변경을 이벤트에 통합하여 처리할 수 있다.
- ✔ 클라우드 환경에서는 예상 외의 비용이 발생하지 않았는지 확인해야 한다.

» 성능 모니터링

온프레미스의 성능 모니터링

온프레미스 환경에서 하드웨어를 보유하는 형태로 가상화한 경우에는, 동일한 하드웨어를 복수의 가상 서버, 가상 네트워크, 가상 스토리지에서 공유하게 됩니다. 따라서 가상화 인프라를 구성하는 물리 리소스의 성능을 지속적으로 모니터링해야 합니다.

특히, 물리 리소스를 초과하여 리소스를 생성하는 오버커밋에는 주의해야 합니다(그림 11-7). 물리 리소스 이상의 리소스 요청이 발생할 경우, 기본 규칙에 따라 리소스가 할당됩니다. 예를 들어, 2vCPU 가상 서버에 1vCPU분의 리소스가 할당된 경우에도 가상 서버에서는 2vCPU가 있는 것처럼 보입니다. 할당된 1vCPU를 전부 사용해도 CPU 사용률은 50%가 되기 때문에, 가상 서버만 봐서는 이상을 감지하기 어렵습니다.

인프라의 성능을 모니터링할 때 주로 사용률을 보기 마련이지만, 사용률보다는 **레이턴시**나 **큐**(처리 대기)에 주목해야 합니다. 이러한 지표를 통해 처리가 '원활하게 진행되고 있는지'를 확인할 수 있습니다. 더불어, 레이턴시나 큐를 발생시키는 상황을 파악하기 위해 **요청의 트래픽도 모니터링**해야 합니다.

클라우드의 성능 모니터링

클라우드에서도 레이턴시나 트래픽에 대해서는 온프레미스와 동일한 사고방식으로 구현합니다. 다만, 클라우드에서는 물리 리소스를 클라우드 사업자가 관리하므로 상태를 직접 볼 수 없습니다. 이때 **서비스 할당량**(Service Quota)을 이용할 수 있습니다(그림 11-8). 예를 들어, 스토리지(디스크)에는 무료 범위 내에서 최대 IOPS(초당 입출력 횟수)가 정해져 있고, 함수형 서비스에는 최대 실행 시간이 정해져 있으며, 대기 시간이나 재시도 횟수 등도 제한되어 있습니다. **클라우드의 성능을 모니터링할 때는 이 서비스 할당량에 대한 여유율을 사전에 확인해 두는 것이 중요합니다**.

그림 11-7 오버커밋 환경에서는 사용량 이외의 모니터링도 필요하다

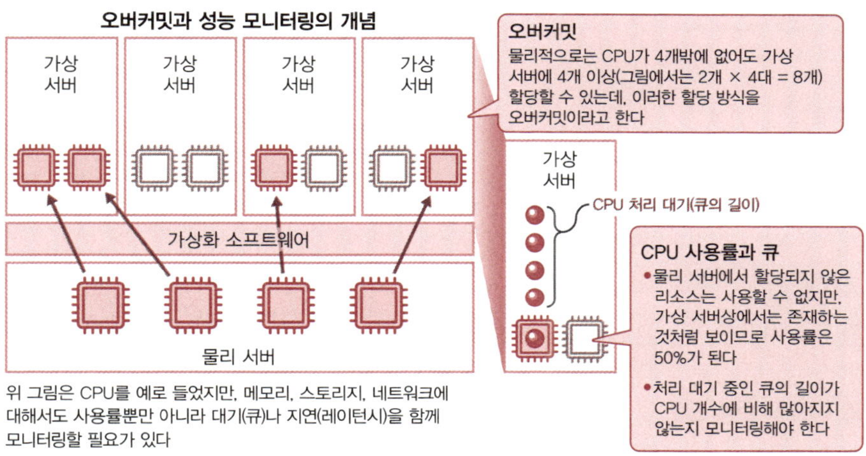

그림 11-8 클라우드 환경에서는 서비스 할당량에 주의한다

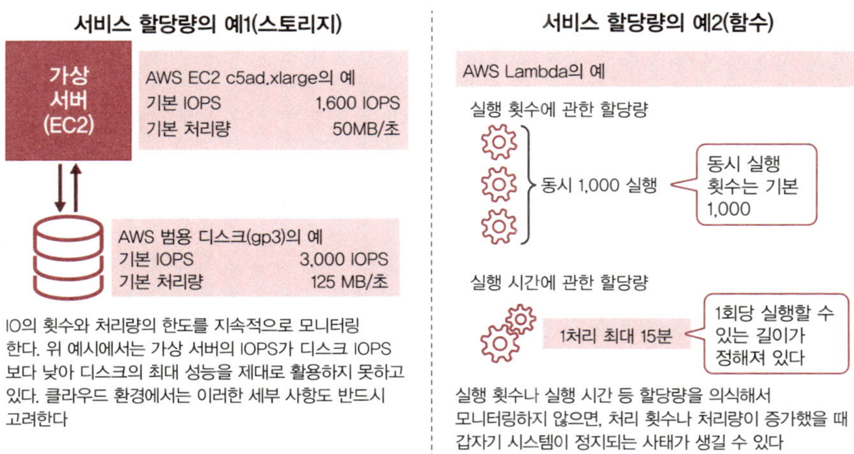

Point

- ✔ 온프레미스에서 물리 리소스를 초과 할당(오버커밋)한 경우, 사용률뿐 아니라 대기 시간, 대기열, 트래픽도 모니터링해야 한다.
- ✔ 클라우드에서는 이용 한도(서비스 할당량)에 대한 여유율을 모니터링해야 한다.

용량 관리

온프레미스의 용량 관리

온프레미스 가상화 인프라의 용량은 매우 단순하게도 보유한 하드웨어 리소스의 총합으로 결정됩니다. 온프레미스 환경에서의 용량 관리는 가상화 인프라의 리소스 사용량과 증감 추이를 기반으로 향후 필요한 리소스 수요를 예측하고, 적절한 증설 계획을 수립하는 방식입니다. 온프레미스 환경에서 용량을 확장할 때 고려할 사항은 두 가지입니다(그림 11-9).

첫 번째는 **리드 타임**입니다. 하드웨어를 준비하고 증설하는 절차가 필요하기 때문에, 실제 증설까지는 몇 주에서 몇 개월이 걸릴 수 있어 조기에 증설 여부를 판단해야 합니다.

두 번째는 **호환성**입니다. 리소스 증설용 하드웨어가 최신 가상화 소프트웨어만 지원하는 경우, 기존 가상화 환경의 관리 서버로 관리할 수 없는 경우도 있습니다. 따라서 호환성을 유지하는 범위 내에서 점진적으로 새로운 물리 장비로 이전할 수 있도록 계획해야 합니다. 하이퍼컨버지드 인프라(HCI)처럼 물리 장비를 유닛으로 구성한 형태도 비교적 손쉽게 증설이 가능하다는 점 때문에 채택되는 사례가 있습니다.

클라우드의 용량 관리

클라우드는 온프레미스와 비교해 용량 확보가 훨씬 간편한 플랫폼입니다. 조건에 따라 자동으로 리소스를 확장하는 자동 스케일링이나 실행 시에만 리소스를 사용하는 함수 서비스 등을 통해 높은 유연성과 탄력성을 제공합니다(그림 11-10).

단, 확장이나 축소에는 어느 정도 시간이 걸리는 경우도 있어, 모든 것을 클라우드 기능에만 의존하는 것은 바람직하지 않습니다. 자동 스케일링 기능을 사용하되, 적정한 리소스 수준을 판단하고 미리 확보해 두는 전략이 필요합니다. 또한 11-4절에서 설명한 **서비스 할당량** 제한에 저촉되지 않도록, **시스템별로 환경을 분리**하는 등의 대응도 요구됩니다.

그림 11-9 온프레미스에서는 리드 타임과 호환성을 고려해야 한다

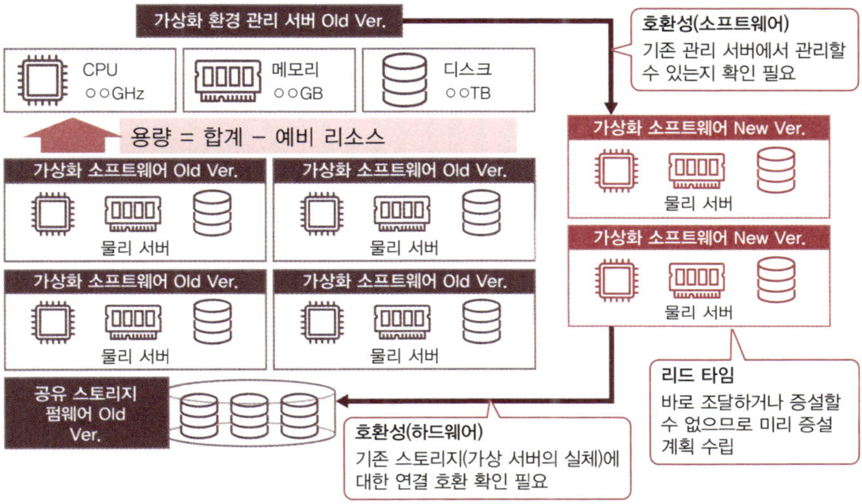

그림 11-10 클라우드 기능에 의한 용량 증설과 할당량 관리

클라우드의 용량(자동 스케일링)

- 자동으로 확장이나 축소를 할 수 있지만 시간이 걸린다
- 부하 상황의 패턴(경향)을 확인하고, 초기 인스턴스 수를 결정하거나 스케줄에 따른 사전 확장 등의 대응이 필요하다

클라우드의 용량(할당량)

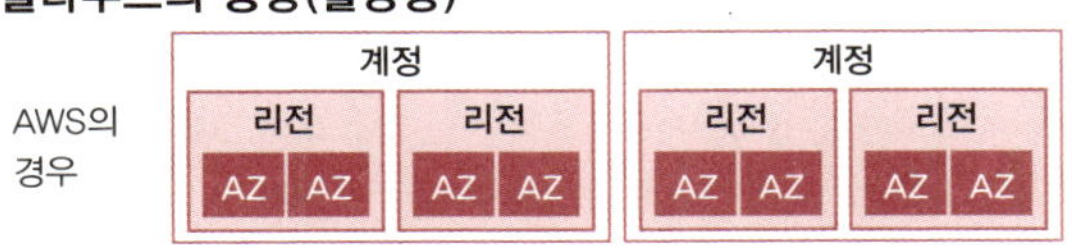

- 할당량이 어떤 단위로 적용되는지 확인하고, 할당량에 저촉되지 않도록 환경을 분리한다
  (예) 운영 환경과 검증 환경 계정을 분리하는 등

Point

- ✔ 온프레미스에서 용량을 증설할 때는 리드 타임이나 호환성을 고려해야 한다.
- ✔ 클라우드에서는 서비스 할당량을 의식해서 환경을 분리하는 등의 대책을 마련해야 한다.

비용 관리

클라우드 서비스의 비용 관리

기존의 리소스나 라이선스 사전 견적 방식과 달리, **클라우드에서는 초기 투자 없이 사용한 만큼 요금이 청구되므로 리소스의 과금 상태를 항상 확인하고 비용을 지속적으로 최적화해야 합니다**.

리소스를 사용하기 전에 미리 클라우드 견적 도구(예: AWS Pricing Calculator)로 월간 및 연간 예상 비용을 산출하여 예산을 세웁니다. 그리고 예산 초과를 방지하기 위해 AWS Budgets과 같은 **비용 관리** 도구를 사용하여, 산출한 견적 금액을 기준으로 예산과 임계값을 설정합니다. AWS Budgets은 서비스, 계정, 태그별로 예산과 비용을 관리할 수 있지만, 최소 5주간의 사용 데이터가 필요하며, 사용 데이터가 부족할 경우 알림이 실행되지 않으므로 주의해야 합니다.

비용을 최적화하기 위해서는 AWS Trusted Advisor와 같은 비용 최적화 도구를 활용합니다(그림 11-11). Trusted Advisor는 비용 최적화, 성능, 보안, 내결함성이라는 네 가지 관점에서 정밀하게 검토하여 사용자에게 권장 설정을 제시합니다.

클라우드 서비스의 비용 관리 사례

Lambda의 루프 문제로 거액의 요금이 청구된 실제 사례를 소개합니다(그림 11-12).

프로그램에 버그가 존재하여 Lambda에서 무한 루프가 발생했고, 그 결과 Lambda 함수 실행 횟수가 급증하여 거액의 요금이 청구된 사례입니다. 문제를 빨리 발견했다면 그 정도의 요금은 청구되지 않았을 것입니다.

이러한 일을 미연에 방지하려면, 먼저 **Budgets 도구**를 사용하여 예산을 초과하는 비용 증가를 조기에 감지하고 경고하도록 설정해야 합니다. 다음으로, **CloudWatch의 모니터링 도구**를 활용하여 리소스 사용 상황을 항상 파악하고, 이상 징후를 조기에 발견할 수 있도록 합니다. 이처럼 비용을 관리함으로써 클라우드 리소스의 이용 가치를 극대화하고 문제를 조기에 대응·예방할 수 있습니다.

그림 11-11 AWS 비용 관리 설정 예

Step 1 Pricing Calculator로 견적을 작성한다

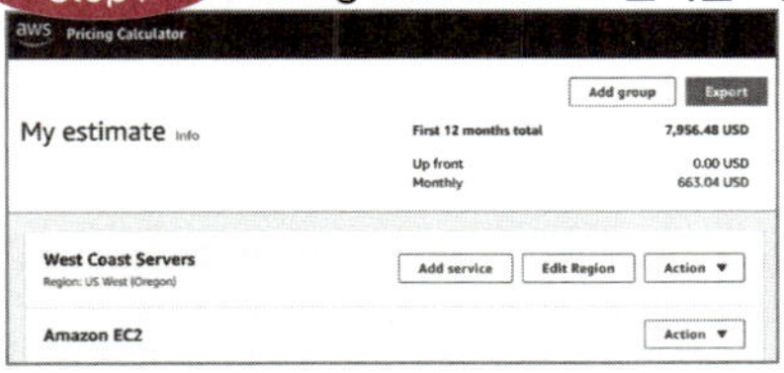

리소스의 월간 및
연간 견적을 낼 수 있다

Step 2 Budgets으로 예산과 알람 임계값을 설정한다

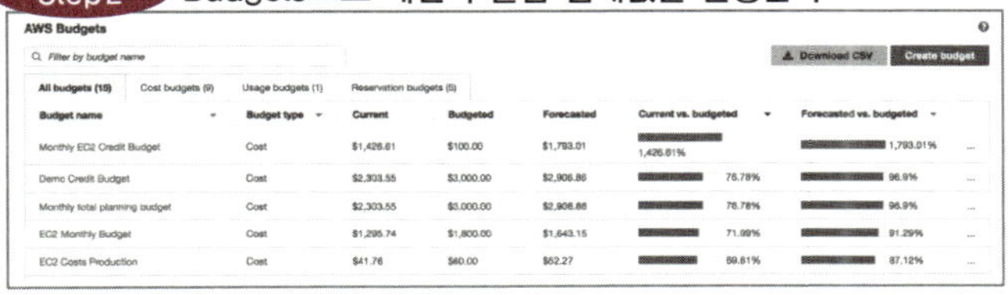

Budget name	Budget type	Current	Budgeted	Forecasted	Current vs. budgeted	Forecasted vs. budgeted
Monthly EC2 Credit Budget	Cost	$1,426.61	$100.00	$1,793.01	1,426.61%	1,793.01%
Demo Credit Budget	Cost	$2,303.55	$3,000.00	$2,906.86	76.78%	96.9%
Monthly total planning budget	Cost	$2,303.55	$3,000.00	$2,906.86	76.78%	96.9%
EC2 Monthly Budget	Cost	$1,295.74	$1,800.00	$1,643.15	71.99%	91.29%
EC2 Costs Production	Cost	$41.76	$60.00	$52.27	69.61%	87.12%

서비스, 계정, 태그 등
다양한 단위로 예산과
비용을 관리할 수 있다

※ **주의**: AWS Budgets에서는
최소 5주간의 사용 데이터가
없으면 예측 비용이 계산되지
않으며, 사용 데이터가 부족할
경우 알림도 실행되지 않는다

Step 3 Trusted Advisor로 비용 최적화를 위한 권장 설정을 확인한다

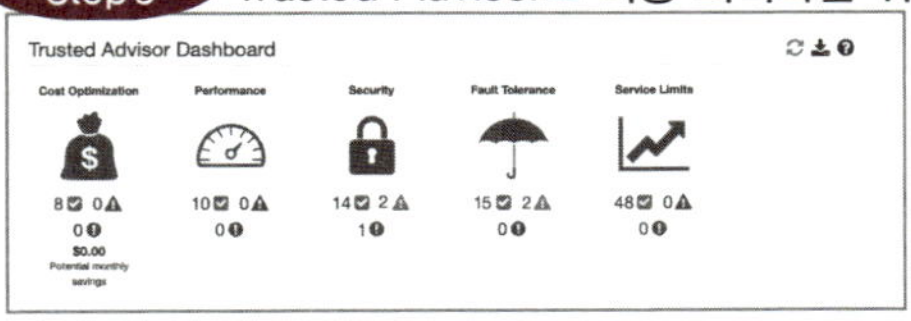

비용 최적화, 성능, 보안, 내결함성
관점에서 정밀하게 검토하여
사용자에게 권장 설정을 표시한다

그림 11-12 Lambda 비용 관리 사례

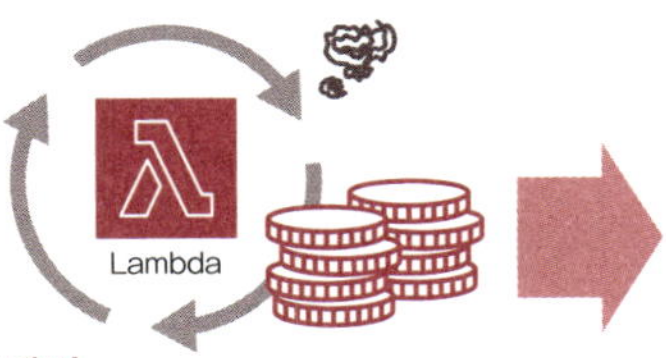

배경
프로그램 버그로 Lambda에서 무한 루프가 발생하면서 함수 실행 횟수가 급증했고, 결국 어마어마한 요금이 발생했다

예산을 초과하는 비용 증가를 조기에 감지하기 위해 Budgets 도구를 사용하여 비용 경고를 설정한다

리소스 사용 상황을 항상 파악하고 이상 징후를 조기에 발견할 수 있도록 CloudWatch의 모니터링 도구를 이용한다

Point

- ✔ 클라우드에서는 초기 투자가 필요 없고 사용한 만큼 요금이 부과되므로, 리소스의 과금 상태를 확인하면서 지속적으로 비용을 최적화해야 한다.
- ✔ 클라우드에서는 비용 관리를 위한 모니터링이나 예측 등 다양한 도구가 제공되므로, 요구 사항에 맞는 최적의 비용 관리 구성을 마련한다.

보안 관리

보안 관리에서 고려할 사항

일반적으로 보안 대책을 마련할 때에는 대상 시스템의 취약점과 위협 요소를 함께 분석하여 위험을 파악하고 대응 방안을 검토합니다. 보안은 내용이 광범위하기 때문에 여기서는 온프레미스와 클라우드에서 특징적인 보안 고려 사항에 대해 설명하겠습니다.

온프레미스의 보안 관리

온프레미스 가상화 환경에서의 보안 관리는 네트워크 경계 관리와 소프트웨어 취약점 대응이 핵심입니다(그림 11-13). 네트워크 경계 관리는 주로 방화벽을 이용한 통신 제어를 의미합니다. 가상화 소프트웨어의 취약점은 대응이 소홀해지기 쉬운데, 이를 악용하여 네트워크 통신 제어와 관계없이 가상 서버에 침입하는 사례도 있으므로 반드시 대응해야 합니다. 또한, 사용자가 네트워크 설정을 변경하여 방화벽을 우회하지 못하도록 권한을 철저하게 제어해야 합니다.

클라우드의 보안 관리

클라우드 환경은 인터넷을 통해 누구나 접근할 수 있다는 점을 이해해야 합니다(그림 11-14). 특히 클라우드 **액세스 키**를 가지고 있으면 인증 없이도 클라우드 리소스에 접근할 수 있으므로 주의해야 합니다. 또한, 리소스 간의 접근은 **정책**을 통해 제어합니다. 클라우드에서는 리스크 감지 기능을 제공하므로 권장 사항에 따라 설정하여 **예방**합니다. 발견이라는 관점에서는 감사 로그에 특정 이벤트 탐지, 통계 정보로부터의 의심스러운 동작 **검출**, 구성 변경 검출 등의 기능이 있으므로 이를 활용하여 포괄적인 보안 관리를 수행합니다.

그림 11-13 온프레미스 가상화 환경에서의 보안 대책 핵심

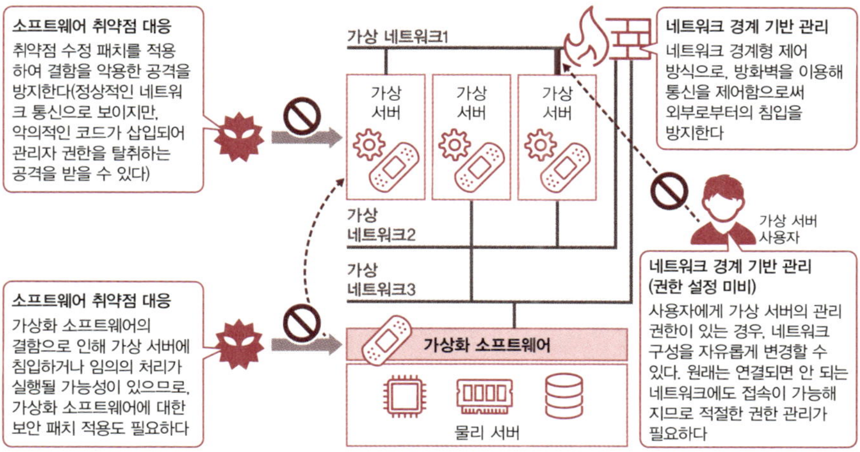

그림 11-14 클라우드 환경에서의 보안 대책 핵심

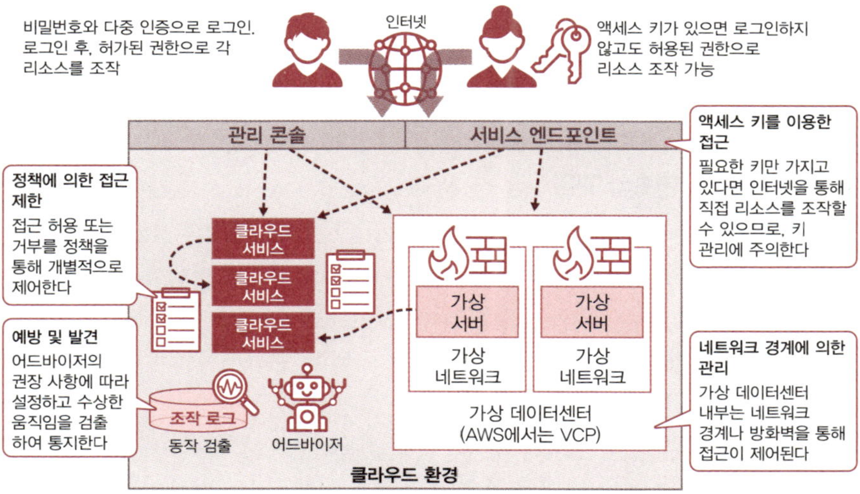

Point

- ✔ 온프레미스에서는 네트워크 경계와 소프트웨어 취약점을 이용한 보안 관리가 중심이 된다.
- ✔ 클라우드에서는 액세스 키 사용에 주의해야 하며, 환경을 구축할 때 예방 조치를 마련하고 이상 징후 발견 시 대책도 준비해야 한다.

사업 연속성 계획 - 재해대책

재해 대책을 위한 사업 연속성 계획

사업 연속성 계획이란 데이터센터가 정상적으로 기능하지 못하는 상황이나 지역 단위의 재해가 발생했을 때, 시스템을 복구하고 기업 활동을 지속할 수 있도록 마련한 계획을 말합니다. 사업 연속성 계획에서는 발동 조건(데이터센터 장애, 지역 재해)과 함께 어느 지점까지(**RPO**), 어느 수준으로(**RLO**), 얼마나 빠른 시간 내에(**RTO**) 복구할 것인지를 결정합니다.

온프레미스의 사업 연속성 계획

온프레미스에서는 프로덕션 환경의 데이터센터에서 멀리 떨어진 지역에 재해 복구 사이트를 마련하고, 가상화 환경을 구축한 후 가상 서버와 데이터를 복사하는 방식으로 복구합니다(그림 11-15). 재해 대책을 위해서는 재해 복구용 물리 장비와 RPO를 지키기 위한 데이터 전송이 가능한 네트워크가 필요하며 **이러한 환경을 구축하는 데는 오랜 시간과 많은 비용이 소요됩니다.**

클라우드의 사업 연속성 계획

클라우드에서는 리전마다 여러 개의 데이터센터(AZ, 가용 영역)를 설치하므로, 미리 가상 서버를 여러 AZ에 분산 배치해 두면 특정 AZ에 장애가 발생하더라도 시스템 전체가 중단되는 상황을 피할 수 있습니다(그림 11-16). 가상 서버 외의 클라우드 서비스는 단일 AZ 장애의 영향을 받지 않는 경우도 많아, 온프레미스와 비교해 장애에 대한 내성이 높다고 할 수 있습니다.

또한, **클라우드에 구현된 리전 간 데이터 복제 기능**과 11-2절에서 언급한 코드 기반 구성 관리 기능을 조합하면, **재해 발생 후 리소스를 생성하는 방식으로 저비용으로 재해 대책을 구현할 수 있습니다.**

단, 클라우드에는 서비스 수준이 정의되어 있어, 서비스를 이용할 수 없는 경우가 있습니다(99.9%일 경우 월간 43.8분). 이 점을 고려하여 리소스 배치를 검토할 필요가 있다는 점엔 주의가 필요합니다.

그림 11-15 온프레미스에서의 재해 대책의 예

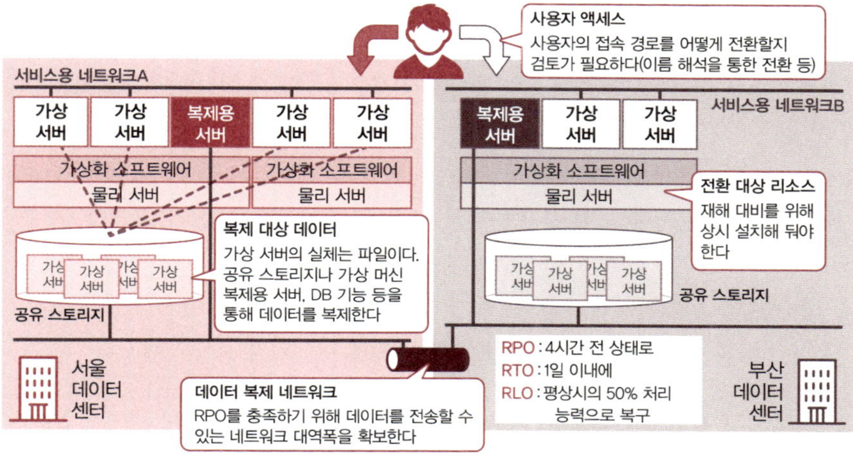

그림 11-16 클라우드에서의 재해 대책의 예

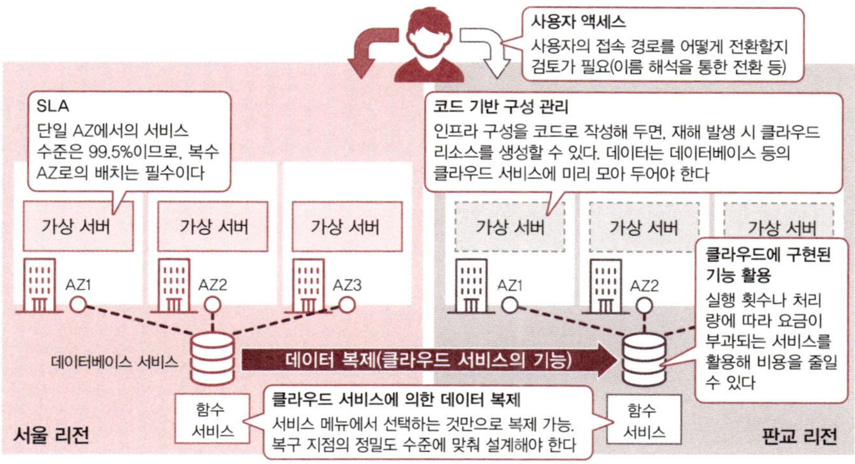

Point

- ✔ 온프레미스에서의 사업 연속성 계획은 환경 유지 비용을 고려해 대응 수준을 검토한다.
- ✔ 클라우드에서는 필요할 때만 환경을 이용할 수 있는 장점을 활용한 계획이 가능하다.
- ✔ 재해 발생 시 다운타임 단축과 비용 절감을 동시에 달성하기 위해 클라우드에 구현되어 있는 기능의 활용도 검토한다.

해보자 가상화 환경 이용 방법을 생각해 보자

11장에서는 온프레미스와 클라우드에서의 가상화 환경 운영 사례를 소개했습니다. 온프레미스든 클라우드든 자유도가 높아지기 때문에 어떻게 활용할지 결정하기 어려운 상황이 발생할 수 있습니다.

또한, 가상화나 클라우드의 이용 방식을 각 부서에 맡겨 두면 운영이 파편화되어 표준화할 수 없어지거나 보안 측면에서의 누락 등 잠재적인 위험이 발생할 수 있습니다.

이러한 상황을 방지하려면, 가상화 환경에 대한 명확한 이용 규칙이 필요합니다. 여러분의 조직에는 그런 규칙이 있는지, 그리고 어떤 내용인지 조사해 봅시다.

가이드라인과 서비스 카탈로그를 조사하자

다음과 같은 관점에서 자신의 조직의 규칙이나 조직에서 제공하는 서비스가 있는지 확인해 봅시다.

확인 대상	확인 관점
가이드라인	• 가용성, 성능 · 확장성, 운영유지보수성, 이행성, 보안 등의 관점 • 책임 범위의 기재 유무
서비스 카탈로그	• 제공되는 서비스와 사양 • 이용 패턴 정의
서비스 이용 및 중단 방법	제공 수준(전자 파일로 신청, 워크 플로우 신청, 셀프 서비스로 제공)

Chapter

12

가상화의 미래

현재의 가상화 과제와 가상화 동향

virtualization

» 가상화로 하고 싶은 일은 무엇인가?

다루기 쉬운 형태로 바꾼다

지금까지 가상화의 역사, 인프라 가상화의 구조, 활용 방법을 살펴보았습니다. 변화가 급격하고 미래를 예측하기 어려운 상황에 대응하고자, 적시에 필요한 만큼 빠르게 조달할 수 있도록 기술이 발전해 왔다고 볼 수 있습니다.

가상화에 요구되는 바를 한마디로 표현하자면, **'사용자가 다루기 쉬운 형태로 바꾸는 것'**이라고 할 수 있을 것입니다(그림 12-1). 미래의 가상화 기술 역시 실행 환경의 차이를 메우고 독립성을 보장하는 동시에 자원을 공유하여 효율적인 리소스 활용을 추구하는 방향으로 발전해 나갈 것입니다.

향후 가상화에 요구되는 것

향후 가상화에 요구되는 것을 생각해 보기 위해, 잠시 그 역사를 되돌아보겠습니다. 1-3절~1-6절에서 언급한 바와 같이, 2000년대 인터넷 보급으로 인해 ICT(정보통신기술)가 점차 대중화되었습니다. ICT의 발전 속도는 매우 빨랐습니다. 10년 전만 해도 사용자는 PC나 스마트폰의 웹 브라우저를 통해 웹 서비스를 이용하는 것이 주류였지만, 현재는 스마트폰 앱이나 LINE 등 플랫폼을 기반으로 한 앱으로 대체되었으며, 사회 인프라에 가까운 형태로 다양한 기기에서 이용되는 것도 있습니다. 또한, IoT 기술의 발전으로 가전제품과 자동차 등에서 작동하는 **애플리케이션도 고도화**되었습니다. 이제 모든 것이 인터넷에 연결되면서 과거에는 상상할 수 없었던 **다양한 기기**에서 애플리케이션이 작동하게 되었습니다(그림 12-2).

이러한 배경에서 **애플리케이션이 언제 어디서나 안전하고 빠르게 실행될 수 있어야 한다는 요구가 커지고 있으며, 이를 실현하는 기술**로 가상화가 주목받고 있습니다.

그림 12-1 가상화에 요구되는 것은 다루기 쉬운 형태로 바꾸는 것

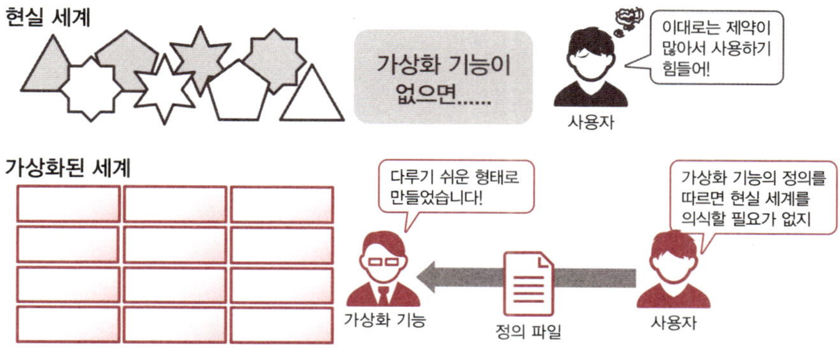

- 사용자가 다루기 쉬운 형태로 바꿈으로써 더 자유롭고 효율적으로 리소스를 사용할 수 있다
- 환경의 제약을 덜 받는다

그림 12-2 다양한 기기에서 작동하는 애플리케이션

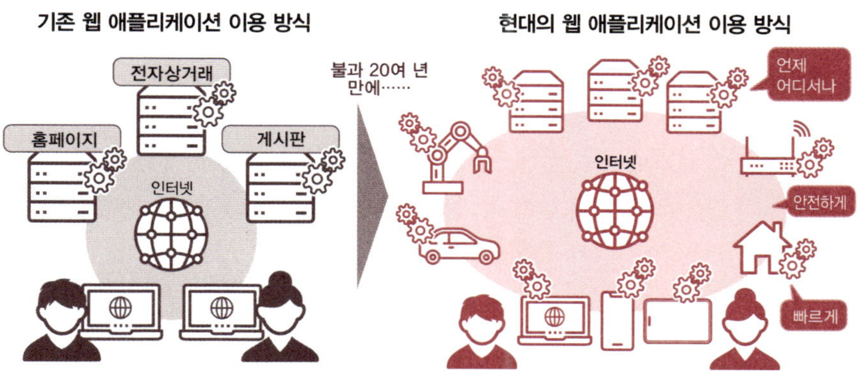

PC를 이용해 인터넷상의 웹 기반 애플리케이션을 사용하고, 웹 브라우저를 통해 정보의 송수신 및 화면 표시를 수행함으로써 정보를 전송하거나 상거래를 실시

- 평소 사용하는 다양한 기기의 애플리케이션으로 네트워크를 통해 서비스 이용
- 손 안의 단말기에 국한되지 않고, 로봇, 센서, 자동차, 집 등 다양한 기기에서 프로그램이 실행되고 있다

Point

- ✔ 가상화의 목적은 '사용자가 다루기 쉬운 형태로 바꾸는 것'이다.
- ✔ 최근 애플리케이션 실행 장소가 다양해지고 다양한 기기에서 이용되고 있다.
- ✔ 언제 어디서나 장소에 구애받지 않고 안전하고 빠르게 애플리케이션을 실행할 수 있는 환경이 요구되고 있다.

» 애플리케이션 실행과 JavaScript의 과제

브라우저에 탑재된 JavaScript

클라이언트 측에서 **'언제 어디서나' 실행할 수 있는 애플리케이션**으로서 현재 주류가 된 것은 **JavaScript**라고 할 수 있습니다. 브라우저나 기기에 탑재된 JavaScript 엔진을 통해 OS나 기기에 구애받지 않고 다양한 애플리케이션을 실행할 수 있습니다. JavaScript 이외의 언어(C나 C++ 등)는 프로그램을 실행할 때 컴파일을 통해 기계어로 번역합니다. 따라서 CPU 아키텍처, OS 종류(Windows나 Linux 등)에 따라 실행 전에 미리 컴파일을 해 둘 필요가 있습니다.

반면에, JavaScript는 구문 분석을 통해 '바이트코드'라는 중간 코드를 생성한 후, 각 실행 환경에 맞는 기계어로 변환함으로써 '언제 어디서나'를 구현하고 있습니다(그림 12-3).

JavaScript 실행의 문제점

JavaScript는 위와 같은 방식으로 '언제 어디서나'를 구현하지만, JavaScript를 실행할 때 필요한 다수의 공통 프로그램을 다운로드해야 합니다. 이로 인해 구현 방식에 따라서는 **애플리케이션의 실행 속도에 문제가 발생**할 수 있습니다. 또한, 프로그램 실행 시 JavaScript에서 생성된 바이트코드를 기반으로 JIT(Just In Time) 컴파일을 수행하는데, JIT 컴파일이 반복될수록 실행 이력을 바탕으로 최적화가 이루어집니다. 그 때문에 컴파일 실행 이력에서 벗어난 처리에서는 **성능이 불안정**해지는 등의 문제가 있었습니다(그림 12-4).

최근에는 다양한 방법으로 문제 해결이 진전되고 있는데, JavaScript를 보완하는 역할로서 브라우저에서 네이티브 코드에 준하는 속도, 보안성, 휴대성을 갖춘 WebAssembly(12-3절 참조) 기술이 등장하여 주목받고 있습니다.

그림 12-3 JavaScript가 실현한 '언제 어디서나' 실행되는 메커니즘

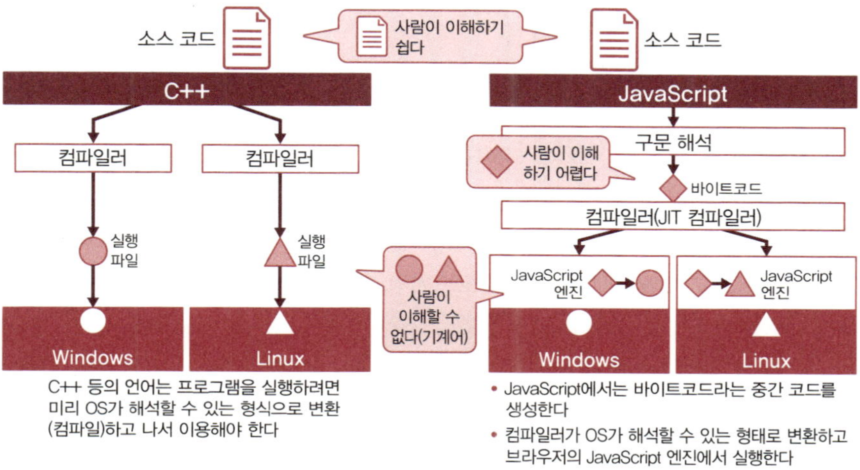

그림 12-4 JavaScript 처리의 흐름과 성능 문제

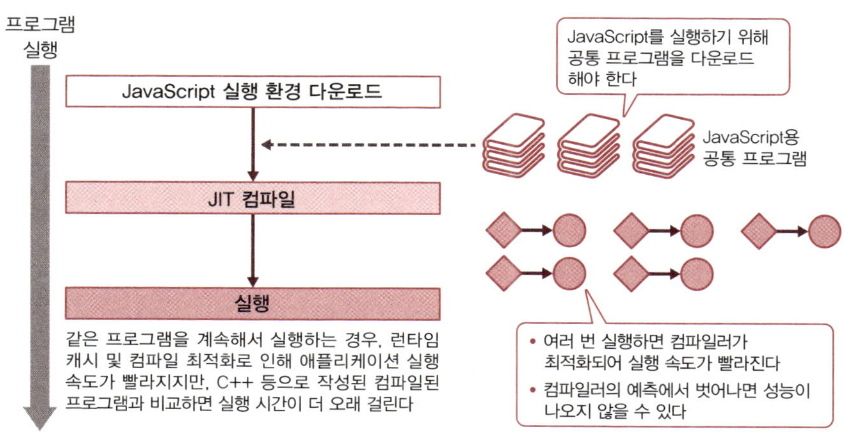

Point

- ✔ '언제 어디서나'를 실현하는 기술 중 하나로 JavaScript가 있다.
- ✔ JavaScript 엔진이 있으면 애플리케이션을 실행할 수 있지만, JavaScript 처리 방식상 애플리케이션에 따라서는 속도나 성능이 불안정해지는 문제가 생길 수도 있다.

브라우저에서 네이티브 코드 수준으로 빠르게 실행한다

JavaScript를 보완하기 위해 태어난 WebAssembly

JavaScript는 바이트코드를 기계어로 변환하면서 실행하는 구조이기 때문에, 이미지 처리 등 대량의 계산 처리가 필요한 작업에는 취약합니다. 이러한 문제를 해결하고자 **웹 브라우저에서 네이티브 코드처럼 빠른 처리를 가능하게 하는 기술**로서 **WebAssembly**(이하, Wasm)가 등장했습니다.

Wasm은 브라우저 내에서 C/C++ 등의 언어로 작성된 코드를 빠르고 효율적으로 실행하기 위해 개발되었으며, 기존의 JavaScript보다 뛰어난 성능을 낼 수 있어 웹 애플리케이션의 처리 속도를 향상시킬 수 있습니다.

Wasm은 C/C++, Rust, Go, Python, Kotlin 등 다양한 프로그래밍 언어로 작성된 코드를 Wasm 바이너리(.wasm)로 컴파일하여 브라우저에서 실행할 수 있는 기술입니다(그림 12-5). 이를 통해 C/C++ 등으로 작성된 복잡한 알고리즘이나 계산 처리도 고속으로 실행할 수 있는 장점이 있습니다. Wasm의 실행 환경인 Wasm 런타임의 종류에 따라 속도에 차이가 있지만, JavaScript와 비교하면 훨씬 빠르며 네이티브 코드에 준하는 속도로 실행할 수 있습니다.

Wasm이 제공하는 안정성

Wasm은 **샌드박스** 환경을 제공하여 **웹 브라우저에서 코드의 안전한 실행을 보장합니다**. 샌드박스는 Wasm 코드가 외부 리소스나 시스템에 접근하는 것을 제한함으로써, 악성 코드가 웹 애플리케이션이나 기기에 피해를 줄 수 있는 위험을 방지합니다(그림 12-6).

Wasm 코드는 브라우저 내 격리된 환경에서 실행되므로, 보안 위험을 최소화하면서도 빠르고 효율적인 처리를 할 수 있습니다. 이러한 샌드박스 기능 덕분에 웹 애플리케이션의 신뢰성과 안전성이 높아지고, 브라우저에서도 고성능 연산이나 복잡한 작업을 수행할 수 있게 됩니다.

그림 12-5 Wasm에 의한 고속 실행의 예

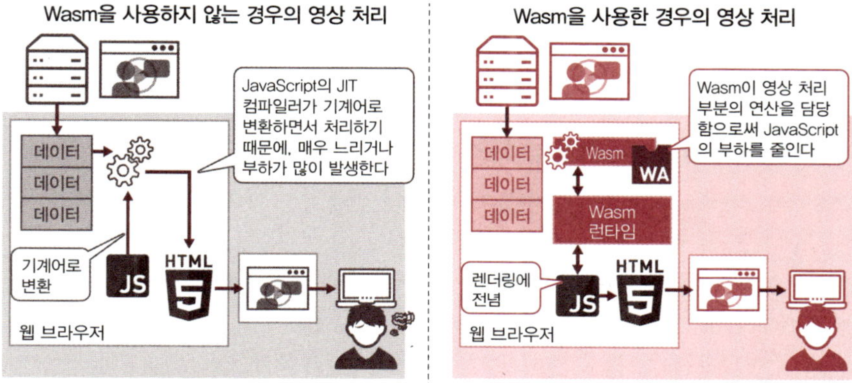

- JavaScript는 실행할 때 한 번 기계어로 변환해야 하므로 오버헤드가 발생한다
- 영상 등 단순 계산을 대량으로 수행하는 애플리케이션에서 부하가 커질 수 있다

Wasm을 사용하면 영상의 계산 부분은 Wasm 모듈이 담당하고, JavaScript는 브라우저 렌더링에 집중해 가볍고 빠른 동작을 실현할 수 있다

그림 12-6 샌드박스 환경에서 허용된 조작만 실행할 수 있는 보안 구조

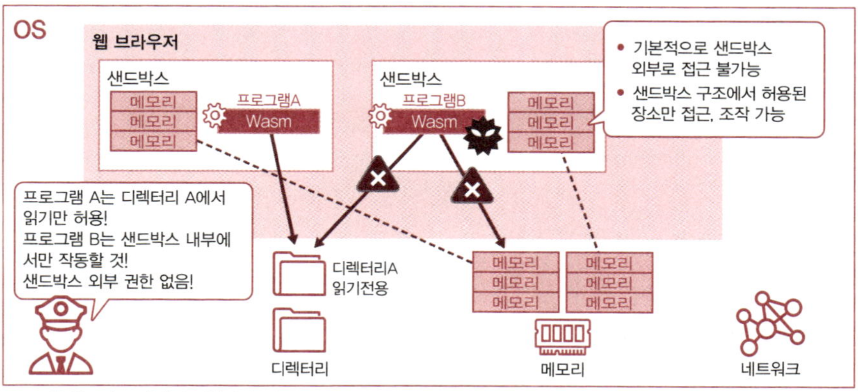

Wasm은 샌드박스 내에서 실행되며, 샌드박스 외부에 대해서는 명시적으로 허가된 작업만 실행할 수 있다

참고: https://hacks.mozilla.org/2019/11/announcing-the-bytecode-alliance/

Point

- ✔ WebAssembly(Wasm)는 브라우저 내에서 네이티브 코드 수준의 성능으로 프로그램을 실행할 수 있다.
- ✔ WebAssembly는 샌드박스 환경을 제공하여, 웹 브라우저 내에서 코드를 안전하게 실행할 수 있다.

» Wasm 이용 사례

Amazon Prime Video의 영상 처리

Amazon Prime Video는 전 세계 수억 명이 이용하는 거대한 스트리밍 플랫폼으로, TV나 Fire TV는 물론 스마트폰, 태블릿 등 8,000종이 넘는 다양한 기기에서 영상을 감상할 수 있는 OTT 서비스입니다. 예전에 Prime Video는 C++로 구현된 JavaScript 가상 머신에서 애플리케이션을 실행했지만, 성능에 한계가 있었습니다. 이에 **다양한 기기를 지원하고자 JavaScript 가상 머신은 그대로 유지하면서 WasmVM을 추가**하고, 애니메이션과 렌더링 기능은 Wasm으로 처리하도록 개선했습니다(그림 12-7).

JavaScript와 Wasm을 조합함으로써 JavaScript만 사용할 때보다 처리 속도가 향상되었고(실험 환경에서 10~25배의 처리 성능), JavaScript용 메모리를 30MB 절약할 수 있게 되었습니다. Wasm 모듈의 바이너리 크기는 압축 시 150KB로 매우 작아, Wasm을 추가해도 애플리케이션의 시작 시간에 영향을 주지 않습니다.

Cloudflare CDN의 콘텐츠 전송 처리

CDN(Contents Delivery Network: 콘텐츠 전송 네트워크)은 웹사이트의 정보를 효율적으로 전송하는 시스템입니다. 원본 콘텐츠를 전 세계에 분산된 CDN에 캐싱해 두면, 매번 원본 서버에 접근하지 않아도 되므로 응답 속도가 빨라지고 대량 접속 시에도 안정적인 처리 성능을 기대할 수 있습니다.

CDN에는 서버가 아닌 CDN 자체에서 요청을 처리하고 응답을 반환하는 기능도 있습니다(예: Cloudflare Workers). Cloudflare Workers는 원래 JavaScript만 지원했지만, 현재는 Wasm도 지원합니다. 이를 통해 **이미지 리사이즈나 오디오 스트림 처리 같은 작업을 효율적으로 실행할 수 있으며, 사용자와 가까운 CDN에서 처리함으로써 저지연 서비스 제공이 가능**해졌습니다(그림 12-8).

그림 12-7 Prime Video의 Wasm 이용에 따른 애플리케이션 고속화 사례

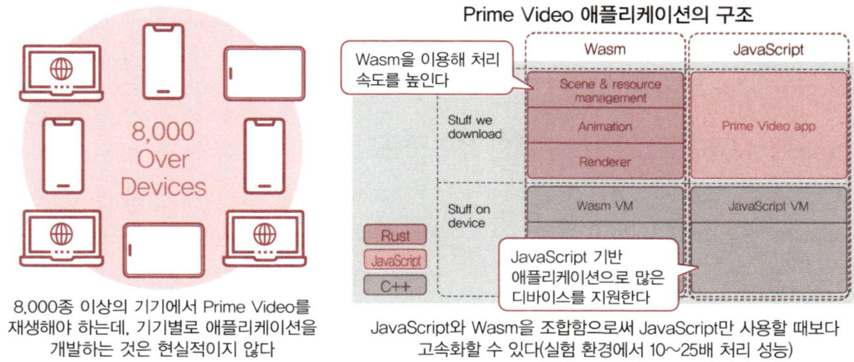

출처: Alexandru Ene 'How Prime Video updates its app for more than 8,000 device types'를 바탕으로 저자 작성
(URL: https://www.amazon.science/blog/how-prime-video-updates-its-app-for-more-than-8-000-device-types)

그림 12-8 Cloudflare Worker로 사용자에게 가까운 위치에서 처리한다

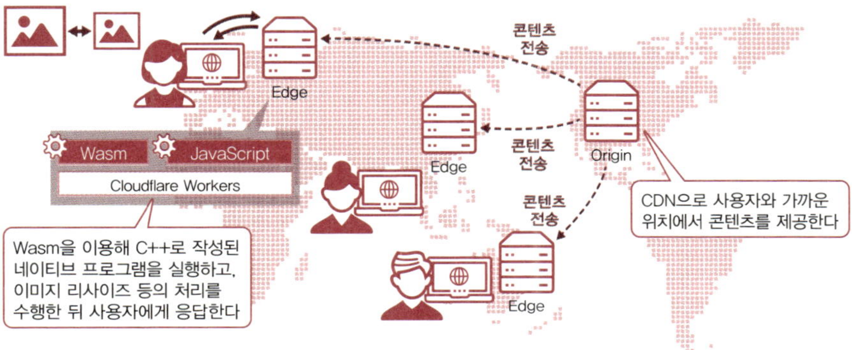

CDN의 엣지(콘텐츠를 제공하는 데이터 센터)에서 JavaScript뿐만 아니라 Wasm도 실행할 수 있게 되어, C++ 등으로 작성된 네이티브 코드를 실행할 수 있게 되었다

출처: Kenton Varda 'WebAssembly on Cloudfl are Workers'를 바탕으로 저자 작성
(URL: https://blog.cloudflare.com/webassembly-on-cloudflare-workers/)

Point

- ✔ Prime Video는 다양한 디바이스를 지원하기 위해 JavaScript와 Wasm을 함께 사용하는 방식을 채택하고 있다.
- ✔ Cloudflare는 사용자와 가까운 CDN에서 이미지 리사이즈나 오디오 스트리밍 등의 처리를 위해 Wasm을 사용할 수 있다.

» 웹 브라우저의 경계를 넘은 Wasm

Wasm에서 OS 관리 리소스에 대한 접근 표준화

다양한 언어로 작성된 코드를 네이티브 코드 수준의 속도로 동작시킬 수 있고, 안전성과 이식성을 겸비한 Wasm의 등장으로 브라우저 외의 다양한 환경에서의 활용이 기대되고 있습니다. 하지만 Wasm으로 구현된 애플리케이션은 기본적으로 파일 시스템이나 네트워크에 접근할 수 없습니다. Wasm 앱에서 OS의 시스템 콜을 호출하여 파일에 접근해야 하는데, 시스템 콜은 OS마다 달라서 기존 방식으로 구현하려면 OS마다 다른 Wasm 앱이 필요합니다. 이 문제를 해결하기 위해 탄생한 사양이 'WebAssembly System Interface(**WASI**)'입니다(그림 12-9).

WASI는 Wasm 바이너리가 다양한 OS의 시스템 리소스에 접근할 수 있도록 업계 표준 사양의 API를 정의한 것입니다. **WASI를 지원하는 Wasm 런타임만 있으면, OS에 관계없이 Wasm 애플리케이션을 실행할 수 있습니다**. 디렉터리 등 OS가 관리하는 리소스에 대한 접근을 WASI가 처리함으로써 OS의 차이를 효과적으로 흡수할 수 있습니다.

PC나 서버에서 Wasm 애플리케이션을 어떻게 실행할 수 있을까?

Wasm 앱은 Wasm 런타임이 제공되는 주요 브라우저에서 작동시킬 수 있지만, PC나 서버에서 Wasm 앱의 바이너리를 그대로 실행시킬 수는 없습니다. 이때, **Wasmtime**이나 **Wasmer**와 같은 **Wasm 런타임이 필요**합니다(그림 12-10).

두 런타임은 모두 WASI를 지원하며, OS 리소스에 접근할 수 있습니다. 또한, Wasmtime은 2022년 9월에 버전 1.0에 도달하여 프로덕션 환경에서도 사용 가능해졌으며, Linux, Windows, macOS에서 각각 바이너리 형태로 설치할 수 있습니다. wasmtime 명령어 뒤에 .wasm 파일을 인수로 지정하기만 하면 Wasm 앱을 실행할 수 있습니다.

그림 12-9 WASI로 OS 간 차이를 극복한다

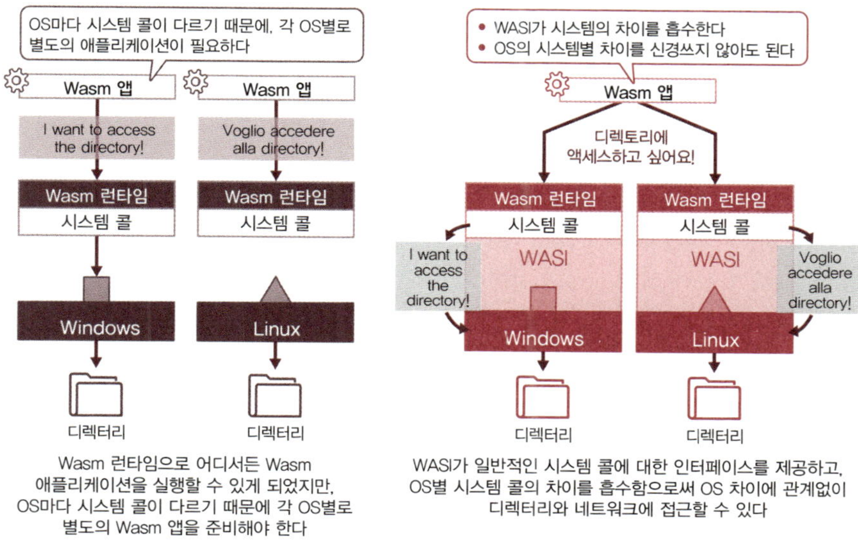

그림 12-10 2가지 주요 Wasm 런타임

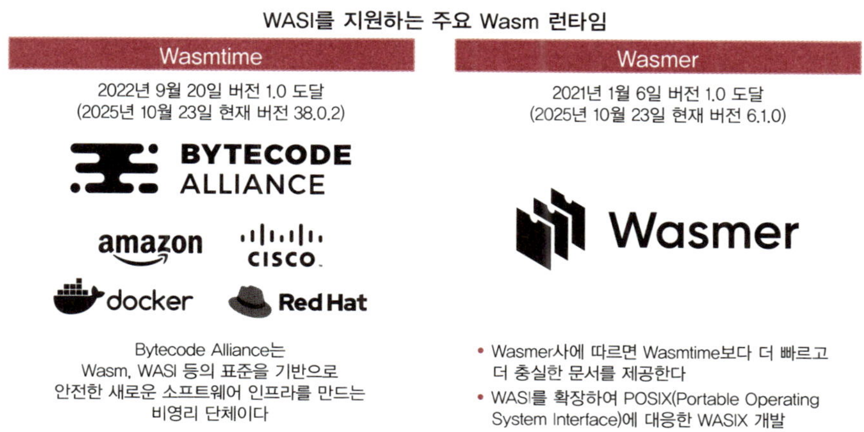

Point

- ✔ WASI를 통해 Wasm에서 OS 리소스에 접근할 수 있다.
- ✔ OS에 WASI 지원 런타임을 설치하면 Wasm 앱을 실행할 수 있다.

브라우저에서 동작하는 인프라 – 실험적 도입 사례

브라우저에서 작동하는 Linux

Leaning Technologies사는 2022년 2월, **브라우저에서 실행되는 Linux** 환경인 **'WebVM'**을 공개했습니다. WebVM은 CheerpX 기술을 기반으로 x86 프로그램을 Wasm에서 가상화합니다. x86 바이너리 코드를 실시간으로 Wasm으로 변환하여 실행하는 JIT(Just-In-Time) 컴파일러를 통해 Debian Linux 바이너리를 웹 브라우저에서 실행할 수 있습니다(그림 12-11). 또한, OS의 시스템 콜을 JavaScript로 에뮬레이트하여 파일 액세스 기능도 구현했습니다.

WebVM은 https://mini.webvm.io/에서 실제로 확인해 볼 수 있습니다. 인터넷상에 Debian Linux 서버가 있는 것이 아니라, 접속하는 단말기의 웹 브라우저에서 직접 실행됩니다.

브라우저에서 동작하는 PostgreSQL

2022년 8월, PostgreSQL 상용 서비스를 제공하는 Crunchy Data사는 학습 사이트인 **Postgres Playground** 서비스를 시작했습니다. 이 사이트는 WebVM처럼 **PostgreSQL 바이너리를 Wasm으로 변환하여 브라우저에서 PostgreSQL을 테스트할 수 있게 하였으며**, 별도의 리소스를 준비하지 않아도 온디맨드 학습이 가능하도록 구현되어 있습니다(그림 12-12).

이후 2022년 10월에는 Postgres-WASM이 오픈소스로 공개되었습니다. 이 프로젝트는 구조가 약간 달라서, Wasm상에서 x86 서버 에뮬레이터인 v86을 실행하고, 그 위에 PostgreSQL이 설치된 Buildroot Linux 이미지를 로드하여 동작시킵니다.

이처럼 Wasm을 활용하면 브라우저만으로도 다양한 소프트웨어를 실행할 수 있습니다.

그림 12-11 브라우저에서 작동하는 WebVM의 구조

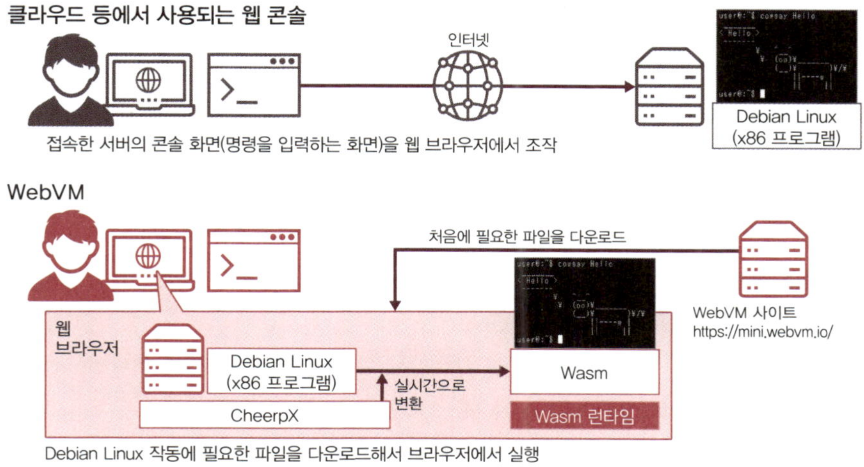

그림 12-12 브라우저에서 동작하는 PostgreSQL의 구조

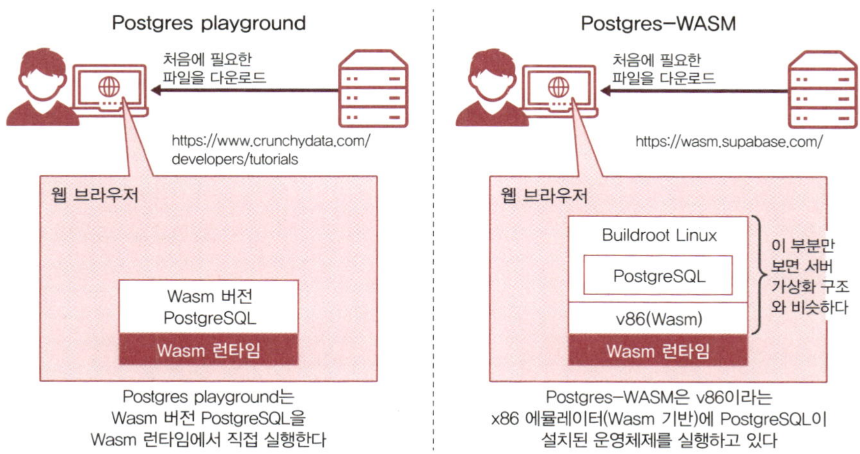

Point

- ✔ WebVM은 사용자의 웹 브라우저에서 직접 Linux를 구동할 수 있다.
- ✔ PostgreSQL 바이너리를 Wasm으로 변환하여 웹 브라우저에서 직접 실행할 수 있다.

» 컨테이너와 Wasm ① 컨테이너의 미래

Docker는 태어나지 않았을지도 모른다?

Cloudflare의 Cloudflare Workers(12-4절 참고)는 브라우저에서 작동하는 것이 아니라, CDN이라는 엣지 서버에서 작동합니다. 단일 기능을 모듈화하여 서버에서 실행하는 **서버 사이드 Wasm**은 컨테이너가 지향하는 바와 동일합니다(그림 12-13).

Docker 창업자인 솔로몬 하익스Solomon Hykes는 X(구 트위터)에서 "2008년에 Wasm+WASI가 있었더라면, Docker를 만들 필요가 없었을 것이다. (중략) 서버에서의 WebAssembly는 컴퓨팅의 미래다. 표준화된 시스템 인터페이스가 바로 그 연결고리였다."고 언급했습니다. 2008년 당시, Wasm이나 WASI는 존재하지 않았지만, 애플리케이션의 실행 환경을 안전하게 분리한다는 개념은 Docker와 같고, 실현하고자 하는 목표와 메커니즘도 유사합니다(그림 12-14). 2024년 3월 기준 최신 버전인 WASI Preview 2는 일반적인 시스템 콜의 일부에 그치지만, **WASI가 가진 시스템 콜 인터페이스가 강화되면서 활용 범위가 더욱 확대**될 것으로 기대됩니다.

컨테이너의 미래

컨테이너는 기존 라이브러리(시스템 콜 포함)를 활용할 수 있으므로 Wasm과 비교할 때 장점이 있습니다. 이러한 상황에서도 Wasm이 '서버상의 WebAssembly는 컴퓨팅의 미래'라고 불린 이유는 Docker 컨테이너에 비해 **압도적으로 콤팩트하고 보안 공격 저항성이 높아**, 샌드박스를 통해 허가된 작업 외에는 실행 불가능한 우수한 보안 모델을 갖추고 있기 때문입니다.

또한, Wasm은 콜드 스타트 시간이 Docker 컨테이너보다 10~100배 빠르며, 메모리 사용량이 적다는 장점이 있습니다. Wasm은 다양한 환경에서 애플리케이션을 실행하는 데 효과적인 수단으로 점점 더 확산되고 있습니다.

그림 12-13 'Wasm+WASI'와 '컨테이너'는 구조가 유사하다

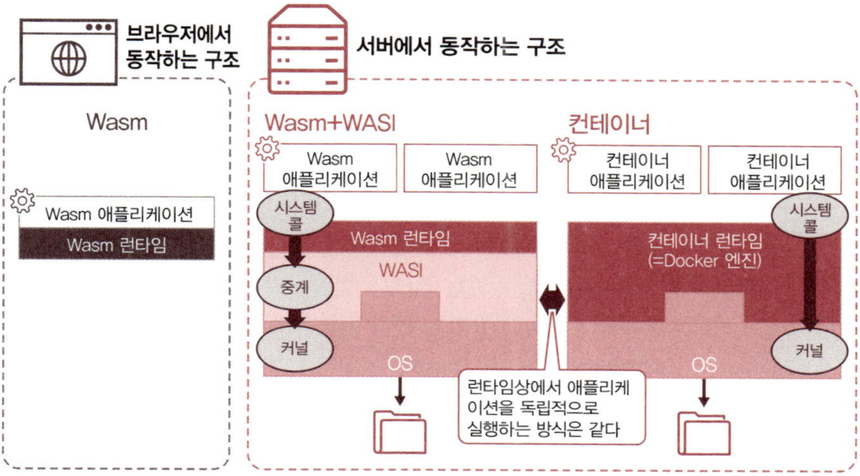

WASI의 등장으로 브라우저에서 실행되던 Wasm을 OS상에서 실행할 수 있게 되었다

그림 12-14 구조가 간결하고 보안성이 뛰어나며 다양한 장소에서 동작한다

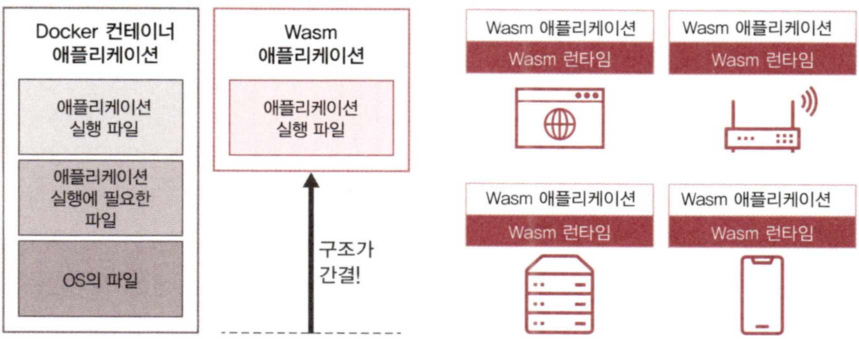

Wasm 애플리케이션은 Docker 컨테이너에 비해 컴팩트하여 실행 속도가 빠르고 안전하다

Wasm 런타임만 있으면 어떤 환경에서도 실행할 수 있다

Point

- ✔ WASI 및 Wasm 전용 시스템 콜 인터페이스를 강화함으로써 Wasm은 컴퓨팅의 미래가 될 수 있다.
- ✔ Wasm 런타임+WASI 구조는 실행 파일이 컴팩트하기 때문에 패키지 취약점에 영향을 덜 받고, 공격 저항성이 높다.

컨테이너와 Wasm ② 애플리케이션과 인프라

Docker 컨테이너의 과제

2-5절부터 2-8절에서 설명한 컨테이너는 **애플리케이션 담당자가 커널 이외의 영역을 자유롭게 구성할 수 있으며, Dockerfile만 작성하면 원하는 환경 이미지를 구해 검증/프로덕션 환경에서 실행할 수 있는 장점**이 있습니다. 한편, Docker의 베이스 이미지에는 애플리케이션 실행과 직접적인 관련이 없는 라이브러리나 패키지가 포함되기도 합니다. 컨테이너를 사용할 경우, 애플리케이션이 포함된 컨테이너 이미지를 Dockerfile로 빌드해야 하므로, 기존에 인프라 담당이 관리하던 사용자 영역까지 애플리케이션 담당자가 직접 구현해야 합니다(그림 12-15).

사용자 영역이 존재하면, 해당 부분에 대한 보안 관리도 필요합니다. 사용자 영역을 가능한 한 작게 줄여 불필요한 요소가 컨테이너에 포함되지 않도록 하기 위해 멀티스테이지 빌드 방식을 도입하거나, **DevSecOps**라는 틀에서 컨테이너 취약점 스캔 체계가 발전하고는 있지만, **애플리케이션 담당자의 부담은 점차 커지고 있습니다.**

인프라와 애플리케이션을 완전히 분리하는 Wasm

이는 애플리케이션 담당자에게 바람직한 상황은 아닙니다. 이러한 점에서도 Wasm이 주목받고 있습니다. Wasm은 각 언어로 작성된 애플리케이션을 컴파일하여 생성된 **Wasm 바이너리**를 제공합니다. Wasm 바이너리에는 언어 런타임이 포함되지만, 컨테이너와 비교하면 크기를 줄일 수 있습니다.

향후 컴포넌트 모델이 제공되면 Wasm 애플리케이션은 실행 파일만 포함하도록 구성할 수 있고, **애플리케이션 담당자는 더욱 애플리케이션에만 전념할 수 있게 될 것**으로 예상됩니다(그림 12-16).

그림 12-15 가상 머신과 컨테이너의 관리 범위 차이

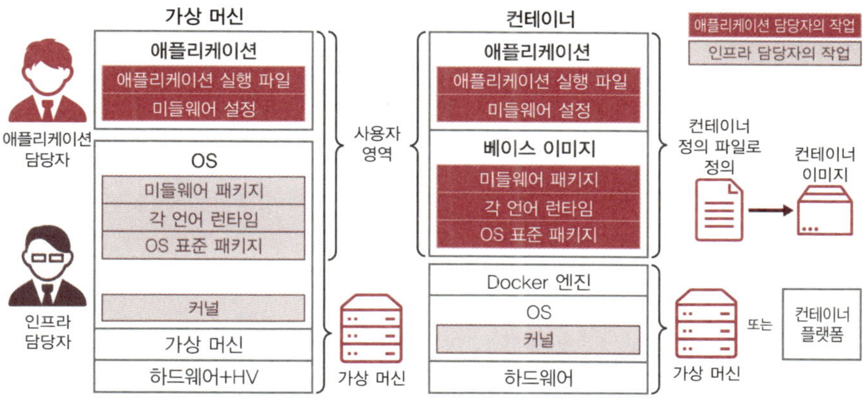

- 컨테이너는 가상 머신에서 사용한 구조를 그대로 가져오기 때문에 이해하기 쉽지만, 애플리케이션에 불필요한 패키지 등도 포함된다
- 컨테이너 정의 파일인 Dockerfile로 컨테이너 이미지를 생성하므로, 애플리케이션 담당자가 관리할 범위가 넓어진다

그림 12-16 Wasm 기반의 현재와 미래

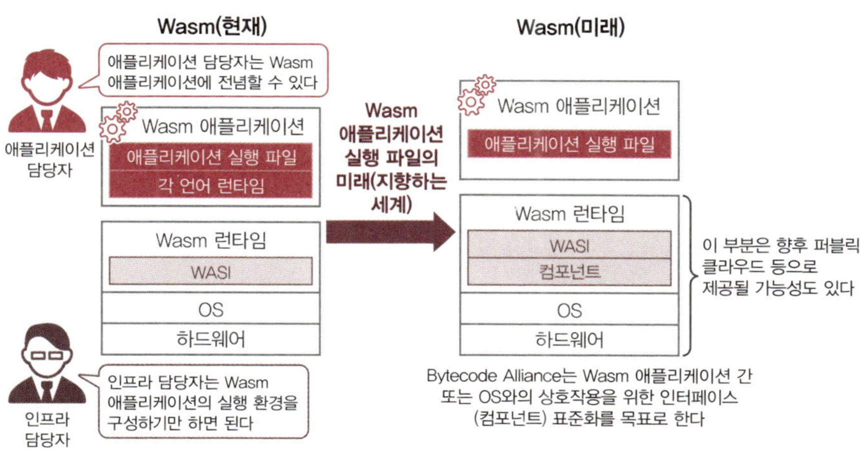

Point

- ✔ Dockerfile은 애플리케이션 담당자가 관리하는 경우가 많으며, 애플리케이션 외적인 부분도 포함되어 있어 자유도는 높지만 관리 부담이 크다.
- ✔ Wasm을 사용하면 애플리케이션 담당자는 애플리케이션 자체에만 집중할 수 있다.

≫ 컨테이너와 Wasm ③ WASI와 컨테이너

가상 서버와 컨테이너의 차이

12-5절에서는 브라우저 밖에서 동작하는 Wasm에 대해 설명했는데, 이번에는 가상 서버와 컨테이너의 차이에 주목해 보겠습니다.

서버 가상화는 가상 하드웨어 구성을 정의해 하드웨어를 가상화하고, 애플리케이션을 서로 다른 가상 서버에서 실행합니다. **가상 하드웨어 단위로 분리**되므로, 애플리케이션이나 OS 입장에서는 각각 개별적인 하드웨어가 존재하는 것처럼 보입니다. 컨테이너는 **컨테이너 엔진에 의한 프로세스 분리**를 통해 애플리케이션의 실행 공간(프로세스)을 분리하면서, 커널은 공통으로 사용합니다. 애플리케이션 입장에서는 컨테이너라는 개별적인 애플리케이션 실행 장소가 있는 것처럼 보입니다.

Wasm은 Wasm 런타임에 의해 **애플리케이션을 샌드박스 단위로 분리합니다**. Wasm 애플리케이션은 샌드박스라는 개별적인 앱 실행 장소가 있는 것처럼 보입니다. OS가 관리하는 리소스에는 **WASI**를 사용하여 접근합니다.

WASI가 제공하는 이식성과 보안성

WASI는 Wasm 런타임용 API를 정의하여 Wasm이 호스트 외부 환경 및 리소스에 접근할 수 있도록 하는 규격으로, Wasmtime이나 Wasmer와 같은 Wasm 런타임으로 구현됩니다.

WASI의 중요한 점 중 첫 번째는 이식성입니다. 각종 OS에 WASI를 배치하여 WASI 인터페이스가 통일됨으로써, Wasm 바이너리 형식으로 컴파일하기만 하면 **WASI가 동작하는 모든 환경에서 애플리케이션을 실행할 수 있습니다**(그림 12-17).

두 번째로 중요한 점은 보안성입니다. WASI는 샌드박스 구조를 Wasm 애플리케이션에 제공합니다. 이를 통해 Wasm 애플리케이션은 WASI에서 허용된 것 이외에는 접근할 수 없으므로 **높은 보안성을 보장할 수 있습니다**(그림 12-18).

그림 12-17 WASI는 Wasm에 대해 OS 인터페이스를 제공한다

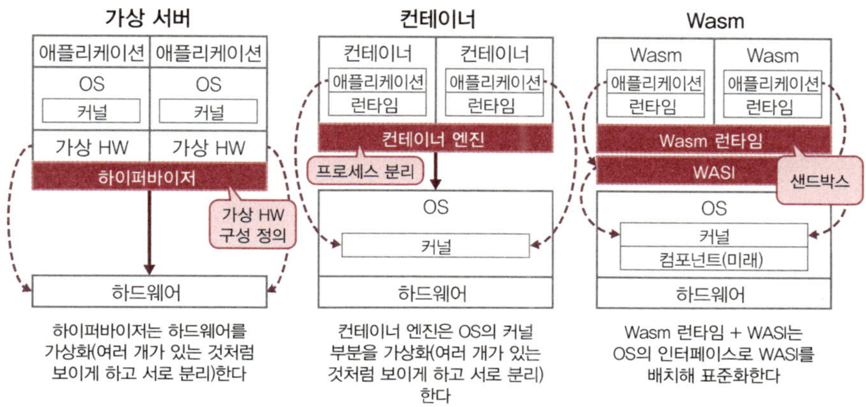

그림 12-18 WASI를 통해 어디서든 안전하게 애플리케이션을 동작시킬 수 있다

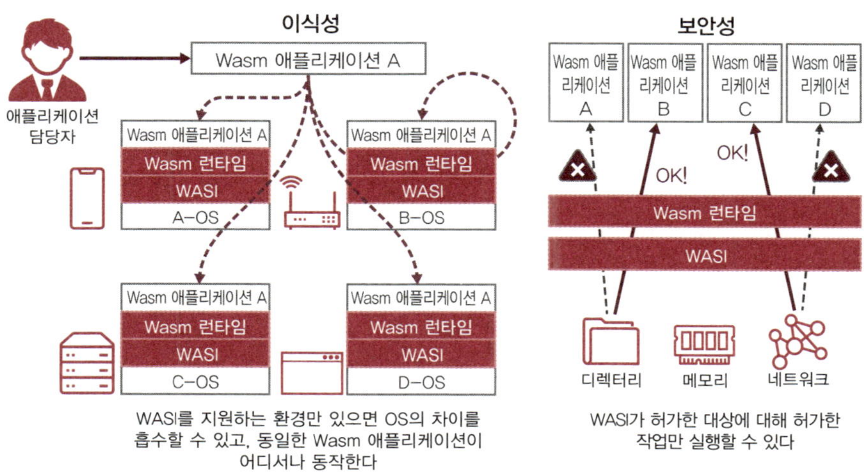

Point

- ✔ 가상 서버, 컨테이너, Wasm은 환경 분리 방법이 다르다.
- ✔ Wasm 런타임과 WASI를 통해 어떤 OS에서도 Wasm 애플리케이션을 실행할 수 있다.
- ✔ Wasm+WASI로 보안을 유지하면서 높은 이식성을 실현한다.

» 컨테이너와 Wasm ④ 컨테이너 오케스트레이션

Wasm 컨테이너를 관리한다

지금까지 설명한 것처럼 여러 가지 장점이 있는 Wasm이지만, **서버 사이드에서 실행하기 위해서는 Wasm 애플리케이션을 관리하는 시스템이 필요**합니다. 2-9절에서 Docker 컨테이너 관리를 위해 쿠버네티스라는 시스템이 존재한다고 설명했는데, Wasm 애플리케이션도 쿠버네티스에서 사용하는 것과 같은 방식으로 **컨테이너 오케스트레이션**을 할 수 있습니다. 쿠버네티스는 containerd를 경유해 컨테이너를 관리할 수 있지만, Wasm에서는 containerd-wasm-shim의 wasmedge를 경유해 Wasm 애플리케이션을 관리할 수 있습니다(그림 12-19).

Microsoft Azure의 AKS에서는 **runwasi**를 사용한 Wasm 실행이 프리뷰 지원 상태입니다(2024년 3월 기준). 또한, HashiCorp사도 자사에서 제공하는 컨테이너에 의존하지 않는 애플리케이션 오케스트레이션 플랫폼인 Nomad에서 Wasm 실행을 지원하고 있습니다.

Wasm + WASI 미래

WASI는 2019년에 책정이 시작된 비교적 새로운 사양입니다. WASI Preview 1에서는 POSIX(Portable Operating System Interface)와 유사한 기본 기능으로서 파일, 네트워크, 클록, 난수 등의 기능을 wasi-core라는 코어 기능을 통해 제공하고 있습니다. WASI Preview 2에서는 POSIX 방식 API 구현을 넘어 키-값 저장소, HTTP, 메시징 등 다양한 인터페이스의 구현과 이용이 예정되어 있습니다(그림 12-20).

앞으로 WASI가 확장되면, 실행 환경의 종류에 관계없이 Wasm 형식으로 컴파일해 두기만 하면 어디서든, 어떤 클라우드에서든 애플리케이션을 실행할 수 있는 시대가 올지도 모릅니다. 또한, **컨테이너 오케스트레이션 메커니즘을 이용하면 투명하게 애플리케이션을 전환해 나갈 수 있게 됩니다.**

그림 12-19 컨테이너 오케스트레이션과 runwasi를 경유한 Wasm 관리

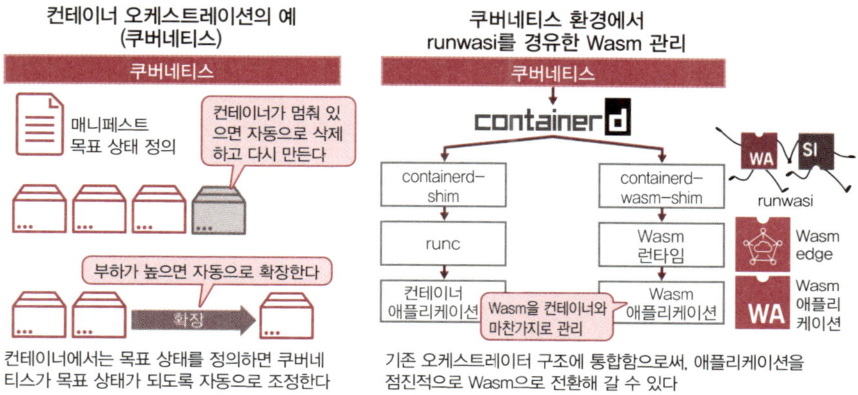

그림 12-20 Bytecode Alliance가 공개한 Wasm 로드맵(2023년 7월)

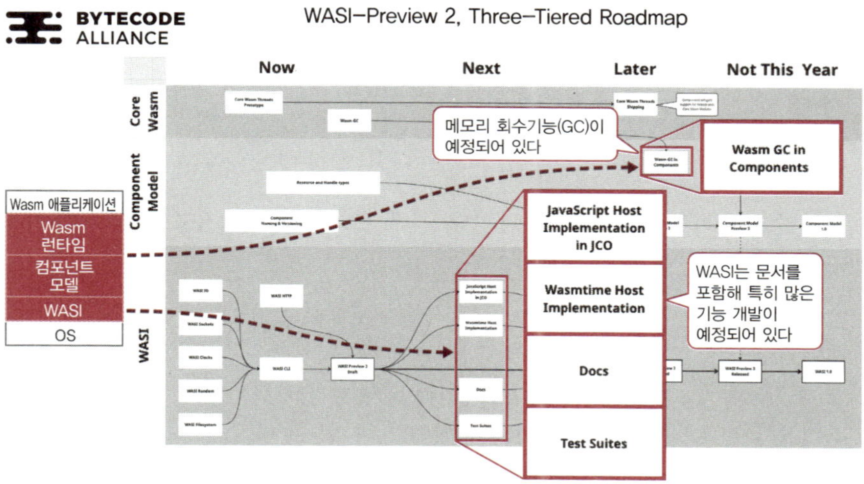

출처: 'WebAssembly: An Updated Roadmap for Developers'
(URL: https://bytecodealliance.org/articles/webassembly-the-updated-roadmap-for-developers)

Point

- ✔ Wasm 애플리케이션을 일일이 자율적으로 제어하기는 곤란하므로, 서버 사이드에서 실행하기 위해서는 Wasm 애플리케이션을 관리하는 시스템이 필요하다.
- ✔ 기존 컨테이너 오케스트레이션 시스템에 Wasm 애플리케이션을 통합해, 애플리케이션을 점진적으로 전환해 갈 수 있다.

해보자 서버사이드 Wasm 이용에 관해 생각해 보자

12장에서는 가상화의 미래로 Wasm을 소개했습니다. Wasm 컴포넌트 모델이 구현되기 시작하면 컨테이너의 대체 기술로 검토할 수 있지만, 현재(2024년 3월)는 발전 단계에 있는 기술이라고 할 수 있습니다(가트너의 'Hype Cycle for Emerging Technologies, 2023'에서는 '여명기'에서 '부풀려진 기대의 정점' 단계에 가까운 것으로 분류됩니다). Wasm이 우리 조직에서 활용 가능한 상태인지 판단하기 위해 Wasm의 최신 정보를 살펴보겠습니다.

조직 내 서비스에 적용 여부를 조사해 보자

1. 장점과 단점

12-7~12-10절을 참조하면서, 조직 내에서 컨테이너와 Wasm를 이용할 경우의 장점과 단점을 생각해 봅시다.

	장점	단점
컨테이너		
Wasm		

서비스 수준이 다른 몇 가지 서비스(업무)를 대상으로 애플리케이션의 성능, 가용성, 보안, 이식성, 역할 분담 등의 관점에서 검토하세요.

2. 최신 정보 조사

다음 키워드를 참고하여 단어를 조합하면서 단점(문제)으로 언급된 내용에 대한 해결책이 있는지 최신 정보를 조사해 봅시다.

- **단체** : Bytecode Alliance, Wasmer
- **런타임** : Wasm, Wasmtime, Wasmer, runwasi, WasmEdge
- **인터페이스** : WASI
- **오케스트레이터** : Kubernetes, AKS, EKS, GKE

부록

용어 설명

※ ➡ 뒤의 숫자는 관련된 본문의 절을 나타낸다

virtualization

영문

Ansible (➡8-7)

오픈소스 구성 관리 도구. 2015년에 Red Hat이 인수하여 개발을 이어가고 있다. 구성 정의 파일을 기반으로 에이전트 없이 서버 설정, 구성 관리, 보안 패치 적용, 네트워크 장비 설정 등 다양한 용도로 사용할 수 있다.

CDN (➡12-4)

Contents Delivery Network의 약자. 콘텐츠 전송 네트워크. 세계 각지에 배치된 캐시 서버를 이용하여 사용자와 가까운 위치에서 웹 콘텐츠를 저지연으로 빠르게 전송한다.

Ceph (➡4-5)

분산 스토리지 기술을 실현하는 오픈소스 소프트웨어. 높은 신뢰성과 확장성을 갖추고 있어, 확장성이 요구되는 IoT 시스템이나 빅데이터 시스템에 적합하다.

Containerd (➡2-6)

컨테이너를 제어하기 위한 고수준 런타임. Docker나 쿠버네티스의 인터페이스로, 호스트 시스템의 컨테이너를 관리하는 소프트웨어.

DaaS (➡5-3)

Desktop as a Service의 약자. 데스크톱 환경이 SaaS 형태로 제공되는 방식. 사용자는 가상 데스크톱 기반을 직접 구축할 필요 없이, 원하는 가상 데스크톱 환경을 선택하기만 하면 이용할 수 있다.

DevSecOps (➡12-8)

개발팀(Development)과 운영팀(Operations)이 협력하여 시스템을 개발 및 운영하는 DevOps에 보안을 긴밀하게 연계시켜, 보안 대책을 개발 초기 단계부터 적용하는 문화 또는 접근 방식.

Docker (➡2-6, 8-5)

컨테이너 가상화를 이용하여 애플리케이션을 패키징, 배포, 실행하기 위한 오픈 플랫폼. 애플리케이션의 이식성과 확장성을 향상시킨다.

Docker Engine (➡2-6, 2-8)

Docker의 핵심 기능으로, OS 리소스를 가상화하여 컨테이너에 제공한다. Docker 이미지 생성, Docker 컨테이너 실행 및 관리에 필요한 도구를 포함하며, Docker 컨테이너의 네트워크, 스토리지 및 보안을 관리하는 기능도 제공한다.

DX (➡7-2)

디지털 트랜스포메이션(Digital Transformation)의 약자. 기업이 비즈니스 환경의 급격한 변화에 대응하고, 데이터와 디지털 기술을 활용하여 고객 및 사회의 요구를 바탕으로 제품, 서비스, 비즈니스 모델을 혁신하는 동시에 업무 자체, 조직, 프로세스, 기업 문화 및 풍토를 혁신하여 경쟁 우위를 확립한다.

EBS (➡9-4)

EC2 인스턴스에 연결되는 영구적인 블록 스토리지 서비스. 인스턴스에 영구적으로 연결되므로, 인스턴스의 중지 또는 재시작과 관계없이 데이터가 보존된다.

EC2 (➡9-3)

AWS가 제공하는 가상 서버 서비스. 온프레미스와 달리 물리 서버 구축이 필요 없으며, AWS 콘솔 조작만으로 간편하게 가상 서버를 구축할 수 있다.

EFS (➡9-4)

NFS 프로토콜을 통한 파일 공유 기능을 제공하는 AWS 서비스. 여러 EC2 인스턴스 또는 ECS 태스크에서 동시에 접근할 수 있으며, 자동 확장성 및 높은 내구성을 가진다.

Envoy (➡2-10)

컨테이너 간 통신 제어에 사용되는 오픈소스 프록시 서버.

Firecracker (➡6-6)

AWS가 개발한 오픈소스 타입의 Linux 커널 기반 가상화 기술로, 매우 가볍다. KVM 가상화 기능을 기반으로 하며, 가상 머신을 시작할 때 필요한 리소스를 최소화할 수 있다.

FSx (➡9-4)

AWS에서 제공하는 고성능 및 고가용성의 완전 관리형 파일 시스템. Windows 기반 파일 공유 또는 고성능 컴퓨팅에 사용된다.

Helm (➡8-8)

쿠버네티스 애플리케이션의 패키징, 배포, 관리를 단순화하는 도구. 이를 사용하면 애플리케이션의 리소스(컨테이너, 서비스, 파드 등)를 사용자 정의 가능한 템플릿으로 패키징하여 효율적으로 반복 배포할 수 있다.

IaaS (➡9-1)

Infrastructure as a Service의 약자. 클라우드 컴퓨팅의 한 형태로, 가상화된 컴퓨팅 리소스를 인터넷을 통해 제공하는 서비스. 사용자는 물리적 하드웨어 구매, 설치, 유지 관리 없이 서버, 스토리지, 네트워크 및 기타 기본적인 컴퓨팅 리소스를 온디맨드로 이용할 수 있다.

IaC (➡8-1, 8-2)

Infrastructure as Code의 약자. 인프라를 코드로 다룬다. 수동 구축 대신 IaC 도구와 인프라를 정의한 코드(정의 파일)를 이용해 인프라 환경을 프로비저닝, 구축 및 관리할 수 있다.

IPSec-VPN (➡3-5)

전용 클라이언트 소프트웨어를 이용하여 네트워크 계층(L3)에서 암호화된 터널을 생성하여, 원격 사용자가 기업 네트워크에 접근할 수 있도록 하는 기술. L3에서의 암호화로 인해 SSL-VPN에 비해 L4 이상의 다양한 프로토콜을 지원한다.

Lambda (➡9-6)

AWS의 서버리스 컴퓨팅 서비스로, 처리 시간 동안만 함수를 실행한다. OS 등 인프라 관리는 AWS가 담당하므로 사용자는 함수 코드만 등록하면 실행할 수 있다.

LVM (➡4-2, 4-4)

Logical Volume Manager의 약자로, Linux 시스템에서 사용 가능한 스토리지 가상화 방식. 여러 물리 볼륨을 하나의 논리 볼륨으로 표시하거나 단일 파티션으로 보이게 할 수 있다.

LXC (➡2-5)

Linux Containers의 약자. 리눅스 커널 기능(네임스페이스, cgroups)을 활용해 복수의 격리된 Linux 시스템을 실행할 수 있는 오픈소스 가상화 기술이다.

MVP (➡7-1)

최소 기능 제품. Minimum Viable Product의 약자. 실용 가능한 최소 기능만 갖춘 제품을 의미하며, 최소 기능으로 제품/서비스를 출시한 후 사용자 피드백을 반영해 애자일 방식으로 개발한다.

NoSQL 데이터베이스 (➡9-5)

관계형 데이터베이스가 아닌 데이터베이스의 총칭. 대량의 데이터를 빠르게 읽고 저장할 수 있어 실시간 입찰, 재고 추적 등에 활용된다.

PoC (➡7-8)

Proof of Concept의 약자. 개념 검증. 구현 예정인 아이디어나 기술의 실현 가능성을 사전에 검증하는 과정.

Postgres playground (➡12-6)

PostgreSQL 데이터베이스를 학습하기 위한 온라인 환경. 기본적인 PostgreSQL을 학습하거나 새로운 기능을 테스트할 수 있다.

QoS (➡3-1, 3-3)

Quality of Service의 약자. 네트워크 통신에 우선순위를 부여해 통신 품질을 보장하는 기술.

RAID (➡1-9, 4-2, 4-3)

여러 물리 스토리지를 묶어 하나의 논리 스토리지로 보여 주는 기술. RAID 0, RAID 1, RAID 10, RAID 5, RAID 6 등 신뢰성 및 성능 목적에 따라 다양한 패턴이 존재한다.

RDS (➡9-5)

Relational Database Service의 약자. MySQL, PostgreSQL 등을 지원하는 관리형 관계형 데이터베이스. 데이터의 정확성과 일관성을 보장하므로 트랜잭션 처리 및 관계형 데이터 유지에 적합하다.

RLO (➡11-8)

Recovery Level Objective의 약자. 시스템을 어느 수준까지 복구하여 업무를 재개할 것인지 나타내는 목표값.

RPO (➡11-8)

Recovery Point Objective의 약자. 데이터 복구 목표 중 하나로, 시간상 어느 시점까지 복구할 것인지를 설정한 목표값. 데이터 손실 허용 최대 기간을 의미한다.

RTO (➡11-8)

Recovery Time Objective의 약자. 시스템/애플리케이션이 장애 발생 후 복구되기까지 허용 가능한 최대 시간을 나타낸다.

runwasi (➡12-10)

WebAssembly(Wasm)를 컨테이너처럼 다루기 위해 containerd와 연동해 Wasm을 관리하는 컴포넌트.

S3 (➡9-4)

Simple Storage Service의 약자. AWS가 제공하는 대용량 데이터 저장에 적합한 객체 스토리지 서비스.

SBC (➡5-2)

Server Based Computing의 약자. 사용자별 가상 PC를 생성하지 않고 공통 서버 OS에 설치된 애플리케이션을 공유하는 방식. Windows 서버의 터미널 서비스 또는 Citrix사의 Citrix Presentation Server(구 MetaFrame)가 기반이며, 원격 데스크톱 서비스가 이 방식을 사용한다.

SLA (➡10-7)

Service Level Agreement의 약자. 클라우드 벤더 등 서비스 제공자와 사용자 간 서비스 품질, 가용성, 성능 등을 문서화해 계약상 합의한 사항.

SSL-VPN (➡3-4)

인터넷을 통해 안전하게 원격 접속하는 기술. SSL 프로토콜을 사용해 세션 계층(L5)에서 암호화된 터널을 생성하고, 원격 사용자가 기업 네트워크에 접근할 수 있도록 한다.

Step Functions (➡9-7)

AWS의 관리형 워크플로 서비스. AWS의 독자 언어인 ASL(Amazon States Language)로 워크플로를 정의하면 일련의 처리를 시각화하고 실행을 제어할 수 있다. 분기/반복 처리로 애플리케이션을 분리해 간편하게 수정할 수 있다.

Terraform (➡8-6)

HashiCorp사가 개발한 IaC(Infrastructure as Code) 도구. 선언형 언어로 인프라 상태를 정의하기만 하면 인프라를 자동으로 구축할 수 있다. AWS, Azure, Google Cloud 등의 클라우드 또는 온프레미스 환경을 일관된 방법으로 관리할 수 있다.

TSS (➡1-3)

Time Sharing System의 약자. 다수 사용자가 동시에 컴퓨터 리소스를 공유해 사용할 수 있도록 하는 시스템. 컴퓨터 처리 능력을 시간 단위로 분할해 각 사용자가 독립적으로 작업할 수 있게 한다.

Vagrant (➡8-5)

HashiCorp사가 개발한 IaC 도구. 가상 서버 구성을 파일로 정의해 쉽게 구축 및 관리할 수 있다.

VDI (➡5-2)

Virtual Desktop Infrastructure의 약자. VMware 등 가상화 소프트웨어에 Windows 10 등의 가상 PC를 구축한 후 사용자에게 화면을 전송하는 방식이다.

VLAN (➡1-8, 3-1, 3-2)

물리 네트워크를 논리적으로 분할하는 기술. 여러 네트워크를 하나의 물리 네트워크에서 분할함으로써 보안 강화 및 효율성 향상이 가능하다.

VoIP (➡3-3)

Voice over IP의 약자. SIP 등의 프로토콜을 사용해 IP 네트워크로 음성 통신을 구현하는 기술.

VPC (➡9-2, 10-6)

Virtual Private Cloud의 약자. AWS에서 생성할 수 있는 프라이빗 가상 네트워크 공간.

VPN (➡3-1)

Virtual Private Network의 약자. 가상 프라이빗 네트워크를 구축하는 기술. VPN을 이용하면 인터넷상의 통신을 암호화하여 통신을 도청이나 감청으로부터 보호할 수 있다.

vSAN (➡4-2, 4-5)

Virtual SAN의 약자. VMware 시스템에서 사용할 수 있는 스토리지 가상화 방식. 광대역 네트워크를 사용하여 여러 물리 서버의 내장 디스크를 공유 스토리지로 이용할 수 있다.

VXLAN (➡3-6)

Virtual Extensible LAN의 약자. 네트워크 가상화 기술 중 하나. 24비트의 VXLAN 네트워크 식별자(VNI)를 사용하여 TagVLAN의 상한인 4,096개를 넘는 최대 약 1,600만 개의 논리 네트워크를 생성할 수 있다. 또한, L2 통신을 캡슐화하여 L3 통신을 수행함으로써 L2 네트워크를 떨어진 지역으로 확장할 수 있다.

WASI (➡12-5, 12-9)

WebAssembly System Interface의 약자. WebAssembly를 브라우저 이외의 환경에서 동작시키기 위해 OS의 시스템 콜을 호출하는 방법을 정의한 인터페이스 사양.

Wasmer (➡12-5)

Wasmer사가 개발 중인 WebAssembly(Wasm) 바이트 코드를 실행하기 위한 런타임.

Wasmtime (➡12-5)

Bytecode Alliance가 개발 중인 WebAssembly (Wasm) 바이트 코드를 실행하기 위한 런타임.

Wasm 바이너리 (➡12-8)

브라우저의 Wasm 엔진이나 Wasmer, Wasmtime 등의 Wasm 런타임에서 동작하도록 컴파일한 애플리케이션 실행 파일.

Web 3계층 (➡9-1)

클라이언트의 요청을 사용자 인터페이스가 되는 프레젠테이션 계층(Web 서버), 처리를 실행하는 애플리케이션 계층(AP 서버), 데이터 관리를 수행하는 데이터베이스 계층(DB 서버)의 3계층으로 나누어 처리하는 구조.

WebAssembly(Wasm) (➡12-3)

브라우저에서 프로그램을 고속으로 실행시키기 위한 메커니즘. WebAssembly용으로 컴파일한 C/C++, Go 등의 프로그램을 네이티브 코드에 준하는 속도로 실행할 수 있다.

WebVM (➡12-6)

Leaning Technologies사가 실험적인 시도로 2022년 2월에 공개한 브라우저에서 동작하는 Linux.

– 한글

가상 데이터베이스 (➡6-4)

여러 다른 데이터 소스를 통합하여 하나의 쿼리 인터페이스로 접근 가능하게 하는 기술. 물리적인 데이터 이동 없이 다양한 위치나 형식의 데이터를 동적으로 집계하여 데이터 접근의 복잡성을 줄일 수 있다.

가상 서버 (➡1-8)

가상화 소프트웨어를 통해 물리 서버의 CPU, 메모리, 디스크를 논리적으로 분할한 가상 하드웨어로 구성된 서버. 물리 서버상에서 여러 대의 가상 서버를 실행할 수 있다.

가상 호스트 (➡ 2-4)

웹 서버 기능을 제공하는 미들웨어(Apache Web Server나 Nginx 등)에서 이용할 수 있는 호스트(도메인 이름) 분할 기능. 동일 OS상에서 복수 도메인의 웹 서버를 작동시킬 수 있다.

가이드라인 (➡11-1)

가용성, 성능, 보안, 운영성 등의 관점에서 가상화 환경 사용 시 고려해야 할 사항, 정책, 권장 방식을 정의한 것. 이를 통해 효율적이고 안전한 가상화 환경 운영이 가능해진다.

게스트 OS (➡ 2-1)

가상 서버에서 동작하는 운영체제.

노이즈 네이버 (➡ 10-1)

가상화의 호스트 서버가 되는 동일 물리 머신상에서 리소스를 공유하는 다른 가상 머신 중 과도한 리소스를 소비하는 가상 머신.

논리 디스크 (➡1-7)

물리적인 스토리지 장치(HDD, SSD 등)에 소프트웨어로 정의하여 생성한 가상 디스크 영역.

동적 디스크 (➡ 4-4)

Windows 2000에서 도입된 스토리지 가상화 방식의 하나. 여러 스토리지로 구성되는 비연속 영역을 하나의 논리적인 볼륨(다이내믹 볼륨)으로 만드는 기술.

동적 볼륨 (➡ 4-4)

마이크로소프트의 윈도우 운영체제에 있는 디스크 관리 기능으로, 여러 물리 디스크에 걸친 스토리지를 통합하거나 복제하는 등 유연하게 구성할 수 있다.

레이턴시 (➡11-4)

스토리지나 네트워크에서 요청을 보내고 응답이 돌아오기까지 발생하는 지연 시간. 일반적으로 밀리초(ms) 단위로 측정된다.

리소스 할당량 (➡10-5)

특정 계정이나 프로젝트에 할당되는 컴퓨팅 리소스(CPU, 메모리, 스토리지 등)의 사용량에 상한을 설정하는 기능. 이를 통해 과도한 리소스 사용을 방지하고 비용 관리를 효율화할 수 있다.

리프트 앤 시프트 (➡10-8)

기존 온프레미스 아키텍처를 가능한 한 변경하지 않고 클라우드로 이전(리프트)한 뒤, 새로운 환경을 구축할 때 클라우드 기능에 최적화된 아키텍처로 전환(시프트)하는 방식.

링크 어그리게이션 (➡1-9)

네트워크 장비의 여러 포트를 하나로 묶어 통신 대역폭을 확장하거나 이중화하기 위한 기술.

매니페스트 파일 (➡2-9)

쿠버네티스에서 컨테이너의 목표 상태를 정의하는 파일. 애플리케이션의 배포, 확장, 관리에 필요한 정보가 포함된다.

멀티 클라우드 네트워크 (➡6-2)

여러 클라우드 제공 업체의 네트워크를 통합하여, 리소스나 애플리케이션을 일관되게 연결하고 실행할 수 있는 네트워크.

메인프레임 (➡1-3)

대량의 데이터 처리나 복잡한 계산을 위해 설계된 대형 컴퓨터 시스템. 1960년대부터 핵심 업무 시스템 등에 사용되어 왔다. 기본적으로 메인프레임은 제조사 고유의 OS나 업무용 소프트웨어에서 작동한다.

물리 호스트 서버 풀 (➡7-4)

물리 호스트 서버에 탑재된 CPU, 메모리와 같은 시스템 리소스를 모아서 큰 리소스 그룹으로 만든 것. 가상 서버를 생성할 경우 리소스가 얼마나 있는지 파악하는 판단 기준이 된다.

부하 분산 장치 (➡1-9)

여러 서버에 대해 네트워크 트래픽이나 요청을 분산시키는 장치 또는 소프트웨어.

불변 인프라 환경 (➡7-1)

시스템 관리 및 배포 방식 중 하나. 구축된 환경(OS, 미들웨어, 애플리케이션, 시스템 설정 등)을 변경하거나 업데이트하지 않고, 시스템에 변경이 필요할 경우 기존 환경을 폐기하고 새로 구축하는 방식. IaC와 같은 구성 관리 도구를 통해 구현이 쉬워졌다.

샌드박스 (➡ 12-3)

주변에 영향을 주지 않도록 제어된 격리 환경. 프로그램이나 코드 실행 시 악의적인 코드가 포함되어 있더라도 그 영향 범위를 국소화할 수 있다.

서버리스 컴퓨팅 (➡ 6-1)

이벤트 기반 방식의 코드 실행 환경. 배치 작업이나 작업 자동화에 자주 사용된다.

서브넷 (➡ 9-2)

VPC의 CIDR을 분할한 것으로, 네트워크 요구사항에 맞춰 서브넷 단위로 관리할 수 있다.

서비스 메시 (➡ 2-10)

마이크로서비스 아키텍처를 구성하는 마이크로서비스를 컨테이너로 구현한 경우, 서비스 간(컨테이너 간)의 통신을 제어하는 기술. 로드 밸런싱, 장애 복구, 서비스 탐색 등의 기능을 담당하며, 애플리케이션으로부터 네트워크의 복잡성을 숨길 수 있다.

서비스 카탈로그 (➡ 11-1)

가상화 기술을 활용하는 환경에서 사용자가 필요로 하는 가상 리소스나 서비스를 신속하게 선택하고 배포할 수 있도록 이용 시나리오를 예상하여 이용 방법과 사양을 정하고 정리한 목록.

서비스 할당량 (➡ 10-1, 11-5)

미리 정해진 이용 가능한 리소스의 상한.

소프트웨어 정의 (➡ 8-1)

서버, 네트워크, 스토리지 등 하드웨어를 소프트웨어로 제어하고 관리하는 사고 방식. 소프트웨어 정의를 이용하면 하드웨어의 복잡성을 숨기고, 사람이 더 이해하기 쉬운 인터페이스를 이용하여 리소스를 유연하게 관리할 수 있다.

스토리지 가상화 (➡ 4-1)

스토리지의 통합이나 분할을 실현하는 기술. 여러 물리 스토리지 디바이스로 구성된 리소스를 통합하여 하나의 논리 스토리지 풀로 관리하거나, 통합된 스토리지 풀에서 필요한 스토리지를 생성할 수 있다.

시뮬레이터 (➡ 1-10)

실제 세계의 프로세스나 시스템의 동작 법칙을 모방하기 위해 설계된 장치나 소프트웨어.

애자일 개발 (➡7-1, 7-4, 7-8)

기존의 워터폴 방식과는 달리, 짧은 기간에 작은 결과물을 반복적으로 개발하고, 고객이나 이해관계자의 피드백을 반영하면서 이후의 개발을 진행해 나가는 개발 방법론. 궤도 수정이 용이하여 유연성이 높고 변경에 대응하기 쉽다.

애플리케이션 가상화 (➡5-6, 6-8)

애플리케이션 단독으로 가상화하여 이용하는 것. 스트리밍형이나 RDSH형이 있다. 클라우드형으로 제공되는 서비스도 있다.

에뮬레이터 (➡1-10)

원래 동작하는 환경과 다른 환경에서 가상으로 동작하도록 만드는 장치 또는 소프트웨어. 동작을 확인하는 용도로 사용되며, 실제 애플리케이션을 실행하므로 버그를 탐지하거나 수정할 수 있다.

오케스트레이션(컨테이너 오케스트레이션) (➡12-10)

다수의 컨테이너를 제어하기 위한 메커니즘. 대표적으로 쿠버네티스가 있다. 컨테이너의 생존 상태 모니터링, 컨테이너 실행 위치 결정(스케줄링), 컨테이너 발견(서비스 디스커버리), 컨테이너 장애 시 복구 등을 수행한다.

온디맨드 (➡1-11, 8-3)

사용자가 필요로 할 때 즉시 서비스나 제품을 제공하는 것.

워터폴 (➡7-4)

시스템 개발 프로세스 중 하나로, 프로젝트를 선형적이고 순차적인 단계로 나누어 진행하는 방식. 시스템 개발을 명확히 구분된 여러 단계로 나누어 한 단계가 완료된 후 다음 단계로 넘어간다. 관리 통제를 위해 프로젝트에 변경이 없다고 가정하고 사전 계획에 따라 진행한다.

이미지(컨테이너 이미지) (➡2-7)

애플리케이션 실행에 필요한 컴포넌트(라이브러리, 파일 등)를 포함하는 컨테이너의 기반이 되는 파일. Dockerfile과 같은 정의 파일을 통해 빌드하여 생성한다.

이식성 (➡2-8)

특정 소프트웨어가 서로 다른 환경 간에 쉽게 이동하거나 사용될 수 있는 능력.

책임 공유 모델 (➡ 1-12)

클라우드 환경에서 클라우드 벤더 측과 사용자 측의 책임 경계선을 명확히 하는 모델.

컨테이너 (➡ 6-1)

애플리케이션과 그 의존성을 포함하는 독립된 실행 환경으로, 마이크로서비스 실행에 적합하다.

컨테이너 엔진 (➡ 3-7)

컨테이너의 실행을 제어하는 소프트웨어. 호스트 OS 커널 공유, 컨테이너 분리, 리소스 할당, 컨테이너 간 통신 등 컨테이너가 동작하기 위한 기능을 제공한다.

컨테이너형 (➡ 2-1, 2-5)

프로세스 단위로 환경을 분리하는 방식의 가상화 기술. 애플리케이션 실행 환경과 라이브러리를 하나의 컨테이너에 통합해 사용한다.

쿠버네티스 (➡2-9, 8-8)

구글이 개발한 Borg라는 컨테이너 관리 시스템을 오픈소스화한 기술. Cloud Native Computing Foundation(CNCF) 산하에서 개발이 진행되었고, 2018년 졸업 단계 프로젝트로 승인되었다. 다수의 컨테이너를 제어하기 위한 시스템을 제공한다. 철자에서 첫 글자(K)와 마지막 글자(s) 사이에 8개의 문자가 있어 'K8s'라고도 표현한다.

쿼터(서비스 할당량) (➡1-6, 10-5, 11-4)

퍼블릭 클라우드에서 의도하지 않은 과도한 리소스 사용 방지 또는 리소스 확보를 위해 각 서비스에 부과하는 사용 제한. 할당량 상한을 초과하면 리소스 배포나 리소스에 대한 처리 요청이 불가능해진다.

큐 (➡11-4)

요청을 순서대로 처리하기 위한 대기열. 기본적으로 선입선출(FIFO) 방식으로 처리된다. 본서에서는 성능 판단을 위해 확인해야 할 항목으로 기술되어 있다.

크레딧 (➡ 1-6)

CPU나 네트워크 대역폭, 하드 디스크 I/O의 일시적 증가를 제어하여 돌발적인 부하에 대응할 수 있는 시스템.

클라우드 (➡ 6-1)

네트워크, 서버, 스토리지, 애플리케이션, 서비스 등 공유 구성이 가능한 컴퓨팅 리소스의 집합으로, 어디서든 간편하게 필요에 따라 네트워크를 통해 접근할 수 있는 모델. 최소한의 이용 절차나 서비스 제공자와의 소통으로 빠르게 할당되고 제공된다.

클라우드 리프트 (➡ 7-7)

온프레미스에서 사용하던 아키텍처를 그대로 클라우드 기반으로 이전하는 방법. 온프레미스에서 사용하던 가상 머신 이미지를 클라우드 기반으로 업로드하여 실행한다.

클라우드 시프트 (➡ 7-7)

PaaS나 SaaS 등의 클라우드 벤더가 제공하는 기능을 아키텍처에 통합하여 이전하는 방법. 클라우드 네이티브한 설계 사상을 채택하여 재구축한다.

태그 VLAN (➡ 3-2)

네트워크상에서 가상 LAN(VLAN) 식별에 사용하는 기술. VLAN ID를 부착한 태그를 패킷에 부여하여 동일한 물리 포트를 여러 LAN으로 분할할 수 있다.

데스크톱 가상화 (➡ 5-1, 6-7)

물리 서버에 여러 가상 PC를 구축하여 사용자에게 작업 환경인 데스크톱이나 애플리케이션을 제공하는 기술. 가상 PC를 데이터 센터에 집중시키고 다양한 디바이스에서 접근할 수 있도록 함으로써 보안성과 편의성을 동시에 확보할 수 있다.

파일 시스템 가상화 (➡4-3)

여러 서버에서 동시에 스토리지에 접근할 수 있도록 하는 파일 시스템 공유 기술. 클러스터 등에서 사용된다. 스토리지상의 관리 데이터(메타데이터)를 공유함으로써, 여러 서버에서 일관된 데이터 접근이 가능해진다.

퍼블릭 네트워크 (➡6-2)

인터넷에서 접근 가능한 네트워크. 인터넷 공개가 필요한 웹사이트 등에 이용된다.

포트 VLAN (➡3-2)

스위치의 물리 포트를 기준으로 그룹을 나누고, VLAN을 설정하는 방식. 포트마다 VLAN을 설정함으로써 동일한 VLAN에 속한 장치 간의 통신이 가능해진다.

프라이빗 네트워크 (➡6-2)

사용자 전용의 안전한 가상 네트워크 환경으로, 리소스를 분리하여 분할할 수 있다. 외부 공개가 불가능한 높은 수준의 보안이 요구되는 데이터 등, 보안과 프라이버시를 중요시하는 환경에서 이용된다.

하이브리드 클라우드 네트워크 (➡6-2)

온프레미스 환경과 클라우드 환경을 연결하는 네트워크.

하이퍼컨버지드 인프라(HCI) (➡1-5)

서버, 네트워크, 스토리지를 별도의 장비 없이, 물리 서버와 물리 서버를 연결하는 네트워크만으로 구성하는 구조. 물리 서버를 추가하는 것만으로 리소스를 증강할 수 있으므로, 서버, 네트워크, 스토리지 각 분야의 엔지니어에게 작업을 의뢰할 필요 없이 인프라 관리가 용이하게 이루어진다.

하이퍼바이저형 (➡2-1, 2-3)

물리 서버에 직접 하이퍼바이저를 설치하여 가상 서버를 가동시키는 형태. 전용 물리 서버를 준비해야 하지만, 호스트 OS형과 비교하여 호스트 OS나 다른 애플리케이션의 동작에 따른 리소스 소비가 없고, 가상화에 특화된 리소스 관리가 가능하므로 처리 속도 저하를 억제할 수 있다.

함수 서비스 (➡9-6)

서버리스 컴퓨팅의 한 형태로, 개발자가 애플리케이션의 개별 함수나 태스크를 독립적으로 배포하고 실행할 수 있게 하는 클라우드 서비스. 개발자는 서버 프로비저닝이나 관리에 신경 쓸 필요 없이 코드 실행에만 집중할 수 있다.

호스트 OS형 (➡2-1, 2-2)

물리 서버의 호스트 OS에 설치된 가상화 소프트웨어상에서 가상 서버를 실행하는 형태. 가상화 소프트웨어는 일반 애플리케이션처럼 설치할 수 있어, 간편하게 가상화 환경을 사용할 수 있다.

찾아보기

영문

Ansible 154
CDN 220
Containerd 52
DaaS 96
DevSecOps 228
Docker 52, 150
DX 126
EBS 166
EC2 164
EFS 166
Envoy 60
Firecracker 116
FSx 166
Helm 156
IaaS 160
IaC 142, 144
IPSec-VPN 72
JavaScript 216
Lambda 170
LVM 86
LXC 50
MVP 124
NoSQL 데이터베이스 168
PoC 138
QoS 64, 68
RAID 32, 82, 84
RDS 168
S3 166
SBC 94
SLA 182, 188
SSL-VPN 70
Step Functions 172
Terraform 152
TSS 20
Vagrant 150
VDI 94
VLAN 30, 64, 66
VoIP 68
VPC 162, 186
VPN 64
vSAN 82, 88
VXLAN 74
WASI 222, 230
Wasm 바이너리 228
WebAssembly 218

한글

가상 데이터베이스 112
가상 머신 생성 100
가상 서버 30, 106
가상 스토리지 110
가상 호스트 48
가이드라인 196
게스트 OS 42
관리형 데이터베이스 168
구성 관리 198
노이즈 네이버 176
논리 디스크 28
논리 볼륨 82, 86
데스크톱 가상화 92, 118
데스크톱 배포형 가상화 92

동적 디스크 86
동적 볼륨 82, 86
레이턴시 202
리드 타임 204
리소스 할당 100
링크 어그리게이션 32
매니페스트 파일 58
멀티 클라우드 네트워크 108
메인프레임 20
버스트 128
부하 분산 장치 32
불변 IaC 148
불변 인프라 환경 124
빅데이터 132
사업 연속성 계획 210
샌드박스 218
서버 사이드 Wasm 226
서버 통합 24
서버리스 서비스 114
서버리스 컴퓨팅 106, 114
서브넷 162
서비스 수준 협약 182
서비스 카탈로그 196
서비스 할당량 176, 184, 202
소프트웨어 정의 142
스토리지 가상화 80
시뮬레이터 34
애자일 방식 130
애플리케이션 가상화 102, 120
에뮬레이터 34
온디맨드 146
워터폴 방식 130
원격 액세스 VPN 64
이식성 56
자동화 134
정의 파일 54
책임 공유 모델 38
컨테이너 간 통신 76
컨테이너 엔진 76
컨테이너 오케스트레이션 232
컨테이너 106, 156
컨테이너형 42
코드 198
쿠버네티스 58, 156
쿼터 26
큐 202
크레딧 26
클라우드 리프트 136
클라우드 시프트 136
클라우드 106
태그 VLAN 66
파일 시스템 가상화 84
퍼블릭 네트워크 108
포트 VLAN 66
풀 130
프라이빗 네트워크 108
하이브리드 클라우드 네트워크 108
하이퍼컨버지드 인프라 24
하이퍼바이저형 42, 46
호스트 OS형 42, 44
호스트형 가상화 92
호환성 204
확장 가능 LAN 74

맺음말

끝까지 읽어 주셔서 진심으로 감사드립니다.

이 책에서는 가상화 기술의 기본 개념부터 실제 활용 방법까지 폭넓게 다루며, 가상화가 현재 정보통신 기술의 핵심 요소임을 강조했습니다. 이에 대한 이해는 IT 전반에 대한 깊은 통찰로 이어질 것입니다.

본문에서 제공한 정보는 가상화 기술에 대한 기본적인 이해를 돕기 위한 것이며, 실제 구현이나 운영 시에는 각 기술이나 서비스에 맞는 전문 자료나 각 사업자가 제공하는 정보를 참조하기를 권장합니다.

집필 과정에서 가상화 기술 전문가 여러분께 소중한 조언을 받은 것에 대해 이 자리를 빌려 깊이 감사드립니다. 특히, 호스트 및 메인프레임 관련 조언을 주신 엔도 시게루님, Wasm에 대한 검토와 조언을 아끼지 않은 이요다 사토시님과 나카하라 코헤이님께 깊은 감사를 드립니다. 또한, 바쁜 일정에도 불구하고 책의 초기 단계부터 전반에 걸쳐 지적과 조언을 주신 야마구치 히토시님과 야마자키 켄지님께도 진심으로 감사드립니다. 기획부터 출판까지 헌신적으로 지원해 주신 쇼에이샤 편집부 여러분께도 감사의 말씀을 전합니다.

마지막으로, 이 책을 통해 독자 여러분께서 가상화 기술에 대해 더욱 깊이 이해하고, 실무에 효과적으로 활용할 수 있게 되기를 진심으로 기대합니다.

2024년 5월

저자 일동

YoungJin.com Y.
영진닷컴

그림으로 배우는
가상화 구조

1판 1쇄 발행 2026년 1월 23일

저 자	스즈키 켄지, 무네무라 타쿠미, 마루야마 카츠야스, 오우 쇼
역 자	김성훈
발행인	김길수
발행처	(주)영진닷컴
주 소	(우)08512 서울특별시 금천구 디지털로9길 32 갑을그레이트밸리 B동 10층
등 록	2007. 4. 27. 제16-4189호

ISBN 978-89-314-8172-3
http://www.youngjin.com